# アメリカの
# 児童図書館・学校図書館

## サービス活動の先駆者たち

伊香左和子 監修
藤野寛之 編著

日外アソシエーツ

# Children's Library and School Library in the United States: Pioneers of Library Activities

Supervised by

Sawako Ika

Written and edited by

Hiroyuki Fujino

Nichigai Associates, Inc.

Printed in Japan

●編集担当● 木村 月子
装 丁：赤田 麻衣子

図書館世界の発展に貢献した藤野幸雄氏に本書を捧げる

## 監修者のことば

アメリカの公共図書館・学校図書館における児童・青少年のためのサービスは，常に世界の児童サービスをリードしてきた。本書では第一部でこのサービス発達過程を，社会的・制度的背景とともに簡単に紹介し，第二部ではサービスにかかわった人々の活動に焦点をあてた。

本書で明らかにしたかったことは三点ある。

第一に，児童・青少年のためのサービスは，試行錯誤の積み重ねの中でできあがってきたことである。国土の広いアメリカでは，東部と中西部では社会状況もそこに住む人々が求めるものも異なってくる。それぞれの地域の状況に応じる中でサービスが形成されていった。このことは，これからの児童・青少年サービスを考える上で参考になる。サービスに完成はなく，時代や地域の変化に応じて常に発達していく必要がある。どのようなサービスが提供されていたかという結果だけでなく，なぜそのサービスが考えられたのかどうしてそのような形となったのかまで読み取っていただければ幸いである。

しかし一人の図書館員にできることは限られる。本書で明らかにしたかった第二点は，協力や継承によってサービスが発達していったことである。この点で養成学校やアメリカ図書館協会が果たした役割は大きい。また国際図書館連盟（IFLA）や国際児童図書評議会（IBBY）などにより国際的な協力も生まれている。さらに継承には変化も含まれていることを忘れてはならない。前任者のサービスがそのまま引き継がれていったわけではない。後継者の育成で重要になるのは，自分のつくりあげたサービスをそのまま引き継がせることではなく，その精神を伝えることであろう。それに成功してきたことが，アメリカの図書館界の強みといえる。

第三に，児童・青少年のためのサービスの歴史は，実は図書館の利用上の障害を取り除いていく取り組みの歴史であったということである。理事会などを説得して子どもを利用者として受け入れ，子どもたちが図書館に親しめるように開架式を導入し使いやすい家具を備えるなど親しみやすい雰囲気をつくっていった。図書館から離れたところに住んでいる子どものために分館の設置や移動図書館でサービスを提供し，サービスについての知識がない，図書館に読むことのできる資料がないあるいはないと思い込んでいる児童・青少年への働きかけ方も工夫されていった。利用上の障害を取り除くという点で児童・青少年向けサービスの歴史から学べることは多い。

本書が日本の児童・青少年向けサービスの今後に，少しでも役立つことを願っている。

2015年3月

伊香　左和子

## まえがき

近年，わが国で学校図書館への関心が高まっている。文部科学省「学校図書館司書教諭講習科目に相当する授業科目の開設等に係る状況一覧（平成26年度）」によれば，200以上の大学・短期大学において司書教諭課程を開設しているし，学校図書館の職務に従事する学校司書の法制化も実現した。この傾向は歓迎すべきであろう。とはいえ，専任での司書教諭，ならびに学校司書の採用数が増えなければ意味はない。これは，市区町村の教育委員会の所轄であるかもしれないが，今後も継続して取り組まなければならない課題であろう。

アメリカでは，自治体による市民への図書館サービスが1848年のマサチューセッツ州議会の法的手当てをきっかけに本格的に始められた。やがて近隣の州へと広がり，中西部，そしてアメリカ全土に伝播していった。その動きのなかで新たに設立された新興都市の公共図書館が，ヨーロッパ諸国からの移民，そして，その子弟のために，その地に到来する新たな住民へのサービスに力を尽くしたのは当然であった。その後，義務教育の普及とともに，学校図書館の活動も盛んになっていった。このように，アメリカにおける児童図書館・学校図書館に向けた図書館サービスはすでに百年以上におよぶ歴史を持っている。そこではそれぞれの領域の「先駆者」と「指導者」たちが努力を重ねていた。いったい彼らは何のため，どのように目標を定めて仕事に取り組み，どのような苦労を体験していたのであろうか。それを知るには，担当した人たちの「人物情報」，ならびに，彼らの活動の背景を紹介しておく必要があるだろう。本書はそのための試みである。内容は大きく二部構成からなっている。「第一部　アメリカの児童図書館・学校図書館発達経緯」;「第二部　（代表的人物の）人名事典」である。本書は，わが国でアメリカにおける児童図書館・学校図書館の歴史を研究するための基本データを提供するための試みであって，本格的な歴史が更なる研究者により書き継がれることを予期している。

本書では，児童図書館・学校図書館活動とはいかなるものかをアメリカを例として示そうともしているが，そこには，先人たちの様々な努力の足跡が見られることが本書を通して容易に理解できるであろう。そうしたアメリカの図書館員たちの精力的・献身的な貢献は記しておくに値するし，学ぶに値すると見なしてよい。

2015年3月
藤野 寛之

# 目　次


監修者のことば ……………………………………………………………(4)

まえがき ……………………………………………………………………(6)

第一部：アメリカの児童図書館・学校図書館発達経緯……………………1

はじめに………………………………………………………………………3

1．児童図書館／学校図書館／ヤング・アダルト図書館の簡略史……6

2．図書館サービスの文化・社会・制度的背景……………………… 19

3．図書館サービスの特徴…………………………………………… 38

第二部：人名事典………………………………………………………… 51

はじめに………………………………………………………………… 53

事典所載人名（日本語五十音順）……………………………………… 55

事典所載人名（原綴 ABC 順）………………………………………… 58

人名事典（生年順）……………………………………………………… 61

索引・関連文献案内…………………………………………………… 183

凡　例…………………………………………………………………… 184

五十音順索引…………………………………………………………… 185

地図索引（アメリカ合衆国州名一覧）………………………………… 222

関連文献案内…………………………………………………………… 224

あとがき ……………………………………………………………… (239)

# 第一部

## アメリカの児童図書館・学校図書館発達経緯

## はじめに

本書は，「先駆者」たちの活動と業績を通して，児童・若者を対象とするアメリカの図書館活動の展開の追求を目的としている。第一部では，児童図書館，学校図書館，ヤング・アダルト図書館のサービス活動の発達を跡づけるため，それぞれの簡略な歴史，および，それを支えた様々な社会的･制度的背景を明らかにすることに焦点を当てた。

アメリカではこの三者は順を追って発達した。まず図書館大会により「アメリカ図書館協会」が発足した1876年以後に，児童図書館が利用者層の拡大とともに，公共図書館活動の一部として発展をとげた点に注目することができよう。この状況は，南北戦争後の国内産業の急激な発展による鉄道と自動車産業の勃興によるフロンティアの開拓と結びつくと同時に，19世紀前半のヨーロッパ諸国における政治の不安定，および，アイルランドの飢饉，ならびに東欧・南欧諸国の政治不安のための大量の移民の到来により生じていた。アメリカ東部から中西部にかけて都市や農村に移住した移民たちは，職業確保のため，さらに，子弟をアメリカで市民生活を過ごせるようにするために英語を学ばねばならず，図書館はそのための学習の場となっていた。

南北戦争の混乱を経過した19世紀後期のアメリカでは，特にニューイングランドのボストンで知識社会が定着し，そこでは，女性の地位の向上が一つの目標となっていた。女性の教育に対する要望が高まり，それは当然のこと，子どもたちの教育への関心に結びついていた。ボストンとニューヨークの公共図書館が，新たに始まった児童図書館活動の中心的存在となり，そこにはいずれもそれにふさわしい規模の「児童室」が開設され，移民やマイノリティ（少数民族）の児童や若者の利用者にとって「人気の場」となるとともに，新たな知的職業としての児童図書館員の養成の場ともなっていた。こうした場での先駆的な活動家，アン・キャロル・ムーアやアリス・ジョーダンの活躍は，さらなる指導的な存在となる図書館員（フランセス・セイヤーズ，リリアン・スミス，その他）を生んでいた。

児童図書館が，特に女性にとっての新たな職業の場として脚光をあびるとともに，大都市において「分館」の児童室が設置され，中西部から西部にかけての新たな開拓地のほぼすべての都市に児童図書館が出現していた。そして，こうした流れの背景にはそれを支えた二つの社会制度が存在していた。その一つは「アメリカ図書館協会」の児童図書館サービス部会であり，他の一つは児童図書館員の養成機関であるカレッジや「訓練コース」の創設であった。1900 年に発足した児童図書館サービス部会（前身組織「児童図書館員クラブ」，「児童図書館協会」，「児童・若者図書館部会」）は，各州の児童図書館団体に支えられ，児童図書館活動の存在を全国に知らせていた。児童図書館員の養成はメルヴィル・デューイのニューヨーク州オルバニーの図書館学校で始まっていた。1896 年にここを卒業したメアリー・プラマーがブルックリンのプラット学院の図書館で児童図書館部門を開設し，アン・キャロル・ムーアを責任者の地位につけたのは同年であった。司書養成の要としての「児童図書館員養成コース」はその後，ピッツバーグのカーネギー図書館で開始された。

学校図書館の発達は，児童図書館活動から生まれたと言うことができる。19 世紀末には整った姿の図書館活動はまだ見られなかったが，児童図書館員たちがその利用者を学校生徒にまでひろげ，学校教師を図書館活動の協力者として組織し始めたところから開始されていた。全米各州で学校とその図書館の整備への取り組みが本格的に始まったのは 1930 年代の経済不況をきっかけとしており，1940 年代には各州が学校図書館についての基盤的な組織の構築に人材を注いでおり，第二次世界大戦後にはその成果は各種の「学校図書館基準」となって発表された次第は後述のとおりである。各地の経験と実績は他の地区に広がっていった。1950 年代以降のアメリカの学校図書館活動は，こうして世界を先導するまでとなっていた。

都市を中心とする若者たちの読書は，クリーブランド公共図書館のウィリアム・ブレットの各人種向けコレクションや若者を対象とする「ロバート・ルイス・スティーヴンソン室」の開設，マーガレット・スコギンによるニューヨーク公共図書館のネイサン・ストラウス若者図書館といった先駆的な試みはあったものの，戦前までは指導と指針のないままに，あくまでも個別な活動となっていた。しかし，J・D・サリンジャーが発表した『ライ麦畑でつかまえて』（1951）が，体制社会に適応できない，若者の苦悩を表現して問題視されたのをきっかけに，若者が抱える精神的な問題に対応する多数の図書が刊行され，公共図書館にはそのコーナーが設けられるようになった。1978 年創刊の雑誌『若者の声の擁護者』はその象徴的な存在であり，ここには，ドラッグ，セックス，暴力，人種問題に対峙せざるをえない若者の声が反映されており，それに対処する都市の図書館コレクションとそこでの活動が取りあげられていた。「ヤング・アダルト」という「大人になりかかった青年男女」はすでに体力的には成人であるが，社会的な存在としては未熟な面を持っていたがため，特に新たに発展してゆく都市環境，移民社会の軋轢のなかで未解決の問題をいまだに抱えている。

# 1．児童図書館／学校図書館／ヤング・アダルト図書館の簡略史

## （1）児童図書館の発達

児童のための図書館サービスは，イギリスとアメリカ合衆国で始まった18世紀以降の「産業革命」ならびに「技術革新」に端を発している。18世紀後半にイギリスで始まった「産業革命」により，都市に労働者が流入する。その子どもたちは自身が工員となる，あるいは両親がともに工場で働く間，放置されることになる。いずれにしても教育の機会が十分に与えられない子どもたちを対象とした日曜学校が始まった。この日曜学校に設置された図書室が，児童図書館の先駆的存在といえる。「技術革新」もまた教育への関心を高めた。19世紀のアメリカでは，ニューイングランドを中心に公教育への取り組みが始まり，その動きを支援する図書館も生まれた。さらにアメリカ固有の問題として，各国から流入してきた移民（アイルランドからの難民，その他）の子どもをアメリカ社会に順応させるための「読み書き」の教育があった。

このような背景の中で，児童のための図書コレクションが少しずつ生まれてきた。1803年にコネティカット州ソールズベリーにカレブ・ビンガムが富裕な市民からの寄贈となる150冊の本により「ビンガム図書館」を開設した。1827年にはマサチューセッツ州レキシントンで「児童・若者図書館」が創設されたが，資金不足のためここは1839年までしか続かなかった。1833年に開館したニューハンプシャー州ピーターバラの図書館や，1835年にマサチューセッツ州のアーリントンでエヴェズナー・ラーニッドが開いた図書館にも児童資料はあった。しかし蔵書内容に一定の基準はなく，利用には制限事項

が多かった。

1848年にボストン公共図書館が開設され，その後，南北戦争を経て，ニューイングランドを中心に公共図書館の数は増えていった。1876年には図書館大会が開かれ，アメリカ図書館協会が創設された。この大会で発表されたサミュエル・グリーンによる「論文」には，児童・青少年へのサービス事例も含まれている。1882年以降，図書館大会でカロライン・ヒューインズが繰り返し児童サービスについての問題提起を行い，それに促されるように児童コレクションを備える公共図書館が登場していった。

児童のために特別な空間を設けた初期の公共図書館としてロードアイランド州のポータケット図書館がある。これはミネルヴァ・サンダースによるものであった。1893年には西部のミネソタ州のミネアポリスが，1894年にはコロラド州のデンバー公共図書館が相次いで同様な施設を開設したとされる。しかし，総合的で網羅的な資料コレクションのモデルはいずれも1895年に完成した，ボストン公共図書館の児童部門およびニューヨーク州ブルックリンのプラット学院図書館の児童室であろう。ボストン公共図書館に設けられた児童部門は，1896年から責任者としてガートルード・シェフィールドが任命され，1902年からはアリス・ジョーダンが主任となって，彼らの努力により独自な部屋が構築されていった。プラット学院図書館の児童室は，図書館長メアリー・プラマーによってつくられ，1896年に児童室主任となったアン・キャロル・ムーアによって発展していった。1899年にはプラット学院図書館員養成学校に児童図書館員養成コースが設けられている。児童図書館の仕事とはどういうものかを実際に見学できる「場」が創出され，児童室担当者に必要な知識や技術を教える場所もつくられた。ムーアは1906年にニューヨーク公共図書館に移り，この図書館の児童部門の主任となる。1911年に5番街の目抜き通りに完成した本館に設置された児童室は，ニューヨーク公共図書館全体の児童サービス部門の中心となった。ここに，ジョーダンとムーアを祖とする児童図書館の歴史が始まり，中小都市に設立される公共図書館の児童室は，この事例を手本として，室内を色彩豊かに飾りつけた。

ニューヨーク公共図書館でのムーアの後継者であるフランセス・セイヤーズは，1940 年代に合衆国議会図書館の顧問となっている。議会図書館は，公共図書館の取り組みと比較するとやや遅れたものの「国立図書館」としての自覚から児童コレクションの整備に取り組んでおり，専門家を顧問として，外国語資料も網羅する大部門を実現させた。セイヤーズの後を受けて 1963 年から顧問を委嘱されたのは，ボストン公共図書館のヴァージニア・ハヴィランドであった。

こうした初期のアメリカの児童図書館は，どのような活動を展開していたのであろうか。ボストン公共図書館のジョーダン，ニューヨーク公共図書館のムーアはともに，まず館員に，実際に図書を読むことを要求していた。量を多く読むことによって自然と出版物の比較ができるようになるのであり，子どもに対する適書をも見分けることができる。19 世紀後半以降のアメリカでは『若草物語』，『銀のスケートぐつ』といったその後古典となる児童文学作品が生み出される一方で，大衆児童読み物も多数出版されるようになっていた。ヒューインズは子どもたちの推薦図書を『若者の図書：親と子のためのガイド』で紹介している。この精神はジョーダンとムーアに受け継がれる。彼女たちの活動は書評を通して出版社にも影響を与えた。

また児童図書館は，そもそも職員数が多くはないので，効率的に仕事を進めなければならない場である。児童図書はたえず整頓しておかないと，小さい型もあるがため見失うことも多々ある。室内も常に清潔にしておかないと，利用者を口で叱ってもそれほど役には立たない。ここは職員にとってきわめて忙しく，厳しい仕事場であった。ただ，職員に要求された共通の課題があった，それは「ストーリーテリング」の技術であった。学齢前後の子どもを主として相手とする児童図書館が，読書以前の子どもたちに，耳で聞く民話やおとぎ話や童話の世界に親しませることは，図書館員にとって重要な仕事であった。ただし，誰にでもすぐに出来るものではなく，原作をいかに「聞いて楽しいものにするか」を担当者に習得させねばならなかった。図書館学校でのこの科目は熟練した「ストーリーテラー」が受け持っていた。もともとこの技術は，フランス生まれのマリー・シェドロックが開設当初のプラット学院で実演し，これに感動した図書館員のムーアやジョーダンがニューヨークとボストンの公共図書館で広めたものであった。シェドロックが 1915 年に書いた『ストーリーテラーの芸術』には台本として使える「おはなし」が採録されており，これをもとに実演できるようになっていた。ニューヨーク公共図書館のムーアの同僚と弟子たち（メアリー・ディヴィス，フランセス・セイヤーズ，リリアン・スミス，メイ・マシー，オーガスタ・ベイカー），ならびに，ボストン公共図書館のアリス・ジョーダンなどはみな「ストーリーテリング」の名手であった。

こうした，いわば正統派の図書館の傾向とは別個に独自の子どものためのサービスに熱を入れていた図書館があった，オハイオ州のクリーブランド公共図書館である。クリーブランドは，農業地帯として 19 世紀の半ばからヨーロッパの農民が集中して移動してきた場所であり，彼らがもっとも求めたのは，アメリカ市民として受け入れられるための英語の学習による子弟の教育であった。図書館は身分を問わずに誰しも受け入れ，図書を貸し出した。館長のウィリアム・ブレットは，貧しい農村の出身で，かなりな放任主義のもとに育っていたため，東部の図書館とは異なり，規則の重視よりも子どものやりたいように任せていたが，これが移民としてクリーブランドにやってきた東欧や南欧の子どもたちにとっては良かった。こうして，アメリカの児童図書館は，ボストンとニューヨーク，もしくは，クリーブランドという手本にならって発達していった。

第二部「人名事典」で紹介している図書館員は，初期を除いて，学歴は高く，なかには，学部で専門教育を受けている人物もいる。大学院への進学者も多かった。どのような人物がいかなる志望のもとにこの職に就いたのか，そして試行錯誤の中でどのような業績を残したのかが分かる。1930年代後期からは，大学院に進んで教職に就き，後進の図書館員を指導する者も増えていたが，そうした人たちも児童に，そしてその読書に接する機会は大切にしていた。教職に就く者は，その多くが大学院で論文を書いていた。大学院がコロンビア大学，シカゴ大学などで成立したのは1920年代後半からであった。それ以前とそれ以後における児童図書館員の教育の実態を見てとることもできよう。初期には児童図書館員と学校図書館員の養成には関心の差があったが，1940年代には，地域に密着した学校図書館が，その地方の図書館員により発展するようになっていた。図書館員の養成機関については次章で取りあげる。

参考文献：

Bollenbacher, Bernice,“Cleveland Public Library” *Encyclopedia of Library and Information Science*, New York, Marcel Dekker, 1971, v.5, p.197-204.

Jenkins, Christine A.,“Children's Services” *Encyclopedia of Library History*, New York, Garland Publishing, 1994, p.127-131.

Long, Harriet G., *Public Library Services to Children: Foundation and Development,* Metuchen, Scarecrow Press, 1969, 162p.

Thomas, Fannette H., *The Genesis of Children's Services in the American Public Library*, 1875-1906, Madison, University of Wisconsin Press, 1982, 357p.

諏訪敏幸「サミュエル・グリーンの「民衆図書館」:1876年論文の28事例から見えるもの」『情報化社会・メディア研究』v.3, 2006, p.85-96.

### （2）公共図書館の分館と児童図書館

19世紀後半以降のアメリカでは，年ごとに，図書館の数が増えていった。1875年には257館の公共図書館が設置されていたが，1920年には5954館となり，アメリカの人口の57％が奉仕対象となった。

ここには1920年代にカーネギー財団の寄付で創設された1412館の公共図書館が含まれている。また, 西部に向けて開発が進む地域でも, その土地の図書館が次第に増加していった。これらのうち一定以上の割合を児童図書館が占めており，それは，都市図書館のなかに分館が派生して設立されるにつれ，さらに顕著な傾向となっていた。一般に児童図書館および学校図書館は，規模が小さく，その多くが，ほぼ同様の図書館サービスを展開していたので，児童図書館活動が拡大されたのは，19世紀末以降，主に都市部で増えだした公共図書館の分館によるものであった。分館は，地域住民が対処しきれない問題に対応するため，さらに，地域の特殊性にそれぞれ活動を向けられるがため，地域の住民にはますます歓迎されていった。ストーリーテリングやブック・トーク，おはなし会などを定期的に開催している，地域に密着したサービスを展開できる児童図書館は今でも人気がある。アメリカの公共図書館分館設立の初期の試みとして，1870年のイースト・ボストン分館，1872年のサウス・ボストン分館が設置されたことがあげられよう。1900年までにボストン市内に15の分館が出来あがっていた。現在, 最大規模の分館網を誇るニューヨーク公共図書館では, 1850年代初頭からマンハッタン島やスターテン島に開館したのを皮切りに，現在でも多数のサービスセンターを擁している。そのなかには，80か国語以上の図書を持つドネル図書館がある（2007年に一時閉鎖)。ニューヨーク同様に移民の割合の多いクリーブランド公共図書館では，人種の異なる住民の居住区単位に分館がつくられていった。いずれの都市でも分館の数とその多彩さによりアメリカの児童図書館サービスは他に類を見ない活動として知られている。

**参考文献：**

Cory, John Mackenzie, “The New York Public Library” *Encyclopedia of Library and Information Science*, New York, Marcel Dekker, 1976, v.19, p.377-388.

Wiegand, Wayne A. and Davis, Donald, “Public Libraries” *Encyclopedia of Library History*, Garland, 1994, p.521.

## （3）学校図書館の発達

植民地時代のアメリカに学校図書館があったとの指摘はあるものの，学校のとある一室での教師の机の脇に福音書が備えてあったといった記録以外に，初期の学校図書館についての情報はほとんど残されていない。ベンジャミン・フランクリンが1744年にフィラデルフィアの「ペン・チャーター学校」にわずかながらの図書コレクションの配備を指示したとされるが，その詳細も明確でない。学校がその図書館施設に対応し始めたのは19世紀半ばころからであった。ニューヨーク州は1835年，学校図書館による図書の購入を許可し，1839年には5万5000ドルが交付されたが，この資金は個々の学校ではなく「学校区」単位に割り当てられていた。マサチューセッツ州では1837年，各学校区が15ドルあたりの図書購入費を用意するなら，州政府が同等の額面を補助すると定めた。1837年にはミシガン州，1839年にはコネティカット州，1840年にはロードアイランド州が同様な決定を採択し，1876年までには19の州がこうしたわずかなものであったが支援を決定していた。公共図書館とは異なり学校図書館には古くからこうした相互支援制度の伝統が見られたが，学校図書館の実際の活動は19世紀の末までは名ばかりのものであった。1859年のピッツバーグの第三区学校の蔵書には，次のような利用規則が付けられていた。1）素行の正しい生徒には担当教師の認可のうえで，図書館員は図書を生徒に貸し出すことができる。図書は毎月の第一・第三金曜日に受け取れる。2）学生は図書を二週間以上所有することは許されない。3）他人に貸与したり，本を破損したりした者は借り出す権利を失う。4）図書の破損や紛失に対しては両親にその返済が求められる。5）生徒は一回あたり一冊以上を帯出できない。6）図書館長は学校長が兼任する。公共図書館とは異なり，学校図書館の活動はこの範囲のものであった。

独立百周年にあたる1876年には，学校図書館の発達を示す二つの動きがあった。一つは，合衆国教育局が編纂した『アメリカ合衆国の公共図書館：その歴史，現況，管理』に26か所の学校図書館が記載されていたことをあげることができよう。第二の動きは，1876年に創設されたアメリカ図書館協会が，学校図書館と公共図書館を同列に見なしていたことが指摘できる。全国教育協会は1896年に「図書館部会」を設立し，アメリカ図書館協会は1914年に「学校図書館員部会」を発足させていた。この二つの職業組織は，1916年には共同委員会により以下の二つの特別事項の検討を公表していた。1）合衆国全体の高等学校図書館の実態を調査すること，2）その結果を高等学校の管理者に報告のうえ，現状の改善を図ること。結果は1916年の全国教育協会の大会で公開された。この報告をきっかけに，学校図書館組織の基準を中心として何度かにわたる改善が進められるようになった。この流れを受けて，委員会は部会がさらに問題を追求するよう要請し，1918年にはキャスパー・サーテンを議長とする初期の学校図書館基準『様々な規模の中等学校のための図書館組織と設備の基準』をまとめ，同年には全国教育協会が，次いで，1920年にはアメリカ図書館協会もこの文書を承認して刊行した。この基準は地域の高等学校の図書館調査に基づいてまとめられており，学校図書館設置を支援する役割を果していた。1918年のこの基準が取りあげたのは，高等学校図書館のもっとも基礎的な方針であった。例えば次のようなものである。図書館員と教師の仕事は合体させること，図書館員から事務仕事を軽減させること，高等学校図書館員の給与は学校教師と同等にすべきこと，学校図書館の館員をすべての教師たちの会合に出席させることなどであり，高等学校図書館には，映画，絵画，地図，博物館資料などの視覚資料をも配備すべきことが指摘されていた。刊行された基準は学校図書館員の養成の必要性をも指摘していた。キャスパー・サーテンが再び議長となって発表した1925年の基準は次に初等教育における図書館の充実を目標にしていた。小学校で図書館施設が整っているところがほとんどなかったためであった。しかし，その実現はすぐには無理であった。この報告書の発表の後におこった「経済恐慌」は，すべての図書館事業の放棄を迫ったほどであり，アメリカ全土にわたり図書館予算はカットされるか削減されていた。

アメリカ図書館協会は，第二次世界大戦後の1945年に『今日と明日の学校図書館』という基準を発表し，学校図書館の教育目的を再確認した。この基準は，あらゆる角度から学校図書館の質的ならびに数的拡大の重要性を指摘していた。しかし，戦後の厳しい予算措置のため，図書館予算はどの学校でも低い優先順位であった。アメリカの学校といえども，戦後の図書館は，日本と同じく再出発せねばならなかった。1957年にはソ連の宇宙開発技術の優位を知らされた「スプートニク・ショック」の影響に見舞われた。安泰と見なされていたアメリカの教育システムは，一転して批判の的となっていた。この事態を救ったのが1958年の「国家防衛教育法」であった。この法律は，合衆国の国防上の危機を救うため，あらゆる領域の教育の改善を推進するものであった。高等学校や大学をはじめとする高等教育機関での外国語教育が重視された。

これに対してアメリカ図書館協会の「学校図書館員部会」が1960年に刊行した『学校図書館計画の基準』は，児童と若者に対する指針とも言うべきものであった。1957年から始まっていたこの策定委員会は，あらゆる関係委員会の代表に依頼し，各種の職業団体から20名の理事を委嘱して，学校図書館のあり方を現場の立場から進言する意図を持っていた。コロンビア大学図書館学校教授のフランセス・ヘネとミネソタ州学校図書館監督官のルース・エルステッドが共同の議長であった。報告内容は，図書館員が学校の教育計画に参加し，その役割を担う点を明記していた。ここで図書館員の任務は次のように規定されていた。1）学校図書館員は，教室の教師，指導カウンセラー，執行部に協力して学校図書館サービスを最大限可能にするためにあらゆる努力をすること。2)学校図書館員は,読書とコミュニケーション・メディアの利用のうえで生徒の意欲を刺激すること。3）学校図書館員は，当該校の計画を利用し，生徒が図書館資源を知的かつ有効に利用できる方法を教えること。4）学校図書館員は，図書その他の資料の分野で，蔵書評価と選択に関して，生徒と教師とに資料の利用方法を伝授するうえで，そして，資料の利用を手助けするうえで，常にサービスすること。5）図書館の専門員は，カリキュラム開発に資するすべての委員会に奉仕すること。6）図書館の専門員は，学校内の教科書委員会に協力すること。この基準は，学校図書館の量的ならびに質的な拡大に寄与していた。時にアメリカ経済は活況を呈していた。1960 年から 1970 年代前半にかけて学校図書館に関する動きが活発であったことが，次の一覧から見てとることができるであろう。

1961 年　『学校図書館計画の基準』の実施に関して 50 の州を管理し指導するための「学校図書館開発プロジェクト」に対して「図書館資源評議会」は 10 万ドルを拠出した。

1962 年　マルチメディア利用の学校図書館サービス計画の全計画の価値を示す 5 年以内の公開実験に向けて，クナップ財団は 113 万ドルを授与した。

1963 年　各学校システムおよび各学校内に一か所以上の教材センターを作ることを全国教育協会は推薦した。

1964 年「国家防衛教育法」は，社会メディア, 読書 , 外国語の教育に不可欠な資材に対する拠出の延長を認めた。

1965 年　「初等･中等教育法」はその第二章により, 公立･私立の初等･中等学校の児童と教師に，学校図書館資源，教科書，その他の教育資材の特別購入のため連邦基金を提供した。「初等・中等教育法」第二章のもとで提供された基金は，直接補助金であり，学校側からの支出金を要さないものであった。

1968年　アメリカ図書館協会の「学校図書館員部会」は,仕事の分析,図書館職の教育・採用という三方面における人的資源の研究を,クナップ財団が資金援助する5か年計画「学校図書館マンパワー計画」により開始した。

1969年　「学校図書館員部会」(「アメリカ図書館協会」の一部)および「視聴覚教育部会」(「全国教育協会」の一部)は共同で『学校メディア計画のための基準』を刊行した。

〃　「学校図書館員部会」は「学校図書館メディア・プログラムのための学校図書館人権宣言」を支持する署名をおこなった。

〃　「教授技術調査委員会」はその報告書『学習の改善』において,教育と学習の全プロセスを支援するための,充分に計画され一体化した学習メディア利用の必要性を強調した。

1970年　「学校図書館員部会」は政策文書『教授資材の選定のための方針と手順』を出版して,広く配付した。

1975年　「学校図書館員部会」は「教育コミュニケーション技術協会」と連携して,1969年の『学校メディア計画のための基準』の最新版を『メディア・プログラム:地域と学校』として刊行した。

「学校図書館に関する基準」はその後も改訂が行われている。こうして,アメリカの学校図書館はこの国の経済と社会が揺るがない地位にあった1960年代から1970年代にかけて,学校教育の底辺を支える活動を実現していたが,そこには,上記のような全国的な取り組みとそれを支援した連邦政府,各種委員会ならびに各財団からの支援があったとともに,各州の学校図書館を受け持って発展させた活動家,ならびに,図書館員の努力があったことは明らかである。アメリカの学校図書館は,各州・各都市の学校図書館員の実績により発展したものであった。

参考文献：
Davies, Ruth A.,"School Libraries" *Encyclopedia of Library and Information Science*, New York, Marcel Dekker, 1976, v.26, p.360-371.
Mount, Ellis,"School Libraries and Media Centers" *Encyclopedia of Library History*, New York, Garland Publishing, 1994, p.564-572.

## (4)「ヤング・アダルト」図書館の発達

児童図書館・学校図書館と成人のための図書館の狭間にあった10代の若者への図書館サービスは軽視されていたわけではなかった。個別な動きではあるが，公共図書館のなかに若者図書のコーナーを別置しようとの動きはすでに1910年代の末から始まっている。ニューヨーク公共図書館の児童室は，アン・キャロル・ムーアの指導のもとに「学校部門」を1919年に開設した。これは同館の児童部門の開始より13年後のことであった。さらにムーアは，1926年にメイベル・ウィリアムスを「ネイサン・ストラウス分館」(「若者図書館」)の責任者に抜擢していた。移民の若者で活気づくクリーブランド公共図書館では，1925年に「ロバート・ルイス・スティーヴンソン室」を設置し，最初の室長にジーン・ロースを起用した。若者のためのこの図書館活動はロースが引退する1959年まで続いた。さらに，1933年にはマーガレット・エドワーズがボルティモアのイノック・プラット無料図書館に若者のためのコーナーを開設，この活動はサラ・フェンウィックに引きつがれ，1962年まで続いた。この運動の最盛期は第二次世界大戦後であり，1947年には公共図書館内の独立の部屋が40か所，アルコーブ（囲いをめぐらせた空間）が64，特別コレクションの棚が94か所で，担当職員は153名だったと報告されている。上記のほかに，ヤング・アダルト図書館として知られていたところには，セント・ポール公共図書館の「ジェームズ・スキナー記念文庫」，カリフォルニア州サクラメントの個人邸宅にあった「エラ・マックラッチー若者図書館」，ニューアーク公共図書館の「ティーン・コーナー」，シカゴ公共図書館ヒル地区分館の「若者アルコーブ」その他があった。こうした活動そのものは，図書館の館種としては地位が確立しにくく，場所も安定を欠く場合もありえたが，「ヤング・アダルト」向けの小説の出版が，サリンジャーの『ライ麦畑でつかまえて』以降きわめて活発となり，状況が少しずつ変わっていった。若者に向けたノンフィクションも各出版社が力を入れた結果，出版動向を左右するまでとなっていった。この現象は，大人ともいえる青少年の問題，すなわち，両親の離婚，家庭からの疎外，恋愛，女性の妊娠，ドラッグ，暴力，人種差別，といった主題の本が，青少年だけでなく社会一般の関心の的となっていたからであった。「ヤング・アダルト図書」はむしろ成人のものとして扱われねばならないものも多い。『ティーン・エイジのための本』という図書リストを毎年発行しているところもあり，『ライブラリー・ジャーナル』，『週刊出版人』，『若者の声の擁護者』といった雑誌は新刊書の紹介のために多くの頁を割き，児童図書批評誌『ホーン・ブック』は近年，その副題を「児童とヤング・アダルトのための」と変更している。アメリカで始まった公共図書館施設内での「ヤング・アダルト」向けの図書館活動は，むしろ，こうした世代の若者の流入により図書館利用者の層が変化しつつあるオーストラリアやニュージーランドといった諸国の都市図書館に見られる現象となり，この領域の先進国であるアメリカの活動が紹介されている。

参考文献：

Braverman, Miriam, *Youth, Society and the Public Library*, Chicago, American Library Association, 1979, 289p.

Steinfirst, Susan, "Young Adult Service" *Encyclopedia of Library History*, New York, Garland Publishing, 1994, p.663-665.

## 2．図書館サービスの文化・社会・制度的背景

本章では，アメリカの児童図書館・学校図書館活動の特殊性をさらに深く理解してもらうために，それを背後から支えていたいくつかの要素を取りあげる。そのことにより，簡略な歴史を補足することを目的としている。取りあげるのは，主として19世紀以降の児童図書出版，特に「名作」と見なされ，児童文学の地位を確立するうえで貢献した作品の影響であり，図書館活動の担当者たちを育てた教育制度であって，さらに，個々の図書館活動を結びつけ発展させた様々な「図書館関係団体」（アメリカ図書館協会，その他）の組織であり，その諸事業（授賞，その他）である。アメリカの場合，いくつかの財団が図書館の発展を支援していた点も指摘しておかねばならない。

### （1）児童文学の出版

児童図書の出版傾向やその内容を分析した研究書はすでに多数刊行されているが，ここでは，児童図書・若者図書の出版史ではなく，児童図書館活動の前提となる古典的な作品も含めた出版物（ノンフィクションを含む）の概略について取りあげる。その収集と提供は児童図書館・学校図書館の仕事の主たる対象となっているため，欧米の古典的な出版物の概要は知っておかねばならない。

子どもたちが文字や文章を覚えるために用いた「角本（ホーン・ブック）」とか，村を渡り歩く17世紀の「読み売り本（チャップ・ブック）」などはともかく，18世紀までの児童向けの本のほとんどは，ジョン・バニヤンの『天路歴程』をはじめとして，道徳的な教化を目的としていた。18世紀には宗教書が主流となり，子どもたちは，主として「キリスト教」への信仰を説いた本を半ば強制的に読まされていた。しかし，それとともに，18世紀の半ばにジョン・ニューベリーの書店か

ら発行された『マザー・グース』の童話集は，民間に伝わる格言や謎解きなどの世界をもたらしていた。児童はすでに保護者が語ってくれる物語のもとで育っており，このような「幻想世界」は欧米の児童文学を築きあげるうえでの土台ともなっていた。

イギリス・アメリカ以外の外国語の児童文学も18世紀から19世紀にかけて英語に翻訳されるようになり，未発達であったイギリスとアメリカの児童文学の資産となっていた。19世紀後期までの主なものを挙げるならば，以下の作品が刊行されていた。

1729年『童話集　マザー・グースの話』(シャルル・ペロー)
1812年『スイスのロビンソン』(ヨハン・ウィース)
1823年『童話集』(グリム兄弟)
1846年『童話集』(ハンス・クリスチャン・アンデルセン)
1870年『海底二万海里』(ジュール・ヴェルヌ)
1884年『アルプスの少女ハイジ』(ヨハンナ・シュピリ)
1892年『ピノキオ』(カルロ・コッロディ)

19世紀後期になると，イギリスではその後のこの国の伝統となるファンタジー作品が刊行されるようになった。1865年にルイス・キャロルの『不思議の国のアリス』，1871年に『鏡の国のアリス』が刊行されて，子どもたちの読書も活気づき，冒険小説，家庭小説，少女小説といった様々な作品がこの時期以降に刊行されて，児童文学は新たな時期に入っていった。

1865年『銀のスケートぐつ』(メアリー・ドッジ)
1868年『若草物語』(ルイザ・メイ・オルコット)
1871年『北風のうしろの国』(ジョージ・マクドナルド)
1872年『シング・ソング』(クリスティナ・ロセッティ)
1876年『トム・ソーヤーの冒険』(マーク・トウェイン)
1877年『黒馬物語』(アンナ・シューウェル)
1879年『窓の下で』(ケイト・グリーナウェイ)

1881 年『リーマスおじさんのお話』(ジョエル・チャンドラー・ハリス)
1883 年『宝島』(ロバート・ルイス・スティーヴンソン)
〃　　『ロビン・フッドのゆかいな冒険』(ハワード・パイル)
1884 年『ハックルベリー・フィンの冒険』(マーク・トウェイン)
1886 年『小公子』(フランセス・バーネット)
1894 年『ジャングル・ブック』(ラジャード・キプリング)

こうして，児童図書館の書架がにぎわうようになったが，20 世紀に入ると，現代にも読み継がれる，新たな「古典作品」として以下の一連の作品が登場し，児童文学の「黄金時代」(ヴィグアース評）と称された。動物たちや不思議な能力を持つ人物，および，自然の脅威に負けない不屈の精神を持ち合わせた人物を主人公とするこれらの作品は，当時の暗い世相（二つの世界大戦と経済恐慌）を反映させた大人の文学に対置しうる「明るく愉快で，希望をもたらす」ものとして少年少女の「財産」となっていた。

1901 年『ピーター・ラビットのおはなし』(ビアトリクス・ポター)
1908 年『たのしい川べ』(ケネス・グレアム)
1920 年『ドリトル先生』シリーズ（ヒュー・ロフティング)
1926 年『くまのプーさん』(A・A・ミルン)
1928 年『ひゃくまんびきのネコ』(ワンダ・ガーク)
1929 年『リトル・グレイ・ラビット』シリーズ（アリソン・アトリー)
1934 年『風にのってきたメアリー・ポピンズ』(パメラ・トラヴァース)
1935 年『大きな森の小さな家』(L・I・ワイルダー)

一方，ケイト・グリーナウェイおよびランドルフ・コルデコットを始祖とする挿絵画家の伝統は，第二次世界大戦後に，特にアメリカでの才能ある新人画家の出現により受け継がれた。彼らの多くは戦後のアメリカに職を求めて渡来した移民の徒弟たちであり，アメリカの児童文学において「挿絵（イラストレーション)」を重要な構成要素の一部として認めさせていた。

1956年『チムひとりぼっち』(E・アーディゾーニ)
1957年『すばらしいとき』(ロバート・マックロスキー)
〃　『ぼうしをかぶったへんなネコ』(ドクター・スース)
1963年『かいじゅうたちのいるところ』(M・センダック)

アイルランドやスコットランドの伝説を基盤に創作してきたイギリス人の作家たちも，まったく新たな種類の作品「ファンタジー」を提示していた。それらは，主に古代以前の世界を基盤に展開して見せた作品であって，その作者，例えばトールキンやルイスはいずれも古代言語学を専攻するオックスフォード大学の教授であった。

1950年『ナルニア国ものがたり』シリーズ（C・S・ルイス）
1954年『指輪物語』シリーズ（J・R・R・トールキン）

1960年代以降には児童図書の作品においても人権問題が議論の的となり，特定の人種の描写が不当なものとして排斥された。ヘレン・バンナーマンの『ちびくろ・サンボ』は図書館の棚から追放され，「アフリカ系アメリカ人」は児童図書のなかでも正当に描かれるようになっていた。

1962年『ゆきのひ』(E・キーツ)

戦後の外国人作家・画家の活躍もアメリカの児童図書館の蔵書コレクションを豊かにするうえで役立っていた。

1945年『長くつ下のピッピ』(A・リンドグレン)
〃　『小さなトロールと大きな洪水』ムーミン・シリーズ（T・ヤンソン)
1955年『ちいさなうさこちゃん』シリーズ（D・ブルーナ)
1968年『ふしぎなえ』(安野光雅)

こうして，児童図書館のコレクションは，豊富な名作を抱えて，それを図書館員は利用者に推薦するとともに，互いの感想を交換することを仕事としていった。

若者向け作品の出版も，第二次世界大戦後の時代に大きく変化していた。19 世紀までの「家庭小説」や「冒険小説」から，大人の世界に反抗して放浪する多感な青年ホールデン・コールフィールドを主人公とするJ･D･サリンジャーの『ライ麦畑でつかまえて』の刊行（1951 年）が一つの転換点となっていた。この作品は旧来のキリスト教的モラルに反するとして一部検閲にあっていたが，当時の典型的なアメリカの若者を映した姿を描いたものでもあった。ウィリアム・ゴールディングの 1954 年の作品『蠅の王』は孤島に漂流した少年たちのサバイバルのなかでの相互不信を取りあげており，1960 年に発表されたハーパー・リーのベストセラー『アラバマ物語』は，南部での人種差別を告発する弁護士の活躍をその娘の視点から描いていた。1997 年以降に続刊されたJ・K・ローリングの『ハリー・ポッター』シリーズは，魔法学校を舞台にしたファンタジーで，子どもたちに読書の楽しさを再発見させた。こうして，青少年だけでなく，成人読者をも巻き込む読書の世界は，図書館の活動をも活気づけている。

参考文献：

Gwynn, Stanley E.,“Children's Literature" *Encyclopedia of Library and Information Science*, New York, Marcel Dekker, 1968, v.4, p.567-615.

Haviland, Virginia, ed., *Children's Literature: A Guide to Reference Sources*, Washington. D.C., Library of Congress, 1966, 341p.

Meigs, Cornelia Lynde, et al., *A Critical History of Children's Literature*, New York, Macmillan, 1953, 624p.

エクルスシェア，ジュリア編『世界の絵本･児童文学図鑑』井辻朱美監訳，柊風舎，2011, 958p.

定松正，本多英明『英米児童文学辞典』研究社，2001, 562p.

ハント，ピーター編『子どもの本の歴史』さくまゆみこ，福本友美子，こだまともこ訳，柏書房，2001，479p.

## (2) 図書館職員の養成機関

初期の児童図書館員のための養成機関は，ニューヨーク州ブルックリンに実業家のチャールズ・プラットが1887年に創設したプラット学院であった。恵まれない前半生を過ごしていたプラットは，自分が成功した暁には若者に実務を訓練する学校を創ろうと考えていた。プラット学院には「図書館司書コース」と「秘書コース」があった。最初の年には学生数が12名であったが，ニューヨークという地の利を生かして学院の人気は高まっていった。

1889年にニューヨーク州から認可されたのは，メルヴィル・デューイによるオルバニーの州立図書館学校であった。ここは市民も容易に入学できるところとして知られたが，その後，図書館員や研究者を育てることに比重を置いた。

鉄鋼業で財をなしたアンドリュー・カーネギーが，大型図書館としてアメリカで最初に選んだのは，居住地ピッツバーグであった。地元が土地を提供し，カーネギーが建設資金を寄付するという財団の方針は「ピッツバーグ図書館」で定まった。地元議会が寄付の受け入れを可決したのは1890年であった。児童コレクションの収集と整理，さらに児童図書館員養成学校の指導には図書館員のエルヴァ・スミスとフランセス・オルコットがあたった。ロックフェラー財団の日本からの留学生として作家＝翻訳家の石井桃子が1950年代に学んだのはこの学校であった。

「ドレクセル芸術科学産業学院」の図書館長アリス・クレーガーは，1892年同学院に，高等学校を卒業した者のための，8か月(後には1年)の目録技術研修コースを設置した。クレーガー自身は，デューイのニューヨーク州立図書館学校の卒業生であって,『参考図書ガイド』の編纂者としても知られていた。なお，ドレクセル芸術科学産業学院は，1936年にドレクセル工科大学，1970年にドレクセル大学と改称している。

デューイの学校の一期生で，その愛弟子であったカサリン・シャープが，シカゴのアーマー学院長の誘いで，そこの図書館学校の創設に関与したのは 1893 年のことであり，授業は 1 年間，翌年からは 2 年コースとなり，この型がその後の図書館員教育の一つのモデルとして定着した。1895 年には 5 人の教師が学生 18 名を育てていた。シャープは，ウィスコンシン大学およびイリノイ大学でも教えていた。戦後は図書館学研究者のロバート・ダウンズがこの図書館学校の評価を高める役割を演じていた。

アメリカ東南部での司書教育は主にジョージア州のアトランタ公共図書館，および，チャペル・ヒルのノース・カロライナ大学で行われていた。アトランタの図書館長アン・ウォーレスはカーネギー財団に働きかけてアトランタを本拠地にしようと図っており，そこの図書館学校は 1905 年に開校した。ノース・カロライナ大学の若き図書館長ルイス・ラウンド・ウィルソンは，同州内の小規模図書館の職員の養成を目標として，1904 年から活動を開始した。アトランタの学校は 1920 年代にエモリー大学に吸収された。

学術都市ボストンにあるシモンズ・カレッジもまた慈善事業家が創ったものであり，「実業に向けた」教育で知られていたこのカレッジは, 4 つの領域の学問（家政学, 図書館学, 一般科学, 秘書学）に絞って若者を養成していた。1892 年にニューヨーク州立図書館学校を卒業していたメアリー・ロビンズが 1902 年にシモンズ・カレッジの図書館学校の学部長となっていたが，1923 年に同校が再建される際に図書館学校は，4 年制の機関として再構築され，短期養成のコースも併設された。優秀な学生を提供した点でシモンズ・カレッジはニューイングランド地方だけでなく，東部一帯の図書館界に貢献していた。

こうして，アメリカの児童図書館員養成教育の進展は，大規模な図書館（ニューヨーク公共図書館，その他）での館内短期コースを実現させるまでとなっていた。数を増やし続けていたこのような状況は図書館員の質の低下をもたらす結果となり，それについての批判の声があがった。批判の第一人者はコロンビア大学で経済（統計学）を専攻していたブリンモア・カレッジのチャールズ・ウィリアムソンであった。ウィリアムソンは，オハイオ州セイラムで生まれ，苦学の末に博士の学位を取得していた。1911 年から 1914 年にはニューヨーク公共図書館の経済社会部門の責任者であった。1919 年にカーネギー財団は，ウィリアムソンに対し，図書館学教育の現況についての調査を依頼した。ウィリアムソンは経済学者であり，図書館活動にも詳しくまさに適任者であった。1921 年にカーネギー財団に提出した報告書『図書館業務への訓練』は，1923 年には『図書館サービスへの訓練』として改訂版が刊行された。この報告に基づき，アメリカ図書館協会は認定校制度を始めた。それにともない，公共図書館内で開設されていた図書館学講習コースの多くは消えてゆき，代わっていくつかの大学に「図書館学」（もしくは「図書館情報学」）を専門とする大学院（もしくは同等の教育水準を持つ「図書館学校（Graduate Library School）」）が設置された。「ウィリアムソン報告」の勧告にそって，図書館学を専門とする大学院を新たに開設した大学には，コロンビア大学，シカゴ大学などがあった。

ニューヨークのコロンビア大学は，アメリカでももっとも古く，プラット学院と同じ 1887 年に「図書館経営学校」の名称で開設されていた。ここは，メルヴィル・デューイの名前と彼自身の存在により，国内外で広く知られた教育機関であった。デューイは，大学当局の理事会と折り合わなかったために，コロンビア大学の学校をニューヨーク州オルバニーに移し，そこでの卒業生たちを中西部の大学に送りこんでいた。「ウィリアムソン報告」の後に，ウィリアムソン自身が学部長となったコロンビア大学内には，1926 年に「図書館サービス学科」が新たに創設され，図書館学を専門とする大学院を開設する新たな図書館学校として，その後は1990年代に至るまで，歴代の学部長の努力で評価をさらに高めていた。

1928年より学生を受け入れ始めたシカゴ大学大学院の図書館学校は，これまでにない高度な研究を目指し，研究者を多数育てた点で「ウィリアムソン報告」の意図をコロンビア大学以上に実現していた。初代学部長はジョージ・ウィルソンで，二代目は1932年よりノース・カロライナ大学から招かれて学部長となったルイス・ラウンド・ウィルソンであり，二人の学部長のもとで，人文・社会科学の分野から多彩な人物を招聘するとともに，多数の研究書を大学院から刊行していた。そのなかには『人々は何を読みたがっているか』（ウェイプルス），『アメリカ公共図書館の管理』（ジェッケル），『読書の地理学』（ウィルソン），『中世の図書館』（トンプソン），『図書館学序説』（バトラー），『活躍する都会の図書館』（カーノフスキー）その他があった。この大学院からは高度な学術雑誌『ライブラリー・クォータリー』および『児童図書センター報告』（1992年以降，イリノイ大学，ジョンズ・ホプキンズ大学へ移行）も刊行されていた。ジェシー・シェラが，シカゴ大学の大学院から転出して，クリーブランドのウェスタン・リザーブ大学（1967年にケース工科大学と合併し，ケース・ウェスタン・リザーブ大学となる）に着任し新たな研究に乗り出したのは1952年であった。

これらの大学院では，児童図書館や学校図書館の館員と研究者だけを育てたわけではないが，第二部の「人名事典」にはこうした大学院の修了生も項目となっていることが分かろう。しかし，こうした優れた体制の大学院も1990年以降には姿を消したものがあった。その中にあって児童図書館員および学校図書館員の養成は21世紀の現在に至るまで続いている。

参考文献：

Carnovsky, Leon and Swanson, Don R.,“Chicago, University of Chicago, Graduate Library School” *Encyclopedia of Library and Information Science*, New York, Marcel Dekker, v.4, 1968, p.540-542.

Leigh, Robert D.,"The Education of Librarianship" *The Public Librarian*, ed. by Alice A. Bryan, New York, Columbia University Press, 1952, p.299-425.
Munn. Ralph, Stanton,"Carnegie Library of Pittsburgh" *Encyclopedia of Library and Information Science*, New York, Marcel Dekker, v.4, 1968, p.207-211.
Nasser, Sharify, Beyond the Bridge, Brooklyn, Pratt Institute, 1972, p.170.
Stuart, Robert D.,"Simmons College, School of Library Science" *Encyclopedia of Library and Information Science*, New York, Marcel Dekker, v.23, 1968, p.402-403.

## （3）館外活動：図書館協会

一般的に図書館活動は，小規模の組織のなかで行われることが多く，所属する機関も多くは限られた職場の中にあるため，図書館員は早くから同業者との間での知識と経験の共有，連帯意識の強化を必要としてきた。その側面支援をする図書館員の団体はきわめて早くに成立し，長く活動を続け，年々組織を拡大しており，その中心となる組織である「アメリカ図書館協会」は，現在では会員数の面からみれば，すでに巨大なものとなっている。

アメリカで図書館員たちが同業者の組織を作ろうとした試みはかなり古く，1853年にはニューヨークに82名の図書館関係者たち（スミソニアン研究所図書館のチャールズ・ジューエット，出版業者のチャールズ・ノートン，その他）が集まって，組織の結成を決議し，組織委員会も出来ていたが，1861年の南北戦争の勃発とその後の混乱のために実現はせず，1876年の図書館大会まで待たねばならなかった。103名が参加していたこの図書館大会を機に，アマースト・カレッジの図書館長メルヴィル・デューイの提唱により，組織委員会が選出され，ジャスティン・ウィンザー（ボストン公共図書館長），ロイド・スミス（フィラデルフィア図書館会社），ウィリアム・プール（シカゴ公共図書館長）を委員，デューイを書記とした理事会が「全図書館員のための組織」として図書館協会を創りあげた。

アメリカの図書館員のほとんどは「アメリカ図書館協会」の会員であるが，それと同時にそれぞれが関心を持つ部会やラウンド・テーブルの活動にも参加している。「アメリカ図書館協会」の内部組織は時代とともに拡大していったが，2006 年現在，11 の部会，および，17 のラウンド・テーブルが結成されている。例えば，次のような部会がある。

学校図書館員部会
カレッジ・研究図書館部会
公共図書館部会
専門・企業図書館部会
図書館管理・経営部会
図書館コレクションならびにテクニカル・サービス部会
図書館情報技術部会
図書館理事会・支援者部会
児童図書館サービス部会
参考調査および利用者サービス部会
ヤング・アダルト図書館サービス部会

ラウンド・テーブルは自主的な活動であり，次のような活動のものがある。

国際関係，職員組織，展示会，図書館教育，図書館研究，図書館史，その他

このように，協会では図書館活動のあらゆるテーマを取りあげている。ここでは，児童図書館員および学校図書館員にもっとも関係の深い「児童図書館サービス部会」，および，「学校図書館員部会」，「ヤング・アダルト図書館サービス部会（前身組織「ヤング・アダルト・サービス部会」）」について取りあげてみよう。

「児童図書館サービス部会」の任務の一つは，各図書館の蔵書コレクションの支援であって，図書の形態・種類（創作童話，絵本，ノンフィクションなど）ごとに対応する委員会がこの活動を取りあげており，外国の児童出版についての情報提供も担当し，障がい者向けの出版物

への配慮も行き届いている。年度ごとの児童図書の選出はこの部会の担当であり,「ニューベリー賞」,「コルデコット賞」,「ミルドレッド・L・バッチェルダー賞」の選定はこの部会の重要な仕事である。季刊の『トップ・オブ・ザ・ニュース』は1987年まで「ヤング・アダルト図書館サービス部会」と共同で刊行してきた。図書館大会で開催される毎年の「児童図書館サービス部会」の会議が,児童図書館員の交流に大きな役割を果していることは言うまでもない。

「学校図書館員部会」は,1960年に刊行した『学校図書館計画の基準』の改訂と学校図書館サービス活動の改善を骨子とする,クナップ財団の支援によるプロジェクトに取り組んで成果をあげていた。機関誌の一冊『学校図書館』は1951年より1972年までこの部会から季刊で発行され,メリーランドのフランセス・フレミングが編集長の任に当たっていた。この雑誌はその後『知の探究』と名称を変えて現在へと至っている。

「ヤング・アダルト図書館サービス部会」は若者向けの出版物の推薦を主たる活動としてきたが,障がい者向けのサービスや経済的・文化的に発展途上である地域や人種に関する本の普及にも力を入れている。1987年まで「児童図書館サービス部会」と共同で『トップ・オブ・ザ・ニュース』を季刊で発行していたことでも知られていた。

次に「知的自由」との関連性について言及する。このテーマは,児童図書館と学校図書館のみに関係があるわけではないが,図書館における読書の自由と検閲の廃止への委員会活動は,特筆しておく必要があろう。利用者の読書の自由の保障は,1939年「図書館の権利宣言」としてフォレスト・スポールディングにより提唱され,アメリカ図書館協会理事会がこれを認めた。1944年,1948年,1961年,1967年,1980年,1996年には改訂版が承認された。宣言は「社会,愛国,宗教,その他のいかなるグループからの圧力があろうとも,アメリカ市民の読書への規制には抵抗する」というものであり,児童図書館の利用者といえどもこの権限の保護内にある。1960 年代以降の公民権運動の進展にともない，それまで軽視されてきた「マイノリティ」の権利は保障され，黒人は「アフリカ系アメリカ人」として児童図書でもその存在を認められるようになっていった。

各種財団からの「財政支援」の点を見てみよう。アメリカ図書館協会の財政を支えているのは会費収入が主であるが，外部からこれを支えているのは，連邦政府であり，各種財団であった。連邦政府には経済の急変などの場合に出動する体制はあるが，基本的には図書館活動に関与しない。民間ではいくつかの財団が図書館の発展に関心を寄せ続けてきた。その第一はカーネギー財団で，19 世紀末から 20 世紀初頭にかけて各地の公共図書館の建設のための資金を支援したこと，および，図書館職員の養成のために学校を作ったことは知られている。ロックフェラー財団は，戦後世界における国際的な図書館活動を主として援助し，国外から図書館員を招聘したり，アメリカから専門家を派遣したりする活動を続けていた。フォード財団は技術関係への支援が目立っていた。ウィルソン出版が図書館員教育に力を入れ，クナップ財団が学校図書館活動に関心を示し続けたことも特筆しておく必要がある。

「アメリカ図書館協会」の主たる全体活動には「図書館大会」および「児童図書週間」といった催しがある。図書館大会は夏に各地で開催され，部会の活動もここできわめて活発となる。児童図書の普及のための「児童図書週間」がアメリカ・ボーイ・スカウトのフランクリン・マシューズ，および，『週刊出版人』のフレデリック・メルチャーにより企画され，ニューヨーク公共図書館のアン・キャロル・ムーアやボストン公共図書館のアリス・ジョーダンといった児童図書館員の賛同のもとに 1919 年より開催されていたが，これは世界各国の「図書週間」（もしくは「読書週間」）運動の先駆けとなる動きとして記録するに値する。アメリカ図書館協会はさらに，この他にも広い範囲の活動を続けており，それは児童図書館・学校図書館の範囲にもおよんでいる。

第一次世界大戦以降のアメリカ図書館協会による「国際活動」も広く知られている。当初は，事務局長のカール・マイラムの発案で，ヨーロッパに派遣されたアメリカ兵士とその家族のための図書館活動としてそこに本を届ける「アウトリーチ・サービス」から始められた。1918年には36か所のキャンプに40万冊の図書が送られていた。第一次世界大戦後にはパリに「アメリカ図書館」が開設された。戦争で荒廃したフランスの児童のためにアメリカの本を利用させる場を作ったもので，この活動は何年か続けられた。第二次世界大戦後の図書館協会の活動は，各国の図書館職員養成に向けられ，ロックフェラー財団がこれを支援していた。慶応義塾大学に「ジャパン・ライブラリー・スクール」が開設され，多数の専門家が来日したことはよく知られている。ハナ・ハントはここで「児童・学校図書館」関連の科目を担当した。1950年代から1960年代にかけてのこうした活動は広い範囲にわたり，支援を受けて「図書館学（もしくは図書館情報学）」の教育を開始した大学には，コロンビアのメドレン大学，国立台湾大学，フィリピン大学，デリー大学，ラングーン大学（〔現〕ヤンゴン大学），ペルーのカヤオ大学，ブラジリア大学があった。

図書館関連の「出版物の刊行」にも積極的に関与している。アメリカ図書館協会の出版事業は協会の設立のときから始まり，1876年には公共図書館の詳細な統計が合衆国教育局の編纂により刊行されていたが，その後の出版は研究者による研究成果の刊行が主であった。1902年にはカーネギー財団が10万ドルを「図書館向けの書誌・索引などの参考図書の刊行のため」に寄付して，『英米目録規則（AACR）』，『参考図書のガイド』などが発行されており，日本版その他も出版され，その売上は1966年には100万ドルに達していた。協会からの主要な刊行物には，その他，児童図書館や学校図書館を含む各種図書館の基準やガイドラインがあり，それは何年かごとに改訂される。重要な委員会の報告や研究成果なども出版されていることは言うまでもない。

「支部図書館協会の活動」についても取りあげておく。アメリカの図書館員による活動の活発さは，各州がそれぞれ設置している「州図書館協会」の活動に示されている。規模から見てその最大のものとして「ニューヨーク図書館協会」，「カリフォルニア図書館協会」があげられよう。ここでは特にこの二つの図書館協会を紹介しておこう。「ニューヨーク図書館協会」は1890年にニューヨーク州立大学で開催された大会で，ジョージ・カーチス，メルヴィル・デューイなどの提唱により結成された。アメリカ図書館協会の場合とは異なり，こうした州単位の協会では特定の小規模な活動にも目を配りやすい。「ニューヨーク図書館協会」では「専門部会」のなかに「児童およびヤング・アダルト部会」および「学校図書館メディア部会」での取り組みがある。前者は「ストーリーテリング」その他パンフレットや「手引き」を発行し，後者は1957年に学校図書館種別ごとの蔵書基準を編纂・刊行していた。協会は独自に年次大会を開催するとともに，会員の情報交換の場として，関連するニュースや情報を発行・配信している。それに匹敵する規模の州図書館協会は「カリフォルニア図書館協会」であって，会員は第二次世界大戦前にすでに2000名を超えていた。協会は1953年には『カリフォルニアのための公共図書館サービス基準』をまとめ，出版物としてはさらに1962年と1967年には『公共図書館マスター・プラン』を刊行していた。カリフォルニアでも年次大会を開催し，会報のほかに『カリフォルニア地方史：文献目録』(1950) および，カリフォルニア大学図書館学部長の伝記『カリフォルニアのミッチェル』(1960) を刊行していた。その他の各州にもそれぞれの「図書館協会」があり，少なくとも州内の図書館間の情報交流とサービス活動の推進のための年次大会や各種委員会の会議の開催や報告，「州図書館協会」の会報の発行もしくは情報の提供を続けている。例えば「アリゾナ図書館協会」は観光雑誌『アリゾナ・ハイウェイ』の索引を長く引き受けていた。さらに日本からの図書館員の短期研修をも企画し，現在に至っている。

参考文献：

Stevenson, Grace T., “American Library Association” *Encyclopedia of Library and Information Science*, New York, Marcel Dekker, v.1, 1968, p.267-302.

井上靖代「ALA（アメリカ図書館協会）の動向」『米国の図書館事情 2007 - 図書館研究シリーズ No.40-』東京，日本図書館協会，2008，p.207-211.

## （4）館外活動：国際分野

国境を越えた児童文学の普及は，翻訳作品の収集・提供などによる各国の児童図書館活動にも影響をもたらした。図書館界による世界の動向への関心が高まったのは，主として第二次世界大戦後であり，その推進役の中心はアメリカであった。アメリカ図書館界の国際的な場面での活躍については，すでに述べた（1）アメリカ図書館協会での活動，他にも（2）国際図書館連盟（IFLA）を中心とする国際団体における活動，（3）児童図書館組織への支援，（4）財団などの援助による図書館員個人の活動への支援などがあげられるが，このうち，児童図書館活動の発展にかかわりがある（3）について，特にここではその中心となった「国際若者図書館」の設立および「図書展」の開催について解説しておく。第二次世界大戦後の荒廃したドイツで，占領当局のアメリカ軍が，アメリカ図書館協会の協力のもとに子どもたちと市民のために「図書展」を企画したのは1946年であった。最初の展示会は7月3日にミュンヘンで開催され，その6か月後に図書展はヴュルッテンベルク，フランクフルト，ベルリンでも開かれた。ミュンヘン出身の雑誌編集者で児童文学の作家であるエーリヒ・ケストナーは，こうした企画が世界の様々な児童文学の見本を見せてくれると同時に国際理解にも役立つとして，国際若者図書館の創設を提言した。ニューヨークのロックフェラー財団はこの企画に賛同して，財政的にこれを支援するよう決定した。

初代図書館長となったイェラ・レップマンは，シュトットガルトでユダヤ人工場主の娘に生まれ，17 歳で労働者の子どもたちのために読書会を主催していた。彼女は，実業家のアメリカ人のグスタフ・レップマンと結婚したが，31 歳で夫と死別し，1937 年にイギリスに亡命，戦後にドイツに戻った。児童文学と児童図書館に関する文章の書き手でもあり，『ホーン・ブック』などに論考を多数寄稿しており，1949 年には「国際若者図書館」の初代館長に任命された。レップマンはアメリカの図書館界はもとより，諸国の政府の支援もとりつけ，1953 年には「国際児童図書評議会」をスイスのチューリヒに設立して，本格的な活動を開始した。1956 年にはここで児童図書の国際賞である「アンデルセン賞（国際アンデルセン賞）」を設定して，名作の普及にのりだした。この賞を受賞した作家は，イギリスのエレノア・ファージョン，スウェーデンのアストリッド・リンドグレン，ドイツのエーリヒ・ケストナー，アメリカのマインダート・デ・ヤング，フランスのルネ・ギヨ，フィンランドのトーベ・ヤンソン，イタリアのジアンニ・ロダリと多彩であった。

アメリカの児童図書館員の国際支援の分野は，財団その他の支援による実務者の派遣であり，主として派遣先の各国の児童図書館・学校図書館の建設に資する援助であって，1950 年代の初期にロバート・ギトラーのもと，多数の主題専門家が来日して「ジャパン・ライブラリー・スクール」を創りあげたことはもとより，第二部「人名事典」の項目では，メアリー・プラマー，サラ・ボーグル，メアリー・ディヴィス，ミルドレッド・バッチェルダー，イニス・グレアム，マーガレット・スコギン，メアリー・ゲイヴァーが世界の各国で活躍したことを知ることができよう。

参考文献：
Stevenson, Grace T., “American Library Association” *Encyclopedia of Library and Information Science*, New York, Marcel Dekker, v.1, 1968, p.286-288.

## （5）授賞

児童図書の分野には数多くの「賞」（国際，領域別，地域別，団体，個人）があって，児童文学と若者文学の優れた図書・挿絵が毎年選ばれている。こうした受賞により「児童図書」の質が保たれるとともに，図書館活動への刺激ともなっている。選考委員には児童図書館や学校図書館から選出された多くの図書館員が当たっている。以下に列挙したのは世界的に広く知られている賞である。

「アンデルセン賞」（Hans Christian Andersen Award【国際】）

1956年から２年ごとにバーゼルの国際児童図書評議会より，児童・若者のための良書を刊行した現存の作家・挿絵画家に授与される。

「カーネギー賞」（Carnegie Medal【イギリス】）

前年度のうちにイギリスで刊行された優秀な児童図書に対して，CILIP（イギリス図書館協会の後継機関）により毎年贈られる。

「ケイト・グリーナウェイ賞」（Kate Greenaway Medal【イギリス】）

前年度のうちにイギリスで刊行された，もっとも優れた絵本に対して，CILIPから贈呈される。

「ジェーン・アダムス児童図書賞」(Jane Addams Children's Book Award【国際】)

1953年から「女性国際平和と自由連盟協会」により，友好と協力と世界理解の思想を伝える質の高い文学作品に与えられる。

「コルデコット賞」（Randolph Caldecott Medal【アメリカ】）

アメリカ図書館協会（児童図書館サービス部会）により，1938年以降毎年，当該年度中に合衆国で刊行された児童絵本に授けられる。

「全国図書賞」（National Book Award【アメリカ】）

1950年から毎年「全国図書委員会」により授与される。児童文学の部門は1969年から開始。

「ニューベリー賞」(John Newberry Medal【アメリカ】)

前年度中に出版された世界の最優秀の児童図書の作者にアメリカ図書館協会（児童図書館サービス部会）より授与される。

「本年度の児童図書」(Book of the Year for Children【カナダ】)

カナダ図書館協会により毎年贈られる。当該年度のうち，カナダ市民が書いた優秀な作品に授与される。

「ミルドレッド・L・バッチェルダー賞」(Mildred L. Batchelder Award【アメリカ】)

原書が外国語により外国で刊行され，後に合衆国で翻訳・刊行されたもっとも優れた児童図書を刊行した出版社に毎年授与される。

「レジナ賞」(Regina Medal【アメリカ】)

1959年以来，カトリック図書館協会により，児童文学に対して優れた寄与をした個人（作家・図書館員など）に与えられる。

「ローラ・インガルス・ワイルダー賞」(Laura Ingalls Wilder Award【アメリカ】)

アメリカで刊行された児童文学に対し実質的な貢献をもたらした作家か，あるいは挿絵画家を称えるため，アメリカ図書館協会（児童図書館サービス部会）より授与される。

この他にも数多くの賞が各州の図書館協会や関係団体から授与されている。

参考文献：

Day, Serena F., ed. *Horn Book Index 1924-1989*, Phoenix, Arizona, Oryx Press, 1990, p.515-519.

Stevenson, Grace T.,“Major Awards” *Encyclopedia of Library and Information Science*, New York, Marcel Dekker, v.1, 1968, p.290-291.

http://www.carnegiegreenaway.org.uk/home/（閲覧日：2014年3月31日）

http://www.ala.org/alsc/awardsgrants/bookmedia/caldecottmedal/caldecottmedal（閲覧日：2014年3月31日）

http://www.ala.org/alsc/awardsgrants/bookmedia/newberymedal/newberymedal（閲覧日：2014年4月1日）

http://www.ala.org/alsc/awardsgrants/bookmedia/batchelderaward（閲覧日：2014年4月1日）

http://www.ala.org/alsc/awardsgrants/bookmedia/wildermedal（閲覧日：2014年4月4日）

# 3．図書館サービスの特徴

## （1）はじめに

前半の1･2章において，19世紀後期以降のアメリカの児童図書館，学校図書館および公共図書館における児童・若者に対する各種サービスの歴史的な背景を記した。わが国においては，それらを担った人物とその業績・活動について，記録・総括することはまだ充分にはされていない。児童・若者に対する各種サービスは，アメリカの場合，1870年代に始まり，1920年代ころから活況を呈するようになり，第二次世界大戦前後にいくつかの活動の時期を経過しているが，この経緯をどのように評価しうるであろうか。以下，歴史の叙述のなかから，いくつかのトピックを取りあげて，その活動の特徴となりうるものを考察してみたい。

## （2）図書館活動を指導した人物像とその関係資料

アメリカの児童図書館・学校図書館活動は，すでに百年以上の歴史を経過している。図書館のサービス活動が児童・若者を含む市民一般の利用に向けて本格的に行われるようになったのは19世紀の後半からであって，フィラデルフィアにおける1876年の図書館大会を契機としていた。このことは，第二部の「人名事典」に採録されている図書館サービスの初期の活動家，ハナ・ジェームズおよびウィリアム・ブレットが，同年に成立したアメリカ図書館協会の初期の会員であったことからも知ることができる。この時代に，アメリカの図書館が東部のニューイングランド地方から発達していったことは，ここが市民に開かれたアメリカの「公共図書館」発祥の地であり，さらに遡っては，イギリスからの「教区図書館」の伝統が受け継がれていた地であった点から知ることができる。1870年代以降には，1865年に南北戦争が終結したことにより，西部に向けて開拓が加速してゆく時代でもあり，中西部から西部にかけてのアメリカの新たな生活空間が出現するにしたがって，図書館という市民の教育拠点も発展をとげていった次第が見てとれる。

こうした初期の時期に，ニューヨークでのプラット学院，デューイの図書館学校のみならず，ボストン公共図書館やニューヨーク公共図書館という図書館活動の現場が，次代の児童図書館や学校図書館の担い手を育てていた。19 世紀の末に，中西部のオハイオ州クリーブランドの公共図書館で，ウィリアム・ブレットが到来する移民の子弟たちに対して新たな図書館活動を開始したのも自然の成り行きであった。その後，20 世紀に入り，児童や若者へのサービスの必要性が認識されるようになったのも，時代の流れのなかで受けとめうる事態であった。

すでに前半では，アメリカにおける児童図書館・学校図書館の歴史を支えた様々な社会的背景を，基礎データとして解説してきた。幸いなことに，アメリカでは図書館員の「人物情報」はきわめて重視されており，本書の「人名事典」に採録されている人物に関して言うなら，各人が書いたもの，各人について書かれたもの（死亡記事や人名事典の項目，回想録，その他）が，各人の出身校や各地の図書館や資料館（アーカイブス）に集められている。例えば，アン・キャロル・ムーア関係の資料は「ニューヨーク公共図書館」に，アリス・ジョーダンについては「ボストン公共図書館」に，さらにメアリー・プラマー（プラット学院図書館），メイ・マシー（ウィリアム・アレン・ホワイト図書館），リリアン・スミス（トロント公共図書館），エリザベス・ネズビット（ピッツバーグ大学図書館）その他にはそれぞれの関係資料があり，研究者もしくは大学院生がその一人一人についてこうした「情報源＝コレクション」により各人の業績と貢献を調査することができるようになっている。図書館員の著書や委員会報告もデータとして保存が進んでいるため，今後の研究が進展することを期待できる。以下は，アメリカの児童図書館・学校図書館・若者図書館の発達の「特質」についての指摘である。わが国との状況が異なる点も多々あることが理解できるであろう。

### （3）「知識・技能」の継承

「知識・技能」の継承は，現在でも「図書館学」（もしくは「図書館情報学」）のなかで重視されている。「十進分類法」といった「知識・技能」は今なお教育体系から離れない。

図書館の職では，児童図書館においてその傾向が著しかった。19世紀末から20世紀初頭にかけて，ボストン公共図書館のアリス・ジョーダン，プラット学院のアン・キャロル・ムーアが「児童コレクション」の担当を上司から命じられたが，この二人に確たる「哲学」と「方針」があったわけではなかった。増えゆく資料のなかで，良書の判別を任されたのである。ムーアはその後，ニューヨーク公共図書館に移り，コレクションの維持・管理を受け持った。ここに新興都市のクリーブランドが加わり，この三大都市の公共図書館がモデルとなってアメリカの児童図書館活動が本格的に開始される。学校図書館活動の開始はそれよりやや遅れたが，第二次世界大戦のころにはやはりニューヨーク公共図書館など分館の多い都市で，公共図書館との連携のもとに始まっていた。いずれの大都市の図書館も競い合うようにコレクションの拡大と利用者サービスに尽力し，訪れる図書館員たちの関心を引きつけた。ニューヨーク公共図書館のムーアの教えは，アメリア・マンソン，フランセス・セイヤーズ，メイベル・ウィリアムス，フランセス・スペイン，マーガレット・スコギン，オーガスタ・ベイカー，ルース・ヴィグアース，バーバラ・ロロックという後継者に伝えられた。なかには，図書館学の理論の開拓，出版社での児童図書シリーズの刊行，その他新たなサービスの展開に関わった者もいた。アメリカにおける児童図書館活動の系譜は，こうした「師匠＝弟子」という連帯意識のなかで醸成されていた。それはムーアとジョーダンが亡くなる1960年代まで続き，その弟子たちによりさらに次なる世代へと継承されていった。

### （4）女性の活躍の場の広がり

図書館活動，特に児童図書館と学校図書館が，当初から女性の活躍の場であったことは知られているが，その理由はそれほど明確ではない。ただ，その結びつきが20世紀初頭のボストン，ニューヨーク，クリーブランドにあったことは注目しておいてよい。ヘンリー・ジェームズの小説『ボストンの人々』の例を引用するまでもなく，女性の社会活動への意識的な参加はこの時期にこうした都市で急速に高まっていた。当時は，工員や家政婦，小学校の教師以外に就職の場がほとんどなかったので，図書館員という新たな知的な職業は女性たちの間で歓迎された。児童図書館員の養成をめざした大学での教育が本格的に始まったのは1920年代以降であったが，多数の若い女性がこの方面での就職を希望し学校で学んでいた経緯は，第二部「人名事典」の項目内容を見て判断できよう。この傾向は家庭の側からも歓迎されていた。女性が図書館の実務，特に児童と若者向けの図書を身近に感ずるのは，子どもたちを育てる立場の視点から，子どもたちにできるだけ早く教養を身につけさせておきたいとの想いを持ち合わせているためであるのは確かである。特に新たに国外から移り住んできた人たち，すぐには移住した国での義務教育を受けられない移民の子女にとって，図書と図書館はきわめて重要であった。実務的な面から見ると，この職業は，主に知識・技能の習得が中心であり，その後は，現場に則した職場内教育が主であった。そのため，専門の大学は多数開学していたが，同時に，公共図書館の現場での図書館コースが免状を発行するまでとなっていた。とはいえ，「ウィリアムソン報告」の発表により，状況は変わった。アメリカ図書館協会により認められた機関だけが司書資格を付与できることになり，ニューヨーク公共図書館の図書館コースなどの「現場の実務教育コース」は閉鎖された。これに代わって登場したのが，1920年代後半から設置された「図書館学」（もしくは「図書館情報学」）を専門とする大学院（もしくは同等の教育水準を持つ「図書館学校」）であり，コロンビア大学を筆頭に，シカゴ大学がこれに続いた。イリノイ大学やカリフォルニア大学なども教育内容を刷新した。

女性が児童図書館や学校図書館，司書養成の職業に進出することにより，「図書館職」はどう変わったのであろうか。第二部の「人名事典」から推察できるとおり，第一に，職業に専念し，長く仕事を続ける人が増えていった。定年以後も図書館のコンサルタントとして仕事に協力するか，近隣の別の図書館でさらに勤務するケースが多かった。第二に，長く生きた女性が多いことに気がつく。ボストン公共図書館のアリス・ジョーダンやニューヨーク公共図書館のアン・キャロル・ムーアはともに89歳，カリフォルニア大学で教えたフランセス・セイヤーズは91歳まで健在であった。もちろん，皆が皆，長生きしたというわけではなく，63歳の定年の翌年に死去したマーガレット・スコギンの例もある。第三に，図書館の職をかなり早くから生涯の仕事と定めた人が多かったことも指摘できよう。図書館職がようやく女性の職業となりえた当時としては，この職を自分たちの努力によって確保しようと試みたのは当然であったろう。ただ，こうした記録はいずれも調査データに基づいたものではなく，第二部の「人名事典」によるものである。

### （5）図書館職員の業績

現在でもそうであるが，いずれの領域の図書館員にもかなりの書き手が多かった。これは自己顕示欲というより，図書館員の身についた習性であって，自身の経験を「情報」として仲間に伝達する必要があると考える傾向からであろう。同業者の会議，セミナー，シンポジウムの数が多いのも，そこでの発表の機会が参加者全員にとって重要であると見なしていたからであった。州や都市の各種図書館協会がきわめて数多く結成されたのも，単なる親睦を求めての話ではなかった。各地にこうした協会が増えれば，当然のこと，会報その他の発表の機会が多くなりうる。大学やカレッジが主催する「記念講演シリーズ」などもこれに加わる。アメリカでかなり数が多いのは業績をあげた先達に名を借りた，学会による「賞」の設定であって，それは第二部の「人名事典」からも散見することができる。図書館員が主として執筆していたのは身辺の雑記ではなく，同業者の仕事に役立つとみなしうる「報告」であった。時には各州の図書館協会がこうした文章の選定に当たっていた。会報その他にはかならず掲載される「編集長への書簡」も単なる挨拶ではなく，時に厳しい批評であり，時に全面的な賛辞であったりする。アメリカの図書館員たちにあっても，彼らの生き様は「アメリカ社会に生きる厳しさ」を伝えていた。人種の混交の世界のなかで生きてゆく市民は，子どもの親たちであっても，子どもたちがこれから生きる方向を彼らに示さねばならない。それは，いかなる逆境にもめげず，独力で生き抜き，他の人種とも融和して生きてゆくことであった。アメリカン・ドリームは少年少女を確かに魅了するものであるが，図書館員たちは，そうした浮薄な生き方は推奨せず，むしろ，その反対側にある真実を強調していた。真に成功した企業家の姿には，そのような予期に反した生き方が伝えられていた。図書館界に多額の寄与をしたロックフェラー財団のジョン・ロックフェラーは，「わたしの息子は父のおかげで裕福に暮らせるかもしれないが，わたし自身の父は貧乏であって，私自身はそんな生活は望めなかった」と答えていた。ロックフェラーの同僚で「シェークスピア図書館」を首都ワシントンに残したヘンリー・フォルジャー夫妻は大西洋を渡りイギリスに往復するたびに，貨物船を使っていたという。図書館とそのコレクションは，そうした堅実なアメリカの伝統を支持しており，アメリカの図書館員はそうした図書館づくりの基本精神を尊重し，自らもその記録者であった。

## (6) 児童図書の広がり

出版統計を見るかぎり，アメリカではすでに1880年に270点の児童図書が刊行されていた。1880年といえばわが国では明治13年にあたり，後の法政大学や専修大学が開校した年であるが，出版重視のこの傾向は，イギリスの「知的遺産」を重視するニューイングランドの地で独自の文化を開花させていた。1857年にボストンで刊行された『アトランティック・マンスリー』誌は，『エディンバラ評論』の気風を継承しており，当時のボストンの文化人たち，オルコット，エマーソン，ソロー，ホーソーン，ハウエルズその他が編集に参加していた。ともあれ，19世紀半ばにはボストンの文化がすでに最高潮に達していた時であった。その流れが，河川，鉄道の開通とともに，ニューヨークから中西部，西部へと伝達していった。出版重視の風潮はコレクションの重視と評論活動に支えられていた。大都市が競って大規模な図書館の建設を急いだのも，それが当時の文化の顔であったからにほかならない。ボストン公共図書館，ニューヨーク公共図書館，やや遅れてクリーブランド公共図書館が，市民の要望を先取りして網羅的な児童図書の収集を急いだ理由も，前半に記したとおりである。それぞれの出版社に「出版企画」はあったが，アメリカでの児童図書出版の企画は1920年代以降になって本格的に始まっていた。1922年にダブルディ出版の社長サミュエル・エヴァレットが，同業のアルフレッド・ハーコートにこの企画について相談し，誰か適任者がいたら推薦してくれと頼んだ。ハーコートはすぐに，ニューヨーク公共図書館の児童図書館員でアメリカ図書館協会の『ブックリスト』の編纂を担当していたメイ・マシーを推薦した。マクミラン出版はすでに1919年より同企画にとりかかっていた。その後，ヴァイキング出版も新たな部署を設置して，メイ・マシーを児童図書の企画のために引き抜いた。編集者は競って，新たな作家や挿絵画家を発掘した。特に絵本画家の登場は注目すべき現象であった。出版社の企画競争はその後も続いた。

## (7) 児童図書の評価と評論

児童図書館にとって必要不可欠なのは「出版情報」の提供と刊行された「図書の評価」であろう。この二つの活動も児童図書出版の盛況とともに必要と見なされてきた。すでに1920年のコロラド・スプリングスでのアメリカ図書館協会の大会では，児童・若者図書の書誌情報をリストとして図書館員に提供すべく，ニューヨーク公共図書館のメイ・マシーおよびメイベル・ウィリアムスに，こうしたリストの編纂を依頼していた。アメリカ図書館協会の『ブックリスト』を編纂していたマシーは，1922年よりダブルディ出版に引き抜かれたが，1924年には同種の児童図書のリストが，ボストンの「少年少女のための書店」から発行され始めていた。これは1924年に創刊号を出した児童図書の批評誌である『ホーン・ブック』であって，刊行当初は季刊，11年目からは隔月刊の定期刊行で，2015年現在まで刊行を続けている。この雑誌については別に「研究論文」（拙著）があるので，詳細はそちらに譲るが，児童図書館活動はこの雑誌とともに発展していったといっても過言ではない。イギリスでは同様の批評誌『ジュニアの本棚』が1936年から刊行されていたが，1996年で廃刊となった。その後，いくつかの批評誌の刊行が続いてはいたものの，『ホーン・ブック』はもっとも長きにわたる児童図書の情報提供のためのメディアであって，その果たした役割は大きかった。

## （8）印刷情報の収集と展示

出版情報の提供ばかりでなく，出版物そのものの独自の収集策もアメリカにおける図書館の特徴の一つであった。その最大のものの一つは「カーラン・コレクション」であって，これは首都ワシントンに住む連邦政府の役人で医学者のアーヴィン・カーランの趣味として，第二次世界大戦後の1945年から集め始められていた。カーランが交通事故で1963年に亡くなり，コレクションがミネソタ大学に遺贈された際には，図書が9000冊，原稿が180本あり，大学はこれを図書5万冊，原稿（挿絵）5000本にまで拡大させ，ボローニャから合衆国各州を3年にわたって巡回展示した。「カーラン・コレクション」は個人による努力の集積であったが，何らかの貴重品と見なせる物品を個人，もしくは歴代の一家が時間をかけて収集する行動は，洋の東西，歴史の今昔を問わず，常に行われてきた人間の習性であった。ヨーロッパの博物館や美術館の展示品も，もとはといえば，そうした品々を寄せ集めたものである。大英博物館が，創設された1750年代には骨董店と呼ばれたのも，絵画・彫刻だけではなく椅子やポスターまでを収集したヴィクトリア・アルバート博物館が，1850年代には工業デザインのガラクタ市とまで軽蔑されたのも，ハイド・パークでの第一回万国博覧会が大英帝国の威信を示しえたのも，こうしたコレクション収集の伝統のおかげであった。児童図書のコレクションは，作者や挿絵画家ばかりでなく，評論家といった関係人物の資料も小規模ながら，アメリカ各地でコレクションが残されてきた。カンザス州エンポリアにある「メイ・マシー・コレクション」はその良い例であろう。

## （9）「人物情報」の重視

同時に，アメリカやヨーロッパでは図書館員にかかわる「人物情報」

をも大切に保存する伝統があった。そこには，個人の職業上の知識・技術への尊重の精神があり，それらを鍛えることを尊重する気質こそが重要な要素であった。こうした「人間重視」の伝統は，特にアメリカなど「市民奉仕」の民主主義社会でこそ顕著である。各地の大小の新聞記事における図書館員の「逝去情報」や「伝記事典」の項目には，それが明確に示されている。例えば「フランセス・セイヤーズ」の場合，死去にともなう死亡記事は『タイムズ』，『ロサンゼルス・タイムズ』，『ニューヨーク・タイムズ』，『ホーン・ブック』，『ライブラリー・ジャーナル』に，数行だけではなく，かなり詳細な「紹介記事」があり，さらに4種の「人名事典」にも項目が掲載されていた。人種（黒人）の面から図書館員の立場を擁護した活動で名をなしたオーガスタ・ベイカーについては4種の記事があるが，それらはすべて，数行のものではない詳しい署名記事であり，それだけで「人名項目」がまとめられる内容であった。さらに，当人の出身校や勤務した図書館では，それぞれの名のもとに「故人関係の資料集成」がありうる。こうした対応には，当該図書館の名誉がかかっていると同時に，それを人物研究に役立てたいとの想いがこめられているのであろう。人物を重視する思想は，図書館員が誰にでも容易にできる仕事だとは見なされていないところから来ているがため，長期にわたるこうした仕事をした人物に対する尊敬の念が，第二部の「人名事典」の記録にすら残されているのであろう。

### (10) 時代の変遷

アメリカで児童図書館の活動が定着した20世紀前半，学校図書館の活動が軌道にのった戦後の20世紀中葉，そして，ヤング・アダルトへの対応を意識し始めた20世紀後半以降に，図書館は社会的な変化に巻きこまれた。どろ沼化したベトナム戦争は，アメリカの経済も社会も破壊し始めた。人権に対する意識が表面化し，児童についての文化的な面においても新たな意識とそこからの要求が拡大していった。児童向けの作品にあっても，こうした変化は言語と挿絵による表現である児童図書に表れやすく，批評の対象ともなりえた。アフリカ系アメリカ人は，社会のなかでの人口の比重が高く，社会体制の一部となっているがために，その反応は様々な方面に影響を及ぼした。2009年にアフリカ系アメリカ人の中から大統領が選出された事象は，他の人種の作品にも影響を及ぼすであろうし，児童文学にもさらに何らかの影響を与えるかもしれない。

時代の変遷についてもう一つ指摘できることは，グローバル化にともなう情報流通の迅速化であって，この趨勢は学校図書館にも及んでいる。デジタル化，データベース化，ネットワークの利用は必然の方向であり，児童図書館員，学校図書館員といえども無視はできなくなっている。若者のみならず，学童といえども多様なメディアに触れる機会は増えてきており，担当の図書館員はそれを指導する立場に立たされている。地域間のネットワークもこうした情報技術の環境下におかれている。

### （11）研究の重視

研究を進めるには資金がいる。第二次世界大戦後のアメリカでの図書館資源評議会は，例えば「劣化資源（紙）」の研究など，様々な図書館活動の研究を支援していた。各国の図書館活動への支援は，研究グループの招聘や図書館会議の開催，個々の研究者の派遣や招聘（フルブライト奨学金，ロックフェラー財団による図書館員の留学資金援助，その他）などに見られた。これは，各学問分野の研究者だけでなく図書館員やジャーナリストといった実務者の育成にも関心を払う，アメリカのプラグマティズムの思想の表れであったといえようが，その結果，各国の図書館界に及ぼした影響は計りしれない。

以上は，アメリカの児童図書館員と学校図書館員の活動とその歴史の特徴の要点を列挙したものであるとともに，第二部「人名事典」の作成作業のなかで気づいた点を列挙してみたが，結論として言えることは，児童図書館および学校図書館という特定の領域であれ，アメリカの事例はさらに詳しく紹介され，研究されることにより，わが国の図書館活動もいっそうの進歩をとげることにつながるという点にあった。そのためには，この分野に取り組む研究者の数がさらに増える必要があるだろう。わが国の図書館研究が取り組むべきテーマは多い。

# 第二部

# 人名事典

## はじめに

この「人名事典」の項目の選択は，次頁の参考図書を中心に参照したが*，他の資料からも追加している。項目の記述は各項目にあげた「参考文献」(新聞・雑誌に掲載された死亡記事も含む）の要約を中心にしているが，わが国では初めて紹介される人物がほとんどであるため，要点をできるだけ簡潔に示すことを心がけ，今後の研究のために「参考文献」はできるだけ記録しておくよう心がけた。全体の記述内容に関連するものは巻末の「関連文献案内」に含めた。本文において，助教授の肩書は准教授に，「参考文献」のなかの人名は“名 - 姓”に統一した。

児童図書館員と学校図書館員の区別はされていない。両者は区別しがたい場合が，特に初期には多く見られるからであった。アン・キャロル・ムーアもマーガレット・スコギンもともに「ストーリーテリング」の実践者であるとともに，若者向けのコレクションの担当者（コンサルタント）でもあった。

この「人名事典」では，採録人物の並びは「読み」順ではなく，「生年」順となっている。その理由は二つある。項目となっている人物は，わが国ではこれまでほとんど取りあげられてこなかったからである。例えば，自叙伝があるリリアン・スミス，慶応義塾大学で教えたハナ・ハント，「ウォルト・ディズニー批判」を展開したフランセス・セイヤーズ，および，翻訳書が刊行されている研究者などはわが国でも知られてはいるが，本書で取りあげた人物から見ると，その割合はほんのわずかである。そのため，人名の「読み」順で並べても，それほど意味がないし，それは目次と索引を完備すれば検索できるからであった。もう一つの理由は「第一部」で述べた内容をより深く理解するために，「第二部」と照らしあわせて，各人物をその活動の時期とともに理解できるようにするためであった。「生年」順とすることにより，児童図書館・学校図書館でのサービス活動がどのような人物により開始され，どのように伝達していったかが見えてくるかもしれない。そのことも期待して「生年」順を採用した。なお，「生年」が同じ人物については原綴の「読み順」で排列した。

研究者への便宜のため，「生年」順で第二部に採録された人物名は，まず「日本語50音順」および「原綴ABC順」の一覧（目次）を第二部の巻頭に付けておいた。

＊ Miller, Marilyn, ed. *Pioneers and Leaders in Library Services to Youth：A Biographical Dictionary*, Westport, Conn., Libraries Unlimited, 2003, 267p.

## 事典所載人名（日本語五十音順）


アーバスノット，メイ・ヒル(May Hill Arbuthnot, 1884-1969) …………… 98
アーラーズ，エレノア(Eleanor E. Ahlers, 1911-1997) ……………………159
アンドラス，ガートルード(Gertrude Elizabeth Andrus, 1879-1974) ……… 86
イザード，アン・レベッカ(Anne Rebecca Izard, 1916-1990) ………………171
イートン，アン(Anne Thaxter Eaton, 1881-1971) ………………………… 90
ヴィグアース，ルース(Ruth Arfarata Hill Viguers, 1903-1971) ……………142
ヴィーゼ，マリオン(Marion Bernice Wiese, 1905-1977) …………………150
ウィリアムス，エリザベス(Elizabeth Owen Williams, 1897-1988) …………123
ウィリアムス，メイベル(Mabel Williams, 1887-1985) ……………………103
ウォーカー，カロリン・バーナイト(Caroline Burnite Walker, 1875-1936) 85
ウッドワース，メアリー(Mary Lorraine Woodworth, 1926-1986) …………178
エドワーズ，マーガレット(Margaret Alexander Edwards, 1902-1988) ……131
エルステッド，ルース・マリオン(Ruth Marion Ersted, 1904-1990) ………145
オルコット，フランセス(Frances Jenkins Olcott, 1872-1963) …………… 81
カヴァナフ，グラディス(Gladys Louise Cavanagh, 1901-1988) ……………130
カーカス，ヴァージニア(Virginia Kirkus, 1893-1980) ……………………110
カーラン，アーヴィン(Irvin Kerlan, 1912-1963) …………………………163
ガリアルド，ルース(Ruth Gagliardo, 1895-1980) …………………………113
カルプ，マーガレット(Margaret Ellen Kalp, 1915-1978) …………………168
カンディフ，ルビー・エセル(Ruby Ethel Cundiff, 1890-1972)………………106
キングスバリー，メアリー(Mary Kingsbury, 1865-1958) ………………… 70
クナップ，ジョセフ(Joseph Palmer Knapp, 1864-1951)……………………… 69
クリアリー，フローレンス(Florence Damon Cleary, 1896-1982) ……………114
グレアム，イニス・メー(Inez Mae Graham, 1904-1983) …………………146
グレイジアー，マーガレット・ヘイズ(Margaret Hayes Grazier, 1916-1999) 170
ゲイヴァー，メアリー(Mary Virginia Gaver, 1906-1992) …………………151
コンクリン，グラディス(Gladys Plemon Conklin, 1903-1983)………………137
サーテン，キャスパー・カール(Casper Carl Certain, 1885-1940) ………… 99
サンダース，ミネルヴァ・アマンダ(Minerva Amanda Sanders, 1837-1912) 62
シェドロック，マリー(Marie L. Shedlock, 1854-1935) …………………… 66
ジェームズ，ハナ(Hannah Packard James, 1835-1903) …………………… 61
ジョーダン，アリス(Alice Mabel Jordan, 1870-1960) …………………… 73
ジョーンズ，サラ・ルイス(Sarah Lewis Jones, 1902-1986) ………………132
ジョンソン，メアリー・フランセス(Mary Frances Kennon Johnson, 1928-1979) 179
スコギン，マーガレット(Margaret Clara Scoggin, 1905-1968)………………149
スペイン，フランセス(Frances Lander Spain, 1903-1999)…………………140
スミス，エルヴァ(Elva Sophronia Smith, 1871-1965) …………………… 79

スミス，リリアン（Lillian H. Smith, 1887-1983）……100
スリグレイ，サラ（Sara Srygley, 1916-1991）……172
セイヤーズ，フランセス・クラーク（Frances Clarke Sayers, 1897-1989）……121
ソウアー，ジュリア（Julia Lina Sauer, 1891-1983）……108
ゾロトウ，シャーロット（Charlotte Shapiro Zolotow, 1915-2013）……169
ダグラス，メアリー（Mary Teresa Peacock Douglas, 1903-1970）……138
ダフ，アニス（Annis Duff, 1904?-1986）……144
ダルグリーシュ，アリス（Alice Dalgliesh, 1893-1979）……109
チザム，マーガレット（Margaret Elizabeth Chisholm, 1921-1999）……175
ディヴィス，メアリー（Mary Gould Davis, 1882-1956）……93
トムソン，ジーン（Jean Thomson, 1902-1975）……135
ニコルセン，マーガレット（Margaret E. Nicholsen, 1904-1999）……147
ニックス，ルシール（Lucile Nix, 1903-1968）……139
ネズビット，エリザベス（Elizabeth Nesbitt, 1897-1977）……118
ノードストローム，アーシュラ（Ursula Nordstrom, 1910-1988）……158
ハヴィランド，ヴァージニア（Virginia Haviland, 1911-1988）……162
バッチェラー，リリアン・ルイス（Lillian Lewis Batchelor, 1907-1977）……155
バッチェルダー，ミルドレッド（Mildred Leona Batchelder, 1901-1998）……127
ハットフィールド，フランセス（Frances Stokes Hatfield, 1922-1987）……176
ハリソン，アリス（Alice Sinclair Harrison, 1882-1967）……94
バーリン，エスター・ヴァージニア（Esther Virginia Burrin, 1908-1975）……157
パワー，エフィー・ルイーズ（Effie Louise Power, 1873-1969）……82
ハント，クララ（Clara Whitehill Hunt, 1871-1958）……75
ハント，ハナ（Hannah Hunt, 1903-1973）……139
ヒューインズ，カロライン（Caroline Maria Hewins, 1846-1926）……65
ファーゴ，ルシール（Lucile Foster Fargo, 1880-1962）……89
ファスト，エリザベス（Elizabeth Astrid Trygstad Fast, 1931-1977）……180
フィッシュ，ヘレン（Helen Dean Fish, 1889-1953）……104
フェンウィック，サラ（Sara Innis Fenwick, 1908-1993）……157
フェンナー，フィリス（Phyllis Reid Fenner, 1899-1982）……126
プラマー，メアリー（Mary Wright Plummer, 1856-1916）……68
プリチャード，マーサ（Martha Caroline Pritchard, 1882-1959）……97
プリンツ，マイケル（Michael L. Printz, 1937-1996）……181
ブレット，ウィリアム・ハワード（William Howard Brett, 1846-1918）……63
フレミング，フランセス（Frances O. Fleming, 1924-1981）……177
ベイカー，オーガスタ（Augusta Braxton Baker, 1911-1998）……160
ヘイナー，シャーロット（Charlotte Irene Hayner, 1896-1989）……116
ヘネ，フランセス（Frances Elizabeth Henne, 1906-1985）……152
ボイド，ジェシー・エドナ（Jessie Edna Boyd, 1899-1978）……125

ボーグル，サラ（Sarah Comly Norris Bogle, 1870-1932）…… 71
ホール，メアリー・イーヴリン（Mary Evelyn Hall, 1874-1956）…… 84
ポルテウス，エルノーラ・マリー（Elnora Marie Portteus, 1917-1983）……174
ホワイトナック，カロリン（Carolyn Irene Whitenack, 1916-1984）……173
マクエルダリー，マーガレット（Margaret K. McElderry, 1912-2011）……165
マクジェンキン，ヴァージニア（Virginia McJenkin, 1905-1981）……148
マシー，メイ（May Massee, 1881-1966）…… 92
マシューズ，フランクリン（Franklin K. Mathiews, 1872-1950）…… 80
マッグワィア，アリス（Alice Rebecca Brooks McGuire, 1902-1975）……134
マーティン，アリー（Allie Beth Dent Martin, 1914-1976）……166
マハー，メアリー・ヘレン（Mary Helen Mahar, 1913-1998）……166
マンソン，アメリア（Amelia Howard Munson, 1893-1972）……112
ミラー，バーサ・マオニー（Bertha Mahony Miller, 1882-1969）…… 95
ムーア，アン・キャロル（Anne Carroll Moore, 1871-1961）…… 76
メリル，ジーン（Jean A. Merrill, 1906-1985）……154
メルチャー，フレデリック（Frederic Gershom Melcher, 1879-1963）…… 88
リーズ，グラディス（Gladys L. Lees, 1902-1986）……133
ルフェーヴル，アリス・ルイーズ（Alice Louise LeFevre, 1898-1963）……124
ロガサ，ハナ（Hannah Logasa, 1879-1967）…… 87
ロース，ジーン（Jean Carolyn Roos, 1891-1982）……107
ロックハート，エリザベス（Elizabeth Humphrey Lockhart, 1907-1978）……156
ロリンズ，チャールマエ・ヒル（Charlemae Hill Rollins, 1897-1979）……119
ロロック，バーバラ（Barbara Therese Rollock, 1922-1992）……176
ワッツ，ヘレン（Helen L. Hoke Watts, 1903-1990）……143
ワフォード，アジール（Azile May Wofford, 1896-1977）……117

101名

## 事典所載人名（原綴ＡＢＣ順）


Ahlers, Eleanor E. 1911-1997 ……… 159
Andrus, Gertrude Elizabeth 1879-1974 ……… 86
Arbuthnot, May Hill 1884-1969 ……… 98
Baker, Augusta Braxton 1911-1998 ……… 160
Batchelder, Mildred Leona 1901-1998 ……… 127
Batchelor, Lillian Lewis 1907-1977 ……… 155
Bogle, Sarah Comly Norris 1870-1932 ……… 71
Boyd, Jessie Edna 1899-1978 ……… 125
Brett, William Howard 1846-1918 ……… 63
Burrin, Esther Virginia 1908-1975 ……… 157
Cavanagh, Gladys Louise 1901-1988 ……… 130
Certain, Casper Carl 1885-1940 ……… 99
Chisholm, Margaret Elizabeth 1921-1999 ……… 175
Cleary, Florence Damon 1896-1982 ……… 114
Conklin, Gladys Plemon 1903-1983 ……… 137
Cundiff, Ruby Ethel 1890-1972 ……… 106
Dalgliesh, Alice 1893-1979 ……… 109
Davis, Mary Gould 1882-1956 ……… 93
Douglas, Mary Teresa Peacock 1903-1970 ……… 138
Duff, Annis 1904?-1986 ……… 144
Eaton, Anne Thaxter 1881-1971 ……… 90
Edwards, Margaret Alexander 1902-1988 ……… 131
Ersted, Ruth Marion 1904-1990 ……… 145
Fargo, Lucile Foster 1880-1962 ……… 89
Fast, Elizabeth Astrid Trygstad 1931-1977 ……… 180
Fenner, Phyllis Reid 1899-1982 ……… 126
Fenwick, Sara Innis 1908-1993 ……… 157
Fish, Helen Dean 1889-1953 ……… 104
Fleming, Frances O. 1924-1981 ……… 177
Gagliardo, Ruth 1895-1980 ……… 113
Gaver, Mary Virginia 1906-1992 ……… 151
Graham, Inez Mae 1904-1983 ……… 146
Grazier, Margaret Hayes 1916-1999 ……… 170
Hall, Mary Evelyn 1874-1956 ……… 84
Harrison, Alice Sinclair 1882-1967 ……… 94

Hatfield, Frances Stokes 1922-1987 ……176
Haviland, Virginia 1911-1988 ……162
Hayner, Charlotte Irene 1896-1989 ……116
Henne, Frances Elizabeth 1906-1985 ……152
Hewins, Caroline Maria 1846-1926 ……65
Hunt, Clara Whitehill 1871-1958 ……75
Hunt, Hannah 1903-1973 ……139
Izard, Anne Rebecca 1916-1990 ……171
James, Hannah Packard 1835-1903 ……61
Johnson, Mary Frances Kennon 1928-1979 ……179
Jones, Sarah Lewis 1902-1986 ……132
Jordan, Alice Mabel 1870-1960……73
Kalp, Margaret Ellen 1915-1978 ……168
Kerlan, Irvin 1912-1963 ……163
Kingsbury, Mary 1865-1958 ……70
Kirkus, Virginia 1893-1980 ……110
Knapp, Joseph Palmer 1864-1951……69
Lees, Gladys L. 1902-1986 ……133
LeFevre, Alice Louise 1898-1963……124
Lockhart,Elizabeth Humphrey 1907-1978 ……156
Logasa, Hannah 1879-1967 ……87
Mahar, Mary Helen 1913-1998 ……166
Martin, Allie Beth Dent 1914-1976 ……166
Massee, May 1881-1966……92
Mathiews, Franklin K. 1872-1950 ……80
McElderry, Margaret K. 1912-2011 ……165
McGuire, Alice Rebecca Brooks 1902-1975 ……134
McJenkin, Virginia 1905-1981 ……148
Melcher, Frederic Gershom 1879-1963 ……88
Merrill, Jean A. 1906-1985……154
Miller, Bertha Mahony 1882-1969 ……95
Moore, Anne Carroll 1871-1961 ……76
Munson, Amelia Howard 1893-1972 ……112
Nesbitt, Elizabeth 1897-1977……118
Nicholsen, Margaret E. 1904-1999 ……147
Nix, Lucile 1903-1968 ……139
Nordstrom, Ursula 1910-1988 ……158
Olcott, Frances Jenkins 1872-1963 ……81
Plummer, Mary Wright 1856-1916 ……68

Portteus, Elnora Marie 1917-1983 …… 174
Power, Effie Louise 1873-1969 …… 82
Printz, Michael L. 1937-1996 …… 181
Pritchard, Martha Caroline 1882-1959 …… 97
Rollins, Charlemae Hill 1897-1979 …… 119
Rollock, Barbara Therese 1922-1992 …… 176
Roos, Jean Carolyn 1891-1982 …… 107
Sanders, Minerva Amanda 1837-1912 …… 62
Sauer, Julia 1891-1983 …… 108
Sayers, Frances Clarke 1897-1989 …… 121
Scoggin, Margaret Clara 1905-1968 …… 149
Shedlock, Marie L. 1854-1935 …… 66
Srygley, Sara 1916-1991 …… 172
Smith, Elva Sophronia 1871-1965 …… 79
Smith, Lillian H. 1887-1983 …… 100
Spain, Frances Lander 1903-1999 …… 140
Thomson, Jean 1902-1975 …… 135
Viguers, Ruth Hill 1903-1971 …… 142
Walker, Caroline Burnite 1875-1936 …… 85
Watts, Helen L. Hoke 1903-1990 …… 143
Whitenack, Carolyn Irene 1916-1984 …… 173
Wiese, Marion Bernice 1905-1977 …… 150
Williams, Elizabeth Owen 1897-1988 …… 123
Williams, Mabel 1887-1985 …… 103
Wofford, Azile May 1896-1977 …… 117
Woodworth, Mary Lorraine 1926-1986 …… 178
Zolotow, Charlotte Shapiro 1915-2013 …… 169

101 persons

## ジェームズ，ハナ (Hannah Packard James, 1835-1903)

マサチューセッツ州ニュートン図書館主任，ペンシルヴェニア州ウィルクス・バーレ図書館初代館長。図書館学校で児童・若者図書館についての講義も担当。

ハナ・ジェームズは，マサチューセッツ州サウス・セイテュエイトで裕福な弁護士の家庭に生まれ，幼いころから本に囲まれて暮らしていた。南北戦争（1861-1865）の時期には，彼女は衛生部隊で働いている。ボストン・アシーニアムで図書館員としての訓練を受け，1870年にマサチューセッツ州ニュートンに設立された無料図書館の初代図書館主任となった。1876年に合衆国教育局が刊行した『アメリカ合衆国の公共図書館』には，ニュートン図書館の蔵書が1万88冊で，年間貸出冊数が4万2000冊であると報告されている。若いころから教会建築に関心を持っていたハナは，1882年にイングランドに旅行し，教会を見てまわった。イングランドは彼女にとって祖先の地であった。1884年，理事会と対立しながらも自説を貫き，ニュートン図書館の蔵書に小説を加えた。当時，小説は市民に害をもたらすと見なしていた管理者が多かったのである。1887年，メルヴィル・デューイの推薦により，資産家アイザック・オスターハウトの寄贈となるペンシルヴェニア州ウィルクス・バーレの無料図書館の初代館長に就任した。オスターハウト無料図書館の開館式にはデューイが式辞を述べた。ハナは，アメリカ図書館協会の設立当初からの会員（会員番号210）で，初回から図書館協会の大会に参加，1896-1898年にはその副議長を務めている。コロンビア大学のデューイの図書館学校に出講したこともある。専門は児童・若者図書館サービスであった。さらに，1891年にはペンシルヴェニア図書館協会の設立をも推進している。1897年にハナ・ジェームズはロンドンでの第二回国際図書館会議に出席し，そこでカロライン・ヒューインズとともにスピーチをした。まだイギリスでも女性図書館員はほとんどいなかった。帰国した彼女は，イギリスの図書館の印象をオスターハウト図書館の「ニュースレター」に執筆するとともに，「アメリカとイギリスにおける女性図書館員」という一文をイギリスの『図書館世界』誌に寄稿した。そこには，女性も男性と同様な地位と給料を与えられるべきであると書かれている。彼女の功績は国内ならびに国際的な場面だけのものではなかった。地域での図書館活動についても，あらゆる機会に参加して指導者としての姿勢を25年にわたって貫いていた。病に倒れて1902年に引退したが，その後も彼女は地元の図書館活動を支援していた。1903年に67歳で亡くなった。

参考文献：

Costello, Joan M. and Holley, Edward G., “Hannah Packard James” *Pioneers and Leaders in Library Services to Youth*, edited by Marilyn L. Miller, Westport, Libraries Unlimited, 2003, p.112-113.

Poland, Myra, “Hannah Packard James”*Bulletin of Bibliography*, 8, 1914, p.91-92.

---

## サンダース，ミネルヴァ・アマンダ (Minerva Amanda Sanders, 1837-1912)

ロードアイランド州のポータケット図書館にて，アメリカ全土の模範となる児童図書館サービスを提供した。

ミネルヴァ・サンダースは，マサチューセッツ州マーブルヘッドのルイス家で生まれた。幼少のころのことはほとんど分かっていない。若くして結婚し，サンダース姓となったが，1863年には夫が死去した。1876年にポータケット図書館の職員となり，その後の34年間の勤務のなかで成し遂げ，この図書館を初期アメリカ図書館史のなかに位置づけた活動は主に二つある。その一つは開架制図書館の推進であり，もう一つは児童サービスの展開であった。1870年代には開架制度はまだ理解されずにいた。「税金で買い入れた図書を放置する」ことに当時の理事会の理解は得られなかったのである。クリーブランド公共図書館ではいくつかの書棚を市民に開放した図書館員が解雇されたほどであった。1887年の図書館大会でのこの件に関する彼女の発表に対しても，「図書館の利用者をそこまで優遇するとは権利の乱用であるため直ちにやめるべきである」との反対があった。サンダースは信念に基づき，根気よく闘った。また開架され自由に使えるコレクションは利用者にとっては一種の「迷路」であり，初期にはこれをどう使ってよいか戸惑う者もいた。そこでサンダースは十進分類による「簡易目録」を作成し配備することにした。開架制は教育的な見地から，さらに，職員配置の財政的な見地からさらなる検討が加えられ，1890年代の末までには全国に広まっていた。ポータケット（無料）図書館は全米の図書館員の見学の場となった。一方，図書館空間の児童への開放もサンダースの先駆的な試みであった。彼女は，当時製造業の中心であったポータケットの街にうろついている子どもたちの精神の向上や品位を高めることを目的としていた。低書架と低い椅子で児童室を独自に整えるとともに，子どもたちの組織化に力を入れた。まず5歳から14歳の子どもたち200人を「お花隊」と名付け，地域の老人や病人たちに花を届けさせ，その後に，彼らを「図書隊」に組み入れた。図書選択も重視し，小説はその効用は認めるものの，「三文小説」を排除するため自らその仕事を担当していた。そして，1890年には，三年にわたる理事会との談合の末に日曜開館を実現させている。1910年にサンダースが引退した時には，ポータケット図書館の蔵書は3万冊となっていた。彼女は引退後2年で亡くなったが，全国各地の図書館員によるこの図書館への見学者は絶えることがなかったという。

参考文献：

Peacock, Joseph L., “Nawtucket of Pawtucket” *Library Journal*, 40, 1915, p.792-794.

Rider, Sidney S., “What I Saw in the Free Library in Pawtucket” *Library Journal*, 14, 1889, p.40-41.

Root, Mary E. S., “An American Past in Children's Work” *Library Journal*, 71, 1976, p.547-551.

Smith, Elva S., “Minerva Sanders” *Pioneering Leaders in Librarianship*, edited by Emily Miller Danton, Chicago, ALA, 1953, p.153-164.

ロング，ハリエット『アメリカを生きた子どもたち：図書館の果した役割』古賀節子監訳，日本図書館協会，1983, 187p.

---

## ブレット，ウィリアム・ハワード (William Howard Brett, 1846-1918)

クリーブランド公共図書館の館長として児童図書コレクションを構築，担当者を育て，同地のウェスタン・リザーブ大学の新たな図書館学教育に協力する。

ウィリアム・ブレットは，1846年7月1日にモーガンおよびジェーン・ブレットの息子としてオハイオ州ブレイスヴィルで生まれた。南北戦争から帰還後，ミシガン大学，ウェスタン・リザーブ大学（1967年にケース工科大学と合併し，ケース・ウェスタン・リザーブ大学となる）に在籍したが，家が貧しくて勉学は続けられなかった。クリーブランドに居を定め，コップ・アンド・アンドリュース書店に職を得る。早くから図書館活動に関心を持っており，アメリカ図書館協会では設立当初からの会員であった。書誌研究者ジョン・ホワイトの支援で1884年にクリーブランド公共図書館の館長に選ばれた。ブレットはクリーブランド公共図書館の館長として「開架制」を推進するとともに，児童室の設置や児童向けコレクションの充実を始めとする児童サービス，ならびに，児童図書館員の養成に功績をあげた。就任の翌年には児童図書の収集に取りかかり，1889年に学校への団体貸出を始めた。学校を通して児童・生徒に本は貸出されていった。1890年に児童図書専用のコーナーが設置され，1896年には貸出の年齢制限を取り払い，1898年には子どもだけが利用できる児童室が設けられ，エフィー・パワーがその担当者となった。東欧・南欧からの移民の子どもたちのためのコレクションを構築したこともブレットの功績である。当時のクリーブランドは「移民の都市」として知られていた。1900年以降に分室，分館が設置されていったが，それぞれ周辺地域の住民に合わせて個別の色彩を持たせた。ブレットは児童図書館員の養成にも力を注いだ。エフィー・パワーおよびカロリン・ウォーカーを児童室の主任として育てている。館長ブレットのもとで，「開架制」推進の思想に基づいたクリーブランド公共図書館の本館が設計されたが，それが完成したのは彼の死後の1925年であった。彼はウェスタン・リザーブ大学で学部長を務めたこともあり，彼の教育観はジェシー・シェラに受け継がれている。ブレットは1918年8月に亡くなり，クリーブランドのレイク・ビュー墓地に葬られた。

参考文献：

Cramer, C. H., “William Howard Brett” *Dictionary of American Library Biography*, Libraries Unlimited, 1978, p.58-61.

Eastman. Linda A., *Portrait of a Librarian*, ALA, 1940, 102p.

ロング，ハリエット『アメリカを生きた子どもたち：図書館の果した役割』古賀節子監訳，日本図書館協会，1983, 187p.

## ヒューインズ , カロライン (Caroline Maria Hewins, 1846-1926)

コネティカット州ハートフォードの公共図書館を創設時から築きあげる。

カロライン・ヒューインズは，マサチューセッツ州ロックスバリーで９人兄弟の長女として生まれた。父親が富裕な商人であった家庭は裕福であり，活発な娘が世間に触れるのを恐れて両親は別棟を建ててやったほどであった。だが娘はすでにボストンの自由な雰囲気に接していた。女性運動の発祥の地の一つであるボストンの雰囲気は彼女のその後の方向を定めていたのであり，父親もこれを阻止することはできなかった。ボストン女子高等学校に在学中から，文化施設のボストン・アシーニアムに出入りし，著名な図書館長ウィリアム・プールの感化を受けている。ハートフォードの青年学院図書館が 1875 年に図書館員を募集すると，カロラインはこれに応募して採用された。この機関は 1878 年にハートフォード図書館協会に，1893 年にハートフォード公共図書館となっているが，この当時は会員制図書館で，会員は 600 名，会費は３ドル，蔵書は約２万冊で，児童部門はまだなかった。彼女は土地の新聞に投稿し，子どもたちが読み物を求めている姿を伝えた。同時に，自然研究の「アガシー協会」の活動に参加し，子どもたちを野外観察に連れ出していた。そこでは本の読み聞かせをも開始していた。彼女は，特に障がいを持った児童に関心を寄せ，市内の「北通りセツルメント」に 12 年間住み込んでさえいた。1878 年からは『ハートフォード図書館協会報』の編纂を担当し，この会報に子ども向けの推薦図書紹介を掲載し始める。これを見た『週刊出版人』の編集者フレデリック・レイポルトは，自社で刊行する『若者の図書：親と子のためのガイド』の編集にカロラインを起用した。このリストは 1897 年にはアメリカ図書館協会で編纂しなおされ，さらに，1904 年と 1915 年には改訂版が出された。

1904 年にはハートフォード公共図書館の児童図書館が開館した。1890 年代のアメリカではようやく児童室や児童図書館も認められるようになっていたが，その意義を認めたがらない理事会の役員も数多く，根気強く交渉していたカロラインの態度は，全米に知れ渡るとともに，児童図書館員の手本となっていた。カロライン・ヒューインズが創設した児童図書館は，彼女が引退した1925年には15万冊の蔵書を持っており，貸出冊数は10万冊に近かった。もう一つの彼女の貢献はアメリカ図書館協会におけるものであった。ボストンでの1879年の第三回図書館大会のときからこれに参加し，1882年から12年間にわたって児童サービスに関する問題提起を行っていた。1891年には副会長に選ばれ，1897年のロンドンでの国際図書館大会にはアメリカ代表の一人となって「児童から見た児童文学」という論文を発表していた。1926年に彼女はニューヨーク公共図書館児童室の「ハロウィーン・パーティ」に参加してから，ハートフォードに戻ったが，その翌日に肺炎の発作で亡くなった。80歳であった。小柄ではあるが「典型的なニューイングランドの学校教師」と見なされていたという。カロラインの功績を称えるため，その死後の1946年には「カロライン・M・ヒューインズ講演シリーズ」がバウカー出版のフレデリック・メルチャーにより創始された。

参考文献：


Bowker, Richard R., "Women in the Library Profession" *Library Journal*, 45, 1920, p.545-549.

Danton, Emily M., ed., *Pioneering Leaders in Librarianship*, Chicago, ALA, 1953, p.97-107.

Lindquist, Jennie D., "Caroline M. Hewins and Books for Children" *Horn Book*, 1954, p.79-107.

Miller, Betha Mahony, ed., "Caroline M. Hewins" *Horn Book*, 24-1, 1953.

ヒルデンブランド，スザンヌ『アメリカ図書館史に女性を書きこむ』田口瑛子訳，京都大学図書館情報学研究会，2002，367p.

ロング，ハリエット『アメリカを生きた子どもたち：図書館の果した役割』古賀節子監訳，日本図書館協会，1983，187p.


---

## シェドロック，マリー (Marie L. Shedlock, 1854-1935)

ストーリーテリングの第一人者として，アメリカの児童図書館サービスに寄与し，多くの崇拝者とこの技術の継承者を世に送る。『ストーリーテラーの芸術』を刊行。

マリー・シェドロックはフランスで鉄道建設の仕事をしていたイギリス人の家庭に生まれ，6歳で家族とともにイギリスに帰ったが，その後，フランスに戻って教育を受けた。21歳でイギリスのパブリック・スクールで教えていたが，すでにロンドンでストーリーテリングの実演の経験を身につけていた。46歳のとき，紹介者があって，アメリカで公演する機会に恵まれ，ニューヨークに渡った。メアリー・プラマーが，自分が館長を務めるプラット学院図書館に招待したことで，アン・キャロル・ムーアと知り合いになった。子どもたちに文学作品を伝える直接の影響力を持つことを感じとったムーアは，ニューヨーク公共図書館児童室主任となってから，自分の働いている館ならびに多くの分館での公演を依頼するとともに，自分たちもこの「芸術」を学び始めた。ニューヨーク公共図書館はアメリカにおけるストーリーテリングの拠点となった。ここからはその後多数の専門家が育っていた。マリー・シェドロックは，アメリカに7年間滞在し，各地の図書館で実演してまわったが，三角帽子と杖の衣装を身につけ，子どもたちの人気の的となっていた。1907年にロンドンに戻り，1915年に主著『ストーリーテラーの芸術』を刊行した。この本はストーリーテリングの「聖典」となり，現在に至るも児童図書館員にとっての基本図書と見なされている。本には実演のための多数の「おはなし」の例も載っていた。1915年に再度アメリカを訪問した時には5年間滞在し，コロンビア大学などで講演を行っている。第一次世界大戦で破壊されたフランスの農村で実演をして市民を勇気づけたこともある。80歳の誕生日の1934年には，アメリカの子どもたちから祝福の手紙が寄せられていた。その翌年にマリー・シェドロックは亡くなったが，その正確な日付は分かっていない。

参考文献：

Hill, Ruth A., “Story Telling around the World” *Library Journal*, 65, 1940, p.285-289.

Moore, Anne Carroll, “Our Fairy Godmother Marie L. Shedlock” *Horn Book*, 10, 1934, p.137-167.

Moore, Anne Carroll, *My Roads to Childhood*, Boston, *Horn Book*, 1961, 399p.

Sayers, Frances Clarke, *Anne Carroll Moore*, New York, Atheneum, 1972, 303p.

Shedlock, Marie, *The Art of the Story Teller*, New York, Dover Publications, 1951, 290p.

## プラマー，メアリー (Mary Wright Plummer, 1856-1916)

ニューヨークのプラット学院に勤め，プラット学院図書館の児童室の基礎をつくるとともに，児童図書館員の養成を始めて，アメリカの次代の児童図書館員の多くを育てる。

メアリー・プラマーは，インディアナ州のリッチモンドに生まれた。17 歳で父がシカゴに移住して薬品卸商となったので，1886 年までシカゴで教育を受けた。敬虔なクエイカー教徒であった両親の影響により，メアリーは努力家であり，一生を通じて社会奉仕に尽くして過ごした。1887 年にメルヴィル・デューイがニューヨークのコロンビア大学に開設した図書館学校の第一期生となったのも，奉仕の仕事に就きたいためであった。彼女はこの図書館学校の印象を『ライブラリー・ジャーナル』に寄稿している。1888 年に卒業すると，セントルイス公共図書館に目録担当として雇われたが，1890 年には辞任して，ヨーロッパを旅行した。ヨーロッパで彼女は，ドイツ，フランス，イタリアの図書館学校を訪問して，図書館学教育の新たな構想を得ていた。帰国後，1888 年にブルックリン住民に公開されていたプラット学院の図書館および図書館員養成学校の助手として招かれて赴任した。1894 年には，再びヨーロッパに渡り，各地の図書館を視察した報告を雑誌に掲載している。帰国後，プラット学院の図書館長に就任したメアリー・プラマーは，図書館に当時としては珍しい児童室を併設した。児童室の家具は子どもたちに合わせ，室内も子ども向けに配備されているなど児童サービスのモデルとなるものであった。1899 年には，プラット学院図書館員養成学校で，児童図書館員養成コースが開始された。プラマーが児童図書館員の養成活動に成功したのは，持ち前の熱意によるものであり，また実務を重視したカリキュラムも歓迎されていた。1904 年にプラマーは図書館長の職を辞し，プラット学院図書館員養成学校の主任の仕事に専念した。1911 年に，プラット学院を退職し，ニューヨーク公共図書館の図書館学校の責任者となり，亡くなる 1916 年までそこで教えていた。また 1897 年に公共図書館の児童サービスについて，1901 年に児童図書選択について語った内容が，『ライブラリー・ジャーナル』に掲載されている。1915 年に図書館協会の会長となるが，翌年会長として挨拶した後に，イリノイ州の兄の家でガンで亡くなった。60歳の若さであった。彼女が語るか書いて残した文章には「女性図書館員の地位」および「知的自由」についてのものがある。

参考文献：

Davis, Donald G., “Mary Wright Plummer” *ALA World Encyclopedia of Library and Information Services*, 3rd ed., Chicago, ALA, 1993, p.661-662.

Hamilton, Ruth Hewitt, *Notable American Women 1607-1950*, 3vols, 1971.

Holbrook, B. E., “Mary Wright Plummer” *Wilson Library Bulletin*, 13, Feb. 1939, p.409.

Moore, Anne Carroll, “Mary Wright Plummer, 1856-1916” *Bulletin of Bibliography*, 14, 1930, p. 1-3.

---

## クナップ，ジョセフ (Joseph Palmer Knapp, 1864-1951)

新聞社の経営により得た資産をノース・カロライナ州の学校図書館の発展のため寄贈。

ジョセフ・クナップは，父親の時代からすでに資産家＝企業家であった。ニューヨークのブルックリンで生まれ育ち，ブルックリン・ポリテクニクおよびコロンビア大学で学んだ。その後「メトロポリタン生命保険会社」の創設者であった父のもと，家業の印刷会社で経験を積み，印刷業界にのりだした。1891年には他の印刷会社を買収し「アメリカ石版印刷会社」を設立し，これを国内最大のグラビア印刷業者としていた。1904年には出版界に転じて『アソシエイト・サンディ・マガジン』を発行し，第一次世界大戦のころには11都市で150万部を売り上げていた。1906年には『ウーマンズ・ホーム・コンパニオン』誌で知られたクロウェル出版を併合，1919年には『コリアーズ・ウィークリー』をも買収し，1935年には「ユナイテッド新聞雑誌社」を設立して新聞を発行した。これは全米を通じて毎週1300万部が配付されていたといわれる。こうした成功を基盤に，彼は1920年にはニューヨークとノース・カロライナ州で「クナップ財団」を設立し，寄付行為を始めた。ジョセフ・クナップの趣味は狩猟と釣魚であり，特に鴨撃ちに熱中し，ノース・カロライナのマッカイ島を本拠地にしていた。この地の漁民・農民の生活の貧しさに気づいたジョセフは，私財40万ドルを投じて，小学校の改築に乗り出した。同時に彼は，病院や療養所へも多額の寄付をおこなっていた。1947年に，10万ドルを投じて設立した「ノース・カロライナ漁業研究所」は，環境保護を目的とし，その運営はノース・カロライナ大学に委託していた。同じ年，ジョセフは技術研究所をも創設し，漁民たちの技術訓練の場とし，これはノース・カロライナ州立カレッジに預けられた。ジョセフ・クナップは1951年に死去したが，特に教育の改善にかけた彼の遺志は，それを引き継いだクナップ財団により生かされた。すでに全国の学校組織を支援していた財団は，1952年に113万ドルをアメリカ図書館協会に寄贈した。ペギー・サリヴァンを議長とするアメリカ学校図書館員部会（アメリカ図書館協会の一部）は，この資金で「クナップ学校図書館計画」に取り組んだ。三段階にわたるこの計画にはクナップ財団からのさらなる資金提供がなされた。1967年，クナップ財団は，図書館協会の新たな「学校図書館マンパワー計画」に116万ドルを寄贈した。この企画により，全米各地の6か所の大学の図書館学校は学校図書館員の養成，特にメディア専門家の育成に力を注ぎ，今日に至る学校図書館の伝統づくりに寄与していた。

参考文献：

Case, Robert N., “Knapp Foundation of North Carolina, Inc.” *Encyclopedia of Library and Information Science,* edited by Kent and others, New York, Marcel Dekker, 1974, v.14, p.426-443.

---

## キングスバリー，メアリー (Mary Kingsbury, 1865-1958)

ブルックリンのエラスムス・ホール高等学校の図書館を独力で創りあげる。初期のアメリカ学校図書館の先駆者として知られる。

メアリー・キングスバリーは，コネティカット州のグラストンバリーで生まれた。父親は医者であった。メアリーは，グラストンバリー・フリー学院で学び，スミス・カレッジへの受験を考えていたが，父親は女性には高等教育は不要であると見なしていたため，進学はできなかった。ギリシア語とラテン語を得意とした彼女は，1890年に母校フリー学院の教師兼校長助手となり，1894年まで校長が敬遠していたラテン語ならびに数学を受け持った。語学好きのメアリーは，さらにドイツ語をも習得しようとしてドイツに一年間留学する。帰国後，ニューヨーク州タリータウンの私立の女子校で教えていたが，三年目に決意して，プラット学院の図書館員養成学校に入学した。1899年に卒業した後一年間，彼女はペンシルヴェニア大学の図書館で目録担当として勤務している。その間，ブルックリンのフラットブッシュにあるエラスムス・ホール高等学校の校長ウォルター・ガニソンは，プラット学院の主任プラマーに有能な図書館司書を推薦してくれるよう依頼した。キングスバリーを高く評価していたプラマーが，迷うことなく彼女を推薦した結果，1900年6月にメアリーは月給600ドルのこの職に転職した。学校図書館を最初からつくりあげる努力は想像を絶するものであったが，キングスバリーは着実に図書館を拡大していった。彼女の働きのおかげで，学校図書館に司書が必要であるとの認識は高まり，その後に新設されたいずれの学校もエラスムス校に倣った。1921年にエラスムス校にはすでに三人の司書が勤務していた。主任メアリーは1931年まで勤めてから引退したが，元気な彼女は，その後の生涯を妹が勤務していたグラストンバリーの公共図書館を手伝い，1958年に93歳で亡くなった。コネティカット学校図書館協会およびアメリカ図書館協会は，彼女の功績を称えて表彰した。すでに1953年に開学したグラストンバリー高等学校の図書館は「メアリー・A・キングスバリー図書館」と名付けられていた。

参考文献：

Clark, Maud, "Mary A. Kingsbury, Pioneer" *Wilson Library Bulletin*, 26, 1951, p.50-51.

Clark, Rheta A. and Owen, Elsie M., "The Mary A. Kingsbury Library" *Library Journal*, 79, 1954, p.101-103.

---

## ボーグル，サラ (Sarah Comly Norris Bogle, 1870-1932)

ピッツバーグ図書館，次いで，アメリカ図書館協会での児童図書館員の養成活動で名を知られる。アメリカ図書館協会の『世界図書館情報サービス百科事典』に項目がある。

サラ・ボーグルは，図書館員養成と図書館学教育，特に児童・

若者サービスの図書館員養成の権威と見なされ，その業績は同時代ならびに後世に大きな影響を残していた。ペンシルヴェニア州ユニオン・カウンティのホワイト・ディア・ミルズで薬局の娘に生まれたサラは，土地の高校が女性を受入れなかったため，自宅で家庭教師につき，14歳で同州ジャーマンタウンの私学「ミス・スティヴンス校」で教育を受けた。女性差別のなかで自立しようと志す娘の一人であったサラは，1903年に32歳にしてフィラデルフィアのドレクセル芸術科学産業学院の図書館学校に入学し，2年の課程を終えて，ハンティンドンのジュニアタ・カレッジの図書館員となった。しかし，宗教関係のこの小さなカレッジの仕事に満足せず，ニューヨークのクィーンズバラ公共図書館に移った。ここでの活動がピッツバーグのカーネギー図書館の館長ハリソン・クレイヴァーの知るところとなり，サラ・ボーグルはクレイヴァーの誘いでピッツバーグ市内の公共図書館に勤務することとなった。カーネギー図書館にはフランセス・オルコットがつくりあげた素晴らしい児童コレクションがあること，および，1901年に図書館内に開設された児童図書館員養成学校の存在により，児童図書館サービスの先進的存在として全米に知られていた。1911年，突然オルコットは職を辞した。理由は定かではないが，おそらく，クレイヴァーと衝突して辞めさせられたのであろう。オルコットの後任となったのがサラ・ボーグルであった。ここには，エフィー・パワー，マリー・ロー，エルヴァ・スミス，アーネスタイン・ローズといったいずれもアメリカの次代の児童図書館活動を担う人たちがいた。サラは児童図書館サービスの経験はなかったが，彼らを束ねるだけの力量をすでに身につけていた。1916年に児童図書館員養成学校をもとにカーネギー図書館学校が設立されると，サラは児童コースの主任となった。しかし1920年に彼女はここを辞めている。ピッツパーグを去った理由ははっきりとはしていないが，次に彼女が選んだ職場はアメリカ図書館協会であった。その後の10年あまり，図書館協会事務局長カール・マイラムのもとでのサラの活動は目ざましかった。主たる領域は教育分野で，この時期に図書館協会からのテコ入れでアメリカの図書館学教育は格段の発達を示している。1923年に

「ウィリアムソン報告」が発表されたこともあり，図書館学教育は「変革」の時であった。サラ・ボーグルが取り組んだ具体的なプロジェクトには，1923年から1929年までの「パリ図書館学校」の運営がある。これにはロックフェラー財団が資金を提供していた。さらに，南部での図書館員養成にも関心を示し，黒人地域の図書館学校の設立に尽力していた。1932年にサラは現職のまま62歳で亡くなったが，同僚の誰しも彼女が1920年代末から数年にわたりガンと闘っていたのを知らなかった。図書館界に尽くしたのは30年ばかりであったが，二つの職場で実績をあげていたので，その活力は見事であったと言えよう。

参考文献：

Craver, Harrison W., “Sarah C. N. Bogle” *Bulletin of the American Library Association*, 26-8, 1932, p.489.

Dale, Doris Cruger, “Sarah Bogle” *ALA World Encyclopedia of Library and Information Services*, 3rd ed., Chicago, ALA, 1993, p.134-135.

Johnson, Nancy Louise, *Sarah C. N. Bogle：Librarian at Large*, University of Michigan, 1991, 392p.

Vann, Sarah K., “Sarah C. N. Bogle” *Notable American Women 1906-1950*, v.1, Harvard University Press, 1971.

---

## ジョーダン，アリス (Alice Mabel Jordan, 1870-1960)

ボストン公共図書館の児童部門主任を40年にわたって勤め，その後は雑誌『ホーン・ブック』の編集顧問として活躍。

アリス・ジョーダンは，メイン州トーマストン生まれの生粋のニューイングランド人であった。家系は三代にわたり船長であったが，父は文学青年でもあった。土地の高校を出て，学校教師となったが，1900年にボストン公共図書館に勤務し始めた。ボストン公共図書館はすでに1848年，市立図書館として出発していたが，1895年には市の中心バック・ベイ地区のコプレイ・スクエアに壮麗な新館が建設されていた。この建物は現在でもボストンの名所となっているが，ここは，続いて建設された首都ワシントンの合衆国議会図書館（1897年）ならびにニューヨーク公共図書館（1911年）といった大図書館建設の建築ラッシュの先駆である。1902年に内庭を望む優雅な中央児童室の主任となったアリス・ジョーダンは，その後も長年にわたりその地位を保った。彼女は，特別な改革に着手することはなく，児童図書から着実に学び，そのコレクションを積みあげていたが，その人柄は誰にでも好かれ，部下たちはアリスを信頼していた。ボストンは19世紀末にはすでに多数の出版社を擁する文化都市であり，女性解放運動の発祥の地の一つでもあった。特にジョーダンの経験と知識を高く評価して，児童図書についての相談役としていたのは，父親が同じく大西洋航路の船舶関係者であったバーサ・マオニー（後に結婚してミラー姓となる）であった。バーサは1916年にボストンで「少年少女のための書店」を開店，1924年に児童図書批評誌『ホーン・ブック』を創刊している。ジョーダンはニューヨーク公共図書館の児童室主任のアン・キャロル・ムーアとも親しかった。この二人の児童図書館員は，アメリカの児童図書館サービスの初期の開拓者であって，ボストンとニューヨークの公共図書館はその後のアメリカの児童図書館サービスを担う人材の養成の場となっていた。

ジョーダンは1906年には「児童図書館員ラウンド・テーブル」という会合を主催し，ここにニューイングランド諸州の図書館員を集めて教育していた。彼女はさらに，図書館からはそれほど遠くないシモンズ・カレッジで「児童との図書館活動」の科目を担当していた。1940年に引退すると，バーサ・マオニー・ミラーは，彼女を『ホーン・ブック』の編集顧問に招いた。1950年まで彼女はこの雑誌に多くの批評文を寄稿している。ジョーダンが1960年にボストン郊外のケンブリッジで静かに息を引きとった翌年に，『ホーン・ブック』は特集号を捧げた。バーサ・マオニー・ミラーは「アリス・ジョーダン：その静かな世界と未来への影響力」という一文を書いている。

参考文献：

Eaton, Gale, “Alice Mabel Jordan” *Pioneers and Leaders in Library Services to Youth*, edited by Marilyn L. Miller, Westport, Libraries Unlimited, 2003, p.119-121.

Holbrook, Barbara, “Alice Mabel Jordan” *Wilson Bulletin*, 13, May 1939, p.606.

Miller, Bertha Mahoney, “Alice M. Jordan: Her Quiet Fame and Influence on the Future” *Horn Book*, 37, November 1961, p.14-17.

Miller, Bertha Mahoney, “To Alice M. Jordan: A Tribute” *Horn Book*, 17, January

1941, p.7-15.
Puleo, Stephen, *A City so Grand : The Rise of an American Metropolis, Boston 1850-1900*, Boston, Beacon Press, 2010, 297p.

## ハント，クララ (Clara Whitehill Hunt, 1871-1958)

ブルックリン公共図書館の児童図書館主任として活躍，創作童話の書き手でもある。

クララ・ハントは，ニューヨーク州ウティカで生まれ育った。両親はともにニューイングランド人であった。1889年にウティカ無料学院を卒業後，土地の公共図書館でその活動に感銘をうけ，図書館員になろうと決心した。1896年に，メルヴィル・デューイが創設したばかりのオルバニーのニューヨーク州立図書館学校に入学した。2年後にそこを卒業したハントは，フィラデルフィアの「徒弟図書館」に採用され，そこで児童室の新設に取り組んだ。1901年にアメリカ図書館協会の年次大会で彼女に出会ったニューアーク公共図書館の館長フランク・ヒルはハントに自館への転勤を勧めた。ニューアークに移った彼女は，参考部門の助手となったが，同時に，児童室の開設に計画段階から参加した。1903年，すでにブルックリン公共図書館長となっていたヒルは，再びハントを児童図書館の主任として招いた。当時はまだ児童図書館担当者で専門教育を受けた者はほとんどいなかった。ブルックリン公共図書館は，カーネギー財団の寄付により毎年のように分館を増やしていたが，ハントは30以上の分館に児童室を設けていった。またここで，自分の児童図書館哲学を展開している。すなわち，児童図書の道徳的意義を重視し，利用者を図書により訓導することであり，そのために児童図書選定基準を示した。1914年には「児童図書館員訓練コース」が開設され，ハントは児童図書館員の養成に乗り出した。このコースは1930年まで続けられた。1929年からの経済大恐慌は図書館をも直撃していたが，ブルックリン公共図書館はかえって活動を拡大していた。移民の増加で市民による図書館の利用，特に児童図書館が求められたのであった。クララ・ハントは1939年までの36年間をブルックリン公共図書館に勤務し，利用者たちの尊敬の的となっていた。彼女はこの間に執筆面でも業績を残していた。図書館学関係では『子どもたちに何を読んでやるべきか』(1915), および『児童とともに図書館活動』(1929)があって,いずれも評価が高かった。また4冊の創作童話,『ハリエットについて』(1916),『森のなかの小さな家』(1918),『ペギーの遊び場』(1924),『緑の谷の小さな家』(1932)も書いている。いずれも作者の信条を表現していた。彼女は,「児童のために書いた物語で,どうしても抜かすことができないことがある。それは,善良な父と母,そして故郷である」と語っている。引退して,両親の故郷であったマサチューセッツ州サドバリーに住んだクララ・ハントは,1958年にこの地で亡くなった。彼女は最後まで,両親と同様に「奉仕」の精神を尊重して生きたニューイングランド人であった。

参考文献：

Bowker, R. R., “Some Children's Librarians” *Library Journal*, 46, 1921, p.789-790.

Holbrook, Barbara, “Clara Whitehill Hunt” *Wilson Bulletin for Libraries*, April 1929, p.539, 553.

---

## ムーア , アン・キャロル (Anne Carroll Moore, 1871-1961)

ニューヨーク公共図書館の児童室主任として活躍,そこを児童図書館サービス活動の拠点とする。多数の後輩を育てる。

「この新しい職業に最大かつ充分な影響をもたらした人物といえば,アン・キャロル・ムーアをおいて他にはいない」と児童図書館サービス研究者フランセス・セイヤーズは述べている。確かに,児童図書館とそのサービス活動の原型をつくりあげた第一人者はアン・キャロル・ムーアであった。彼女はメイン州リマリックで生まれたニューイングランド人であり,生涯の最後までイギリスを第二の故国と認めていた。弁護士の父親は,最後に生まれたこの一人娘を溺愛し,娘も父から法律を学んでいたが,当時女性の法律家は数えるほどであった。母親は,男に捨てられて亡くなった召使の娘を自宅の墓地に葬ってやったほどの人情家である。マサチューセッツ州のブラッドフォード学院を1891年に卒業したが,その翌年に両親がともに死去したため,彼女は自立せねばならなくなった。1895年に思い立ってニューヨークのブルックリンにあるプラット学院に入学したムーアは，1896年に卒業すると，母校の図書館に雇われた。新設のプラット学院にはアメリカではまだ珍しい特別な児童室があり，ここはムーアが児童図書館員として育つには恰好な場であった。彼女は児童図書の勉強を始めるとともに，児童心理までを研究していた。この図書館で彼女が取り組んだのは「ストーリーテリング」であった。来館したマリー・シェドロックに私淑し，相手からこの「芸術」を学んだムーアは，児童サービスに有益であることを確信し，その普及に努めた。1900年のアメリカ図書館協会のモントリオール大会で発足した「児童図書館員クラブ」（後に「児童図書館サービス部会」に発展）では最初の議長を務めている。

1906年に，ムーアは児童サービス部門の主任として，第二の活躍の場であるニューヨーク公共図書館に移った。ニューヨーク公共図書館は，カーネギーの寄付により市内にすでに65の分館を抱えていた。ムーアは，そのすべてを巡回し，担当者たちとの定期的な会合を企画した。館長ジョン・ビリングスにより，1911年，5番街に，正面をライオンの像に守られた壮麗な図書館本館が建設された。「アメリカン・ドリーム」実現の時代であり，この建物はニューヨークの名物となっていた。この本館に設置された児童室は，ニューヨーク公共図書館全体の児童サービス部門の中心となった。児童図書コレクションの責任者として，ムーアは児童室を「見せ場」としていた。色鮮やかな飾りつけと内装はその後の児童図書館のモデルとなった。さらに，彼女は児童室の利用者の年齢制限を廃止していた。もともとアイデアに富むムーアは，1918年『週刊出版人』のメルチャー，および「アメリカ・ボーイ・スカウト」のマシューズと相談のうえ「児童図書週間」の企画を立案し，これは1919年より実現した。第一次世界大戦の直接の被害を受けなかったアメリカでは，この時期は児童図書出版の繁栄期であったが，そのため質の悪い絵本なども多数が刊行されていた。ムーアはこの時期の児童図書批評家の第一人者であった。新聞や雑誌に連載する批評文には定評があり，特に『ニューヨーク・ヘラルド・トリビューン』（後に『ホーン・ブック』に引き継がれた）に連載した「三羽のフクロウ」というコラムは好評で，その後に単行書となっている。確固たる信念のもとでの彼女の批評は，時に辛辣すぎて，批評対象となった出版社から嫌われたこともあった。最後に刊行した評論は，『ビアトリクス・ポター論』（1954）であった。ムーアは自分でも二冊の児童小説，『ニコラス：マンハッタンのクリスマス物語』（1924）および『ニコラスと金のガチョウ』（1934）を書いている。いずれも作者が愛好した人形ニコラスが登場し，前者はクリスマスの晩のニューヨークの繁華街，後者はイギリスとフランスの田舎の周遊であり，作品の出来ばえについては賛否両論があった。

晩年のムーアは，自館の利用者である若者が人種差別のうえで罪に問われた際，裁判に出席して彼の無実を主張した「人道主義者」の側面をも持っていた。1941 年に引退したムーアは，カリフォルニア大学，プラット学院の講師を務めたが，ニューヨーク公共図書館の後輩の仕事に意見をはさみ，時に迷惑がられてもいた。1961 年 1 月 20 日に亡くなるまで，彼女は図書批評の仕事から離れなかった。亡くなった日はケネディ大統領の就任の日であった。ムーアの功績はすでに生前から認められており，1940 年には第一回コンスタンス・リンゼイ・スキナー賞が女性全国図書協会から授けられ，同年にはメイン大学も名誉文学博士号を贈っていた。さらに 1955 年には母校のプラット学院が名誉文学博士号を授けていたし，1960 年にはカトリック図書館協会がこれも栄誉あるレジナ賞を授与していた。しかし，ムーアがその死後に残した最大の功績は，育成した後輩たちの活躍にあった。ニューヨーク公共図書館で育った者には，フランセス・セイヤーズ，リリアン・スミス，マーガレット・スコギン，オーガスタ・ベイカーなどその後の児童サービスを支える図書館員がいる。『ホーン・ブック』の初代編集長バーサ・マオニー・ミラーはムーアを尊敬し，編集顧問として処遇していたし，ボストン公共図書館の児童室主任アリス・ジョーダンは，かたや「攻撃的」かたや「冷静」といったムーアとは対象的な性格でありながら，最後まで親しくしていた。

参考文献：

Brotherton, Nina C., “Anne Carroll Moore” *Library Journal*, 66, 1941, p.710.
Hogarth, Grace Allen, “A Publisher's Perspective” *Horn Book*, 63, 1987, p.372-377.
Miller, Bertha M., “Anne Carroll Moore: Doctor of Human Letters” *Horn Book*,

37, 1961, p.183-192.
Sawyer, Ruth, "Anne Carroll Moore; An Award and Appreciation" *Horn Book*, 36, 1960, p.191-199.
Sayers, Frances Clarke, *Anne Carroll Moore*, New York, Atheneum, 1972, 303p.
ヒルデンブランド , スザンヌ『アメリカ図書館史に女性を書きこむ』田口瑛子訳 , 京都大学図書館情報学研究会 , 2002，367p.

## スミス , エルヴァ (Elva Sophronia Smith, 1871-1965)

図書館学教師として約 40 年間ピッツバーグのカーネギー図書館学校に勤務，アメリカの児童図書館員養成の基盤を確固たるものとする。

エルヴァ・スミスは，他の同時代の女性図書館員と同様，職業人としての出発は早くはない。ヴァーモント州バーク・ホローで生まれ，父親の事業の関係でパサデナに移住しリンドン学院を卒業する。卒業の翌年の 1889 年に，不動産投資に失敗した父親が亡くなったため，ウェイトレスやホテルの従業員をして生活費を稼がねばならなかった。教員免許を得て学校教師として働いていた時期もある。ロサンゼルス公共図書館の訓練コースに参加して，1899 年に図書館司書の免状を取得した後，1901 年にピッツバーグのカーネギー図書館に赴いた。ちょうど，フランセス･オルコットの指揮のもと，児童図書館員の養成コースが始まったところであった。1903 年に 2 年間のコースを終了すると，その学業成績をオルコット主任に認められ，児童図書館員養成学校のインストラクター，ならびに図書館の目録担当として採用された。この学校は 1916 年にカーネギー図書館学校となり，また 1930 年にはカーネギー工科大学に併合されているが，児童図書館員の養成はそれまでと同様に力を入れており，彼女は 1944 年までの約 40 年にわたってここで学生たちの指導にあたった。エルヴァが担当していた科目は「児童文学史」,「児童図書の目録」,「児童図書館サービス」などである。彼女の教え方には定評があり，カーネギー図書館学校はこの間にアメリカ国内で児童図書館員を養成する教育機関として知れ渡るようになっていた。一方で執筆でも名を知られるようになる。特に 1937 年にアメリカ図書館協会から刊行された『児童文学史』はいまなお評価が高い。彼女の執筆態度は誠実そのもので，文章は満足のいくまで何度も書き改めていた。図書館学校のために彼女が取り組んだもう一つの仕事は，フランセス・オルコットが着手していた児童図書の古典作品の収集である。そこには1719年発行の『ロビンソン・クルーソー』の初版までがあり，カーネギー図書館学校の遺産として知られている。エルヴァ・スミスはアメリカ図書館協会の理事（1926-1930）でもあり，委員会の議長も何度か務めていた。卒業した学生たちからも親しまれていたので，90歳の誕生日には世界各地から祝電が届いたという。1944年に引退して故郷のニューイングランドに移住したが，その後さらに21年を執筆と旅行で過ごし，1965年に94歳でヴァーモント州リンドン・センターで亡くなった。

参考文献：

Hodges, Margaret, “Elva Sophronia Smith” *Pioneers and Leaders in Library Services to Youth*, edited by Marilyn L. Miller, Westport, Libraries Unlimited, 2003, p.224-225.

Smith, Elva, *History of Children's Literature：a Syllabus with Selected Bibliographies*, Chicago, American Library Association, 1937, 244p.

---

## マシューズ，フランクリン (Franklin K. Mathiews, 1872-1950)

ボーイ・スカウト協会の図書館長で「児童図書週間」の発案者・推進者として知られる。

フランクリン・マシューズは，ニューヨーク州のミドルタウンで生まれた。ユニオン神学セミナリー，ハーバード大学神学学校を卒業して，ニュージャージー州のスコッチ・プレインズ，次いで，テネシー州のチャタヌーガでバプテスト教会の牧師となっていたが，39歳のとき，スコッチ・プレインズで創設されて2年目の「アメリカ・ボーイ・スカウト（BSA)」の運動に出合った。1912年にニューヨーク市に本部を置くBSAから依頼され，マシューズはその図書館の運営を引き受ける。同時に，機関誌『ボーイズ・ライフ』の編集も担当し，活動を広げてゆく。会員数は1914年には10万7000人の少年と2万5000人の成人会員で構成されていた。当時の若者に人気のあった50セント小説「ストラテマイヤー・シンジケート」シリーズは，安価で粗悪な冒険小説として知られており，マシューズにとってこれは攻撃に値するものであった。彼は，1914年にアメリカ図書館協会の会員となり，1915年にはアメリカ書籍販売協会の大会で「良書の普及」キャンペーンを実行するよう進言していた。その一つの試みとして彼が提唱したのは「児童図書週間」の開催であった。第一次世界大戦後に『週刊出版人』の編集者となっていたフレデリック・メルチャーに相談し，1919年のアメリカ図書館協会ボストン大会でその開催を提案し賛同を得た。すでにマシューズは多くの図書館員をこの運動に参加させていた。当時の代表的な児童図書館員は準備委員会に加わっていた（アリス・ジョーダン，アン・キャロル・ムーア，クララ・ハント，その他）。第一回の「児童図書週間」は大成功であり，作家のケイト・ウィギンが記念講演をしてくれた。1920年代末の経済恐慌は，かえってストラテマイヤーの安価本を流行らせており，グロセット・アンド・ダンラップ社からの刊行は200万部を越えていた。そのため，マシューズの挑戦は続いた。1927年に神経症のため活動は中断されたが，回復すると，ボーイ・スカウトの組織づくりに専念した。その後1950年に78歳で死去した。BSAでの彼の活動は，大型となっていたBSA図書館の効率の良い運営，および，その機関誌ならびに『ボーイ・スカウト年鑑』の編纂であった。

参考文献：


MacLeod, David I., *Building Characters in the American Boy : The Boy Scouts, YMCA and Their Forerunners 1870-1920*, Madison, University of Wisconsin Press, 1983, 404p.

Mathiews, Franklin K., “The Influence on Boys of Books They Enjoy” *Scouting*, 2, 1914, p.3.

Melcher, Frederic, “The Story of Book Week” *Elementary English Review,* 7, 1930, p.91-95.

Soderbergh, Peter A., “The Great Book War: Edward Stratemeyer and the Boy Scout of America” *New Jersey History*, 91, 1973, p.235-248.


---

## オルコット，フランセス (Frances Jenkins Olcott, 1872-1963)

カーネギー図書館で児童図書館員の養成に尽力，子ども向けの童話の編纂者としても知られる。

フランセス・オルコットは1872年にフランスのパリで生まれた。父はアメリカ合衆国の総領事であった。一家とともに帰国すると，1894年にニューヨーク州オルバニーのニューヨーク州立図書館学校に入学した。クララ・ハントの2年上級であった。メルヴィル・デューイの薫陶を受け，1896年に卒業した後，1897年から1898年までブルックリン公共図書館の司書補となっている。ここでも彼女はクララ・ハントの先輩であった。その後，ピッツバーグのカーネギー図書館で，児童図書館の創設にかかわるとともに1901年からは児童図書館員の養成コースの担当者ともなった。ここは，初めてストーリーテリングを組み入れた授業を行った場所でもある。フランセス・オルコットが創始した児童図書館員養成学校は，彼女の後任となるサラ・ボーグルをはじめ，アメリカの児童図書館の発展に寄与した多くの児童図書館員を世に送り出した。1911年に彼女がカーネギー図書館を去った理由は定かでない。おそらく内部での確執があったと想像されるが，明確にはされていなかった。彼女はその後の50余年を執筆に打ちこんで過ごした。児童図書館員の養成がテーマであったが，子ども向けの童話の編纂でも知られていた。主な著作に，アメリカ図書館協会から刊行した『子どもとともに合理的な図書館活動』（再版1914年）がある。フランセス・オルコットは1963年にニューヨークで亡くなった。90歳であった。

参考文献：

Showers, Victor C., “Forty Years of Library School Education” *Carnegie Magazine*, 4(4), 1941, p.99-102.

Smith, Elva S., “As It Was in the Begining: Frances Jenkins Olcott” *Public Libraries*, 30, 1925, p.417-420.

Woolis, Blanche, “Frances Jenkins Olcott” *Pioneers and Leaders in Library Services to Youth*, edited by Marilyn L. Miller, Westport, Libraries Unlimited, 2003, p.185-186.

---

## パワー，エフィー・ルイーズ (Effie Louise Power, 1873-1969)

クリーブランド公共図書館で児童図書館活動を育て，教職者・執筆者としても活躍する。

エフィー・パワーは，発展途上の中西部を舞台に，信念をもって一生を児童図書館に尽くした。生まれたのはペンシルヴェニア州であったが，育ったのはクリーブランドであり，この都市が彼女の主たる活躍の場となった。1895年からクリーブランド公共図書館で見習いとして働き始めている。クリーブランド公共図書館では，館長ウィリアム・ブレットのもとですでに児童サービスが始まっており，パワーは，1898年に新しく設けられた児童室の担当となった。その後，ピッツバーグのカーネギー図書館の児童図書館員養成学校で学び，1906年にはコロンビア大学で教員免許を取得する。1909年にはカーネギー図書館の児童部門の助手，1911年にはセントルイス公共図書館の児童室，1914年にはカーネギー図書館に呼び戻され，1920年にようやく古巣のクリーブランド公共図書館に帰ってきた。ここで彼女は1937年まで勤務し，この新興都市の児童図書室を国内に知られる存在とした。1926年に取り組んだ同地区の「図書キャラバン隊」は「ブックモビル」の初期の試みといえる。図書館以外でも，ウェスタン・リザーブ大学で「児童サービス」と「ストーリーテリング」の講師を務めるとともに，執筆活動，図書館協会の役員といった多彩な活動で知られていた。1912-1913年と1929-1930年に児童図書館協会（後にアメリカ図書館協会の「児童図書館サービス部会」に発展）の議長を務め，1914年からは協会の理事に名を連ねていた。執筆面でも知られており，彼女の「児童図書館哲学」は全国の児童図書館員の指針となっていた。その基本は「児童を知ること」，「児童図書を知ること」，「教育の機能を知ること」，「図書館の方法を知ること」であった。これは，児童心理を学び，図書館学を学んで，児童図書館サービスの実践にかかわった者ならではの理論であった。パワーは子ども向けの短編集も刊行していた。引退前の1934年にはアレゲニー・カレッジから名誉修士号を贈られていたし，1937年のクリーブランド公共図書館からの引退後にはコロンビア大学で教鞭をとっていた。1969年に96歳で亡くなった。

参考文献：

Berneis, Regina F., “Effie Louise Power” *Pioneers and Leaders in Library Services to Youth*, edited by Marilyn L. Miller, Westport, Libraries Unlimited, 2003, p.193-194.

Bowker, R. R., “Some Children's Librarians” *Library Journal*, 46, 1921, p.787-790.

Cramer, C. H., *Open Shelves and Open Minds*, Cleveland, Case Western Reserve University, 1972, 279p.

## ホール，メアリー・イーヴリン (Mary Evelyn Hall, 1874-1956)

ブルックリン女子高等学校の図書館で，アメリカ初期の学校図書館活動の基礎を築く。

メアリー・イーヴリン・ホールは，ニューヨーク州のブルックリンで生まれた。オバーリン・カレッジに一年間在学したが，すぐにプラット学院の図書館員養成学校に移って，1895年に卒業した。プラット学院でホールが感化を受け，相談相手となっていたのは，図書館学校の主任兼図書館長のメアリー・プラマーであり，プラット学院の児童図書館を受け持っていたアン・キャロル・ムーアであった。ホールがブルックリンの女子高等学校の図書館に勤務したのもプラマーの推薦があったからだとされている。ブルックリンには，同じくメアリー・プラマーの推薦でエラスムス・ホール高等学校の初代図書館長となっていたメアリー・キングスバリーもいた。こうした先輩や仲間のなかで，メアリー・ホールの活躍も遅れをとるものではなかった。ブルックリン女子高等学校の図書館での見事な運営は全国の高等学校図書館のモデルとなり，新たに高等学校図書館を設立する各地の自治体からの見学は絶えなかった。また，1908年にニューヨーク図書館協会に高等学校図書館部会を設立してその議長となった。1911年には，全国教育協会に図書館部会を設立してその初代図書館部会長を務める。1915年には，設立されたばかりのアメリカ図書館協会学校図書館員部会の初代部会長に就任した。多数の論考も発表しており，彼女の指摘は1917年の『中等学校における英語の再組織化』(キャスパー・サーテンを議長とする1920年の『様々な規模の中等学校のための図書館組織と設備の基準』につながる内容) の核となった。1947年, アメリカ図書館協会の学校図書館員部会はメアリー・ホールその他の先駆的な学校図書館員を表彰した。ブルックリン女子高等学校を引退した後も後進の指導に当たっていたが，1956年11月に亡くなった。82歳であった。

参考文献：

Pond, Patricia B., “Mary Evelyn Hall” *Pioneers and Leaders in Library Services to Youth*, edited by Marilyn L. Miller, Westport, Libraries Unlimited, 2003, p.86-87.

“AASL History: 1914-1951”http://www.ala.org/aasl/about/history-1914( 閲覧日：2014年10月6日 )

## ウォーカー , カロリン･バーナイト (Caroline Burnite Walker, 1875-1936)

クリーブランド公共図書館において，おはなしの時間やストーリーテリングなどの児童図書館サービスを定着させる。

カロリン・バーナイトは，メリーランド州イーストンで生まれた。1894年にニューヨークのプラット学院の図書館員養成学校を卒業後，ブルックリンのカトリック女子大学の目録担当，次いで，1896年よりメリーランド州ポート・デポジットのトーム学院の図書館主任となった。彼女は社会的な奉仕活動に尽くすために図書館の仕事を選んでいた。1901年からはピッツバーグのカーネギー図書館で主任フランセス・オルコットのもとで働き，児童サービスの仕事のノウハウを身につけた。1904年にはクリーブランド公共図書館長ウィリアム・ブレットの誘いで同図書館に移った。ここは，エフィー･パワーのもとで，市内で数を増やすカーネギー財団からの寄付による分館での児童サービスの拡大に尽力していた。バーナイトの活動は独自であった。彼女は，学校，セツルメント，教会，ユダヤ教会堂，孤児院といった子どもがいるところにどこにでも出かけていった。「家庭文庫」も開設している。これは，図書館のない地区の家庭にコレクションを置かせてもらい，近所の人たちに利用させるという活動であった。カロリン・バーナイトが特に重視していたのは「おはなしの時間」とストーリーテリングであった。彼女にとってはこれが子どもの反応を直接に知る機会であった。だが，訓練された図書館員はなかなか集まらなかった。そこで，クリーブランド図書館内に「児童図書館員訓練クラス」を作り教えることになった。この試みは，後にウェスタン・リザーブ大学の図書館学校に引き継がれる。カロリン・バーナイトは1919年に結婚してカロリン・バーナイト・ウォーカーとなった。クリーブランド図書館を引退してメリーランド州イーストンに住んだ彼女は，その後，正規の図書館職には就かなかったが，住居に近いタルボット・カウンティの無料図書館では指導を続け，1936年の死去の年まで図書館理事会の議長を務めていた。

参考文献：
Andrews, Siri, *Caroline Burnite Walker, A Pioneer in Library Work with Children*, Sturgis Printing Company, 1950, 24p.
Hatch, Bertha, "Caroline Burnite Walker" *Library Journal*, 51, 1936, p.958-959.

---

## アンドラス，ガートルード (Gertrude Elizabeth Andrus, 1879-1974)

シアトル公共図書館の児童部門の責任者として知られ，読書の普及に尽力した。

ガートルード・アンドラスは，1879年にニューヨーク州バッファローで生まれた。21歳でバッファロー公共図書館の助手となるが，1902年にピッツバーグのカーネギー図書館の児童図書館員養成学校に入学した。ここで，カーネギー図書館の児童部門の主任フランセス・オルコットに認められ，1903年よりこの図書館に勤務するようになった。1908年に，シアトル公共図書館の館長ジャドソン・ジェニングスがカーネギー図書館のオルコットに対して「優秀な児童図書館員の紹介」を依頼してきたとき，オルコットは直ちにアンドラスを推薦した。アンドラスは，1946年に引退するまで，ワシントン州シアトルの公共図書館の児童部門の統括責任者として働いた。彼女の第一の功績は，その傘下にある分館の活動の指揮であり，運営であった。1908年に4館，1915年には9館となった分館の毎月の利用統計を取り始め，それを年次報告として州政府に提出した。この報告には，時間刻みの利用人数だけでなく，数値の増減とその理由の分析までがついていたがため，図書館活動の実態が明確に把握でき，図書館統計としては理想的なデータとして全米各地の図書館から注目された。その他，シアトル公共図書館では様々な斬新な試みを実施して注目されていた。例えば，若者とともに運動場で対談したり，市のデパートの図書売場に出向いて新刊書を紹介したりしている。彼女は著作こそ少なかったが，アメリカ図書館協会やワシントン州図書館協会の会合では積極的な発言者として知られていた。アメリカの児童図書館員や学校図書館員のなかには，きわめて長期にわたって仕事を続けるケースが多く見られたが，それは，こうした奉仕活動の「楽しさ」に結びついていたからかもしれない。

参考文献：
Doll, Carol, “Gertrude Elizabeth Andrus” *Pioneers and Leaders in Library Services to Youth,* edited by Marilyn L. Miller, Westport, Libraries Unlimited, 2003, p.3-5.

---

## ロガサ，ハナ (Hannah Logasa, 1879-1967)

初期の学校図書館活動の普及で知られ，多くの図書館学校で教えるとともに，若者に向けた教養書も執筆する。

ハナ・ロガサは，ロシア人移民の娘としてイリノイ州ロック・アイランドで生まれた。幼くして母を失い，高校へは行けなかったものの，彼女は父親の経営する雑貨店を手伝いながら，独学で多くの外国語を身につけた。一家はオマハに移住しており，ハナは1904年にはオマハ公共図書館で，月給25ドルの見習い職に就くことができた。彼女はその生涯の最後までオマハ公共図書館に感謝しながら協力を続けていた。1905年にはシカゴ大学の夏期講習に，1906年にはアイオワ州立大学の図書館員訓練コースで学ぶ。1910年には月給55ドルのオマハ公共図書館の貸出部門に採用となっていた。1914年にアメリカ図書館協会の年次大会に出席し，そこでシカゴ大学の実験学校である高等学校の図書館に転職することが決まった。年収は1500ドルであった。それからの25年，1939年に引退するまでハナ・ロガサは，シカゴ大学付属高等学校の図書館を一手に引き受け，全国に学校図書館活動の手本を示した。学校図書館を教育の必要部分として位置づけ，そのサービスに教師と生徒を引き込むべきという彼女の理想は，『高等学校図書館：教育におけるその機能』に示されている。まだ学校図書館の運営に関する教科書は少なかった時代に，彼女は次々と手引書を刊行し，著者としてその名を知られるとともに，全米各地の大学，図書館学校から講師として呼ばれるようになった。デポール大学（1927)，リバーサイド図書館サービス学校（1929)，ワシントン大学（1936)，ジョージ・ピーボディ・カレッジ（1938)，コロラド大学（1940）などである。一方で，全国教育協会，全国英語教師協議会，アメリカ図書館協会（学校図書館員部会）への協力も目だっていた。1939年に60歳でシカゴ大学付属高等学校を引退したが，精力的なロガサは図書館の職を辞めることは考えなかった。オマハ公共図書館に手紙を書き，「一時間60セントでよいから働かせてほしい」と頼みこんでいたという。彼女はその後も執筆活動を続けた。『小学校・中学校のための図書選択ハンドブック』（1953）のほか，教養書として『世界の文化』（1963）および『若者のための科学』（1967）も執筆していた。1963年に病に倒れたハナ・ロガサは，88歳の誕生日を前にして1967年に亡くなった。

参考文献：

Norell, Irene P., “Hannah Logasa” *Dictionary of American Library Biography*, Libraries Unlimited, 1978, p.319-322.
Pulling, Hazel A., “Hannah Logasa” *Bulletin of Bibliography*, 22, 1956, p.1-3.

---

## メルチャー，フレデリック (Frederic Gershom Melcher, 1879-1963)

『週刊出版人』の編集長として児童図書の普及に尽力，児童図書・児童絵本の「作家・作品賞」を創始し，「児童図書週間」の発足にも関わる。

フレデリック・メルチャーは，1879年にマサチューセッツ州モールデンで生まれた。4歳で家族とともにニュートン・センターという小村に移住，そこの高校は卒業したものの，家族の病気と貧困のため，志望のマサチューセッツ工科大学への進学は断念した。1895年にボストンのロウリアト書店で勤め始めた。週給4ドルであった。持ち前の人の良さと熱心さで顧客を引きつけ，児童図書の部門を担当するようになった。彼は，カロライン・ヒューインズが作成した児童図書のリストで徹底的に勉強していた。1910年には児童図書の作家マーゲライト・フェロウズと結婚し，1913年にはインディアナポリスのスチュアート書店の支配人に昇格していた。メルチャーの図書館界への関与はインディアナポリスの時期から始まっており，図書館員ではないものの1917年にはインディアナ図書館協会の副会長に推薦された。1918年に『週刊出版人』が編集長の空きポストを公募しているのを知り，応募してリチャード・バウカー社長に採用された。編集長としてのメルチャーの活躍は華々しかった。アメリカ図書販売協会，全国出版協会，ニューヨーク図書館協会の書記や理事をも引き受け，アメリカの出版界の代表的存在となってゆく。フランクリン・マシューズとともに「児童図書週間」を発足させたのは1919年であり，1922年には「もっとも著名な各年度の児童図書」を表彰する「ニューベリー賞」を，1937年には「もっとも優れた年度の児童絵本」に授けられる「コルデコット賞」を制定した。1933年にバウカー社長が亡くなると，メルチャーはバウカー出版の社長となった。1945年の50歳の彼の誕生日には700名もの名士がウォルドルフ・アストリア・ホテルに集まったといわれる。第二次世界大戦後のメルチャーは，アメリカの出版界を代表して，世界各地に派遣されていた。戦後の出版業界の再建のため来日したのは1947年であった。1955年にアメリカ図書館協会の名誉会員となった際，彼は自分の名前で奨学金を制定していた。1958年にはラトガース大学が，その翌年にはシラキューズ大学が名誉文学博士号を彼に授与した。そして，1962年にはカトリック図書館協会から栄誉あるレジナ賞が授与されていた。一生を児童図書のために尽くし，1963年に84歳でニュージャージー州で亡くなったが，その直前まで元気であったという。

参考文献：

Grannis, Chandler B., “Frederic G. Melcher” *The Calendar*, 31-2, 1972.

Masten, Helen Adams, ed., “Frederic G. Melcher Memorial Issue” *Top of the News*, 20-3, 1964, p.177-207.

Melcher, Daniel, “Frederic G. Melcher as I Knew Him” *ALA Bulletin*, 61-1, p.56-62.

Smith, Roger A., “Frederic G. Melcher” *Publishers Weekly,* 183, 1963, p.17-19.

---

## ファーゴ，ルシール (Lucile Foster Fargo, 1880-1962)

アメリカの学校図書館の初期の歴史を担った一人。多くの図書館学校で「学校図書館」関連の科目を教えるとともに，テキスト『学校の図書館』を執筆する。

ルシール・ファーゴは，ウィスコンシン州レイク・ミルズで生まれた。20世紀初期の女性としては，彼女は比較的長く教育を受けている。1903年にワシントン州ワラ・ワラのホイットマン・カレッジで学士，1904年に修士号を取得，オレゴン州のベイカー・シティの高等学校で教えてから，オルバニーのニューヨーク州立図書館学校に入りなおして，1909年にそこを卒業した。図書館学校の同級生には後のアメリカ図書館協会の事務局長カール・マイラムその他がいた。1909年から1926年まで，ルシールはワシントン州スポケーンのノース・セントラル高等学校に図書館員として勤めていたが，その間には一時期アメリカ図書館協会のためにハワイに出向いて学校図書館の指導を行っている。1915年に「カリフォルニア学校図書館員協会」が設立されると，ルシールはその積極的なメンバーとして名を知られるようになった。1927年，アメリカ図書館協会の教育審議会は，学校図書館の経営に関する教科書の執筆を彼女に依頼した。1928年に「図書館協会カリキュラム・シリーズ」として『学校の図書館』と題する本が出版された。この基本図書は好評で，1947年までに4版が刊行されている。1930年にルシールは，新設のジョージ・ピーボディ・カレッジの図書館学校に赴任した。この学校は期待とは反対にまだ発展途上であり，1933年に身を引かざるをえなかった。その後，1933年から1935年までのコロンビア大学図書館学校の研究員時代を経て，1937年からウェスタン・リザーブ大学の図書館学校で准教授として「学校図書館」の科目を教えるようになった。1945年に65歳で定年を迎えた後は，専門書の執筆にあたった他，10代の子ども向けに4冊の創作童話を書いている。『マリアン・マーサ』がもっとも知られた作品であった。病に倒れ，老人ホームで暮らしていたが，1962年に82歳で亡くなった。生前は広い範囲の交際があり，専門家として名も知られていたルシール・ファーゴであったが，その死去については，ほとんど注目されなかった。

参考文献：

McGuire, Alice Brooks, “Lucile Foster Fargo” *Pioneers and Leaders in Library Service to Youth*, edited by Marilyn L. Miller, Westport, Libraries Unlimited, 2003, p.61-62.

---

## イートン , アン (Anne Thaxter Eaton, 1881-1971)

コロンビア大学教員養成カレッジの図書館を経てから学校図書館員養成の専門家となる。児童文学史関係の著者としても知られる。

アン・イートンは，1881年5月8日にマサチューセッツ州のビバリー・ファームズで生まれた。一歳のとき，一家とともにニューヨーク市に移住し，その後はほとんどここで過ごしている。1905 年にスミス・カレッジを卒業し，翌年にオルバニーのニューヨーク州立図書館学校に進んだ。同じ年にオルバニーのプルーイン図書館に勤務し, 1910 年よりテネシー大学図書館で働く。1917 年にメアリー・ホールの勧めで，新設のコロンビア大学教員養成カレッジに開設された実験校リンカーン・スクールの図書館で司書として働くことになった。ここで彼女は，子どもたちが本の世界に親しめるように読み聞かせを始めた。読み聞かせた本への子どもたちの反応を見ることは，その後の彼女の児童図書批評に生かされている。1926 年にアンはオルバニーの図書館学校で修士号を取得した。フランセス・セイヤーズはリンカーン・スクールにおけるイートンの奉仕活動とその姿勢を高く評価していた。1930 年代から，彼女は『ニューヨーク・タイムズ』紙の児童図書書評欄を引き受け，児童文学に対する幅広い知識を披露するとともに，繊細な批評活動を展開した。さらに，コーネリア・メイグスなどとともに『児童文学の批評史』のなかの一章を執筆し，評論家としても知られるようになる。旺盛な執筆活動を続けたアン・イートンは，1940 年代に入り，「学校図書館サービス」についての基本テキストをアメリカ図書館協会のために刊行したほか,『子どもの読書』の執筆,『高等学校図書館のための標準目録』の編纂などにあたった。リンカーン・スクール引退後も住まいに近いセントルーク学校の図書館を手伝い，毎週火曜日には生徒たちに「読み聞かせ」の活動を続けた。ユーモアのセンスに富むイートンの性格は，ニューイングランド人であった両親から受け継いだものであったろう。1971 年に，90 歳の誕生日を直前にして亡くなった。

参考文献：

Sasse, Margo, “Anne Thaxter Eaton” *Pioneers and Leaders in Library Services to Youth*, edited by Marilyn L. Miller, Westport, Libraries Unlimited, 2003, p.52-53.
Sayers, Frances Clarke, “Anne Eaton of Lincoln School” *Summoned by Books*, New York, Viking Press, 1965, 173p.

## マシー，メイ (May Massee, 1881-1966)

アメリカ図書館協会の「ブックリスト」の編纂で知られる。児童図書出版社に転じ，多くの作家や挿絵画家を育てる。

メイ・マシーは，1881年5月1日にシカゴで生まれた。5歳のとき一家がウィスコンシン州ミルウォーキーに移住し，18歳でそこの州立師範学院を卒業した。学校教師を一年勤めた後にウィスコンシン図書館学校を出ると，彼女はバッファロー公共図書館の館員となり，1906年から児童図書館部門の主任となった。そこで取り組んだのが開架制で，これはアメリカでも初期の試みである。児童部門の担当は1911年まで続いた。1906年からアメリカ図書館協会の年次大会に参加しており，1913年には『ALAブックリスト』の編集を依頼された。これは協会が1905年より刊行しているものである。この職に留まっている間に，彼女は児童図書の専門家と見なされるようになっており，年に2回は必ずニューヨークに出かけ，出版社や著者と会っていた。

1922年にダブルディ出版からその児童部門を引き受けるよう依頼され，1923年からそこで児童図書の出版に取り組むことになった。出版業界はまだ男性中心の世界であった。彼女は大恐慌の時代にダブルディで児童図書の出版を支えていたが，度重なる自分を無視した社の決定に憤慨して1933年に退職し，新興のヴァイキング出版に移った。ここでの彼女の活躍はめざましかった。特に外国の児童図書作家と挿絵画家に注目し，ベーメルマンス，ピーターシャム，ドーレア夫妻，クルト・ヴィーゼ，ケイト・セレディその他の作品を刊行した。ロバート・マックロスキー，マンロー・リーフ，マージョリー・フラックを世に送ったのも彼女であった。さらに，問題とされる本も積極的に取りあげていた。1946年には黒人作家の本（マリー・ホール・エッツ『ある赤ちゃんの物語』）を刊行した。彼女が手がけた児童図書は，ニューベリー賞を10回，コルデコット賞を4回受賞している。自身も知られた批評文の書き手であり，その児童図書館論と児童図書の批評は『ライブラリー・ジャーナル』，『ホーン・ブック』，『週刊出版人』の誌面を飾っていた。27年にわたる勤務の末，1960年に引退したが，その後もヴァイキング出版の児童部門の企画に参加していた。1959

年にはアメリカグラフィックアート協会のゴールドメダルを授与されている。1966年に彼女はニューヨークのアパートで亡くなった。85歳であった。遺稿や参考資料を集めた「メイ・マシー・コレクション」はカンザス州エンポリアのウィリアム・アレン・ホワイト図書館にある。

参考文献：


Bechtel, Louise Seaman, “May Massee, Publisher” *Horn Book*, 12, 1936, p.208-216.

Bell, Arthur, “A Young man Remembers May Massee” *Publishers Weekly,* 191, 1967, p.84-85.

Bishop, Claire Hutchet, “Homage to May Massee” *Commonweal*, 87, 1967, p.183-174.

Sawyer, Ruth, “To May Massee” *Horn Book*, 43, 1967, p.229-232.

Sicherman, Barbara and others, *Notable American Women:The Modern Period*, Harvard University Press, 1980, p.462-464.

Vining, Elizabeth Gray, “Nothing Too Much, Not Even Moderation” *Library School Review*, May 1973, p.6-10,

Watson, Victor, *The Cambridge Guide to Children's Books in English*, Cambridge, Cambridge University Press, 2001, p.471.


---

## ディヴィス，メアリー (Mary Gould Davis, 1882-1956)

ニューヨーク公共図書館で修業，ストーリーテリングの第一人者として，国内各地で実演して知られる。

メアリー・ディヴィスは，1882年2月13日にメイン州バンゴアで生まれ，その後ケンタッキー州ミドルスバロを経て，1896年にはニューヨーク市に移住した。7人兄弟姉妹の末っ子の彼女は幼いときから兄や姉たちに「おはなし」をするのが好きであった。図書館勤務は1905年のブルックリン公共図書館から始まり，1910年にニューヨーク公共図書館に移ると，アン・キャロル・ムーアを中心とするこのストーリーテリングの拠点でディヴィスの才能は開花した。マリー・シェドロックを尊敬し，その著『ストーリーテラーの芸術』を「聖書」と見なしていた彼女は，コロンビア大学の図書館学校でも長いこと教えており，絶えず人前で実践することにより，自分の技術と相手の反応を確かめていた。1929年にはセントラル・パークやほかの公園や広場でも実演を繰り返していた。その豊かな音声，完璧なタイミング，抑制された身振りは「絶品」であったと言われていた。実演だけではなく，ストーリーテリングの理論家であったディヴィスは，『ホーン・ブック』，『ライブラリー・ジャーナル』，『週刊出版人』にしばしば論文を寄稿し，図書館の大会でも講演を続けていた。その理論の基盤は，物語に対する「信頼」にあった。民話をもっとも得意とし，それが各国の風習に結びついていると信じて，ヨーロッパ諸国を歴訪して研究を続けた。この経験から，イタリアの民話をもとにした『狼の休戦』やスペインの民話をもとにした『三つの金色のオレンジ』を書いた。彼女には「アメリカの民話」(『ホーン・ブック』，1952年）という貴重な論考もある。ディヴィスは若いころから南部のアパラチャ地方が好きで，資金を集めてケンタッキー州のパイン・マウンテンにセツルメント施設を設立し，生涯それを支援していた。1956年に彼女はニューヨークで亡くなった。74歳であった。児童図書館協会はディヴィスの栄誉を称えるストーリーテリングの催しを開催した。マリー・シェドロックやアン・キャロル・ムーア，フランセス・クラーク・セイヤーズとならんで，アメリカ初期の児童図書館史をかざるストーリーテリングの名手であった。

参考文献：

Davis, Mary Gould, “American Folk Tales” *Horn Book*, 28, 1952, p.55-62.
Kleinberg, Janet, “Mary Gould Davis” *Pioneers and Leaders in Library Services to Youth*, edited by Marilyn L. Miller, Westport, Libraries Unlimited, 2003, p.43-45.
ソーヤー , ルース『ストーリーテラーへの道：よいおはなしの語り手となるために』池田綾子ほか訳 , 日本図書館協会 , 1973, p.274.

## ハリソン，アリス (Alice Sinclair Harrison, 1882-1967)

テキサス州オースチンで一生を学校図書館活動に専念し，その活動はアメリカ南部，さらには全米のモデルとなる。

アリス・ハリソンは，1882年2月21日にテキサス州オースチンで生まれた。85歳で亡くなるまでのほとんどの生涯をオースチンで過ごし，テキサス州の学校図書館の育成に尽くした。1904年にテキサス大学を卒業し，テキサス大学付属小学校で教えていたが，1912年にオースチン高等学校の図書館員となった。とはいえ，その当時のテキサス州に学校図書館員はほとんどいなかったため，高校での処遇は「教師」であった。1914年にイリノイ大学の夏期講習に，1925年にはコロンビア大学の夏期講習に参加する一方，オースチン高等学校では図書館整備のために試行錯誤を繰り返した。図書選択を重視し，それにより生徒たちを図書館の仕事に引きこむ努力を続けた。同時にテキサス州のすべての学校を訪問して，図書館の効用を説いてまわった。彼女の努力は実を結び，1947年に定年で退職するまで，およびその後の20年間，オースチン高等学校の図書館は各地から見学者が訪れる場となった。1967年に彼女が亡くなるまでには，テキサス州をはじめアメリカ南西部の各州の隅々まで，学校図書館は整備されていった。アリスはその先駆者であるとともに実践家でもあった。

参考文献：

Herring, Billie Grace Ungerer, “Alice S. Harrison” *Dictionary of American Library Biography*, Libraries Unlimited, 1978, p.232-233.

Herring, Billie Grace Ungerer, “Alice S. Harrison” *Pioneers and Leaders in Library Services to Youth*, edited by Marilyn L. Miller, Westport, Libraries Unlimited, 2003, p.88-89.

---

## ミラー，バーサ・マオニー（Bertha Mahony Miller, 1882-1969）

児童図書の評論雑誌『ホーン・ブック』の初代編集長を1924年より1950年まで務める。編集方針を策定，児童図書館員や雑誌編集者の協力も得て，児童図書の普及に寄与する。

バーサ・マオニーは，1882年3月13日にマサチューセッツ州の港町ロックポートで生まれた。母方の家系は9代目のアメリカ人であった。父親はアイルランド移民であったが，熱心な組合派教会の信者であった。ピアノ教師の母は民話の語り手としても知られていたが，バーサが11歳の時に亡くなっている。職業に就く決心をしたバーサは，ボストンに移り，1902年に新設のシモンズ・カレッジで秘書の職業教育を受けた。図書館学のコースに進みたかったが，資金が乏しく，秘書養成の一年コースを選ばざるをえなかった。人口がすでに50万人に達していたボストンは近代都市＝文化都市として知られるようになっていた。職業人口の3分の1が女性であったという背景もあって，この都市の女性解放意識は高まっていた。小説家のヘンリー・ジェームズが書いた小説『ボストンの人々』(1886) は19世紀後期のボストンの女性解放運動を取りあげている。もっとも, 皮肉屋のジェームズはこの運動に対して批判的であった。

1877年に設立されていた「女性教育産業同盟 (WEIU)」は, 女性の教育レベルを改善し, 女性に職業を斡旋するキリスト教の組織であった。バーサはここに加盟し, その教育普及活動を熱心に手伝った結果, 1906年に同盟の秘書補に任命された。1915年にバーサは『アトランティック・マンスリー』の誌上で, 図書の販売が女性に向いた職業であることを知った。当時, 女性の職業は学校教師か図書館員か社会活動家などの職種に限られていた。教師になりたかったが, その資格がない彼女は本の普及, 特に児童への本の販売活動にのりだした。これはニューヨーク公共図書館のアン・キャロル・ムーアの仕事に感銘を受けていたことが大きい。女性教育産業同盟からの資金で, バーサは1916年に「少年少女のための書店」をボストンに開店した。ムーアおよびボストン公共図書館のアリス・ジョーダンはこの企画を支援してくれた。マサチューセッツ州ドーチェスターの生まれで, 同じくシモンズ・カレッジを出ていたエリナー・ホイットニーが書店の仕事に協力した。二人は新刊の児童図書のリストを作り始め, それに説明を加えることとした。それが雑誌『ホーン・ブック』の刊行につながる。誌名は, 中世の子どもの手習い本である「角本 (つのほん＝ホーン・ブック)」をもとにしており, 三人の騎乗の狩人がホルンを吹きならしている挿絵画家コルデコットの絵が表紙に使われた。この絵は幅広い良書の普及を意味していた。

1924年10月に創刊号を出した『ホーン・ブック』は, その後, 評価を高めて, 現在も刊行を続けている。その成功には外部からの支援と協力によるところが大きい。図書館員では, ニューヨーク公共図書館のアン・キャロル・ムーアとその後継者たち, ボストン公共図書館のアリス・ジョーダンとその仲間たちが協力している。特にボストンに住むジョーダンは雑誌の顧問格であった。作家や挿絵画家たちも協力的であった。さらに, ヴァイキング出版の児童図書シリーズ編集者のメイ・マシーをはじめとする各出版社の担当者たちも，『ホーン・ブック』誌の基本方針である，「良書の普及」ならびに「時代の変化への対応」に賛同していた。バーサは1932年に50歳で資産家のウィリアム・ミラーと結婚した。ホイットニーも結婚しフィールド姓となった。バーサ・マオニー・ミラーは1950年まで編集長を務め，この職を去ってからも雑誌の参与として，87歳で亡くなる最後までその経営に参加していた。彼女が創始した雑誌『ホーン・ブック』が児童図書の普及，そして，特に選書の面において児童図書館に果たした役割はきわめて大きかった。

参考文献：

Eddy, Jacalyn, *Bookwomen：Creating an Empire in Children's Book Publishing 1919-1939*, Madison, University of Wisconsin Press, 2006, p.49-63.

Ross, Eulalie Steinmetz, *The Spirited Life：Bertha Mahony Miller and Children's Books,* Boston, Horn Book, 1973, 274p.

Watson, Victor, *The Cambridge Guide to Children's Books in English*, Cambridge, Cambridge University Press, 2001, p.482.

---

## プリチャード，マーサ (Martha Caroline Pritchard, 1882-1959)

ニューヨーク州立教員カレッジで学校図書館員の養成に尽力，理論構築に貢献する。

マーサ・プリチャードは，1882年5月2日にロードアイランド州ニューポートで，組合教会の熱心な信者であった両親のもとに生まれた。マサチューセッツ州ノートンのホイートン・セミナリーで教育を受けて，ニューポートで学校教師の助手を務めた後，1906年からニューポート公共図書館で勤務した。1912年にニューヨーク州ホワイト・プレインズ高等学校の初代図書館長となった。1913年にはアメリカ図書館協会の大会でメアリー・ホールの主催する高等学校図書館員ラウンド・テーブルに参加した。この会議はその翌年には図書館協会の学校図書館員部会となっている。同じころにニューヨーク公共図書館の図書館学校で免状を取得していた。1919-1921年に全国教育協会の図書館部会の部会長を務める。その間，1920年にコロンビア大学教員カレッジから学士号を受けとり，ミシガン州デトロイト教員カレッジの図書館員となった。

1926年にニューヨーク州立教員カレッジの図書館学コースの主任となる。このカレッジは，コロンビア大学で図書館学教育が再開されたことにともない閉鎖されたニューヨーク州立図書館学校につながる存在である。このコースはオーガスタ・ベイカー，マルシア・ブラウン，メアリー・マハーといった人材を育てたことで知られている。1951年の創設25周年には，デトロイト教員カレッジの同窓会が「マーサ・カロライン・プリチャード奨学金」を創始してくれた。この間にマーサは，1935年にシカゴ大学で図書館学の修士号を得ていた。論文タイトルは「児童の読書に関連した学校教師と学校図書館員の活動の比較」であった。マーサ・プリチャードは優れた教育者であったばかりでなく，理論家としても多数の論文を発表していた。1941年に引退した彼女は，カリフォルニア州シエラ・マドレに移り住み，シエラ・マドレ公共図書館の理事会の書記となった。1959年に同地で亡くなっている。ニューイングランド人らしく，彼女はその一生を奉仕の精神で貫いていた。なお，ニューヨーク州立教員カレッジの図書館学コースの流れを汲む，ニューヨーク州立大学オルバニー校で，1998年にマーサ・カロライン・プリチャード賞が設けられた。

参考文献：

Smith, Susan Seabury, “Martha Caroline Pritchard” *Pioneers and Leaders in Library Service to Youth*, edited by Marilyn L. Miller, Westport Libraries Unlimited, 2003, p.198-199.

“University at Albany Foundation Endowed Scholarships, Awards &Prizes”http://www.albany.edu/uafoundation/attachments/scholarship_docs/SAP%20-%20University%20Libraries.pdf( 閲覧日：2014 年 10 月 5 日 )

---

## アーバスノット，メイ・ヒル (May Hill Arbuthnot, 1884-1969)

ウェスタン・リザーブ大学で教えるとともに，『子どもと図書』その他優れた著書の刊行で知られる。

アーバスノットは，幼名メイ・ヒルとしてアイオワ州メイソン・シティで生まれた。1912年にミネソタ州の州立カレッジを卒業し，1918年にはニューヨーク市の倫理文化学院を卒業した。さらに1922年にシカゴ大学で学士号を取得，1924年にはコロンビア大学で修士号を取得している。1932年にウェスタン・リザーブ大学の経済学部長チャールズ・アーバスノットと結婚した。1961年にはこの大学で博士号を取得している。職業としては，ウェスタン・リザーブ大学に1929年より看護学部を創設してその学部長となり，ここを看護師養成の拠点とし，1950年の引退まで勤務していた。しかし，彼女の関心は子どもや若者たちの読書であり，特に1960年代の初期からは様々な主題の児童向けの本を多数執筆していた。なかでも『子どもと図書』(1947年，第5版〔1977年〕）は，子どもにとっての図書館と文学との重要性がいかんなく語られている。ジーナ・サザーランドは改訂版の解説にこう書いていた。「メイ・ヒル・アーバスノットに対する感謝を充分に表すことはできないであろう。子どもたちに本への愛の尽きせぬ喜びを届けようとの目標に向かって努力している者は誰しも，彼女の作品が児童文学への永遠の寄与であることを知っている。彼女の知識，その実際的な良識，彼女の限りない想像力は，無数の親たち，教師，図書館員，学生たちを導く。これらの美点がすべて『子どもと図書』のなかに示されており，彼女の作品を今日のニーズに適合させるのは，喜びであり，挑戦であろう。彼女の死は，ともに仕事する者にとっては突然の終止符であったが，メイ・ヒル・アーバスノットはその作品とともに，その楽しい精神とともに，なお，我々とともにある」。

参考文献：

Adrienne, Sister M., “The Sixth Regina Medal Award” *Catholic Library World*, 36, September 1964, p.17.
Corrigan, Marrie and Adeline, “May Hill Arbuthnot” *Catholic Library World*, 35, February 1964, p.337-339.
Miller, Marilyn, “May Hill Arbuthnot” *Pioneers and Leaders in Library Services to Youth*, edited by Marilyn L. Miller, Westport, Libraries Unlimited, 2003, p.6-7.

---

## サーテン , キャスパー・カール (Casper Carl Certain, 1885-1940)

初期の学校図書館の基準を作りあげる。アメリカ図書館協会の教育委員会の委員として『学校図書館年鑑』を編纂する。

キャスパー・サーテンは，アラバマ州のハンツヴィルで生まれ，1906年にアラバマ・ポリテクニクで英語教師の資格をとって卒業し，1911年からバーミンガム中央高等学校で英語科の主任を務めた。その後，母校のアラバマ・ポリテクニクに戻って修辞学の教授となる。1916年にはデトロイトに移って，キャス技術高等学校の主任，1919年にはノースウェスト高等学校の英語部長，1921年からはデトロイト公立学校システムの語学教育副主任となった。この間の1917年に，合衆国教育局に対して南部諸州の学校図書館の調査結果を提出している。また全国教育協会（中等教育局）の「高等学校図書館問題委員会」の議長を務め，合衆国において初期の学校図書館の基準『様々な規模の中等学校のための図書館組織と設備の基準』（ALA，1920年）を作成した。この基準の作成に関わる委員32名のうち14名が図書館員，9名が教育者であった。この基準は地域の高等学校の図書館調査に基づいており，特にメディアの重視を提唱していた。そこには18項目の基準が示されていた。1923年にコロンビア大学から図書館学とは別に修士号を得ている。サーテンはまた全国教育協会とアメリカ図書館協会の合同委員会の議長として，初等教育の基準『小学校図書館の基準』を1925年にまとめた。そこには，資料面では様々な種類（スライド，フィルム，地図，その他）の資料の利用が推奨され，人的側面では職員の教育レベルの向上が述べられていた。その後，アメリカ図書館協会の教育委員会の委員として『学校図書館年鑑』を5年にわたって編纂していた。55歳の若さで亡くなったが，新たなメディアの時代の到来を予見して彼が作った基準は，その後もアメリカの学校図書館の組織と資料構築のモデルとして使われた。

参考文献：

Gambee, Budd L., “Standards for School Media Programs, 1920: A Lesson from History” *American Libraries*, 1, 1970, p.483-485.

Lowrie, Jean E., “Casper Carl Certain” *Pioneers and Leaders in Library Services to Youth*, edited by Marilyn L. Miller, Westport, Libraries Unlimited, 2003, p.28-29.

---

## スミス , リリアン (Lillian H. Smith, 1887-1983)

ニューヨーク公共図書館のアン・キャロル・ムーアのもとで修行し，カナダのトロント公共図書館で実践，「少年・少女の家」を世界的に著名な児童図書館とする。

リリアン・スミスは，カナダ人でカナダの児童図書館のために生涯の大半をささげた人物であるが，アメリカで教育を受け，アメリカで最初の職業に就き，後にアメリカ図書館協会のために多大な功績を残していたので，本事典の項目として取りあげる。

リリアン・スミスは1887年3月にメソジスト教会の牧師の娘として,オンタリオ州のロンドンで生まれた。トロント大学のヴィクトリア・カレッジを出ると，ペンシルヴェニア州のピッツバーグに渡り，カーネギー図書館の児童図書館員養成学校で学んだ。1911年9月にニューヨーク公共図書館に採用され，児童室主任のアン・キャロル・ムーアと出会った。スミスはムーアから強い影響を受け，二人の関係はその後長く続くこととなる。ワシントン・ハイツ分館の児童室担当として，読み聞かせやストーリーテリングを実践した。しかし，トロント公共図書館の館長ジョージ・ロックが児童部門の責任者を求めていたため，1912年の秋に児童部門の責任者としてトロント公共図書館に赴任することとなった。その当時のトロント公共図書館の児童コレクションは寄贈本ばかりで，新しい本はほとんどなかった。彼女は選書の権限を得て自身の原則に従って児童図書の収集にあたった。1927年には彼女の編集した『少年少女のための本』が出版されている。また，土曜日の朝に「おはなし」の時間をつくる一方で，学校を訪問し，図書館の紹介をしたり読み聞かせを行った。1922年に設立された「少年・少女の家」とよばれる独立した児童図書館には，幼い子どもたちのための「おとぎ話の部屋」があり,「おはなし会」や人形劇のための小舞台も備わっていた。児童図書の分類でも彼女は独自のシステムを考案した。1931年に採用した分類システムでは，おとぎ話，絵本，伝記，祝日といった大区分を用いている。1949年にはエドガー・オズボーンからオズボーン・コレクションとして知られる初期の児童図書のコレクションの寄贈を受けている。彼女が引退した1952年までに,トロント公共図書館の「少年・少女の家」は児童図書館の模範として，カナダだけでなく世界にその名を知られる存在となり，各国からの訪問客が絶えず訪れるようになっていた。

トロント公共図書館には16の分館に児童室があった他，セツルメントや病院や障がい者の施設にも児童文庫が設置され，そのほとんどは彼女の管轄下に置かれていた。また毎週，訓練プログラムを実施していた。定期的に開かれたスタッフ会議では，必ず新刊書の批評が取りあげられ，彼女の豊富な知識が披露されていた。児童図書館員は自身の図書館にあるすべての本を知っておく義務があるというのが彼女の信念であった。図書館だけでなく，トロントの児童関係の団体を呼び集めて「少年・少女会議」を開催し，地域社会に貢献した。一方で，1925年からオンタリオ教育局の訓練コースで児童図書館およびストーリーテリングの授業を受け持ち，1928年にトロント大学に図書館学校が開設されると，引退の年までそこの授業も引き受けていた。さらに，オンタリオ図書館協会とケベック図書館協会の合同の大会を開催して，カナダ図書館協会を成立させていた。1932年からはアメリカ図書館協会の理事も務めている。執筆した論文の数も多く，書誌も編纂されている。引退の翌年の1953年にアメリカ図書館協会から出版された『児童文学論（原題『率先の歳月』)』は，リリアンの思想と生涯を明確に示した本であり，わが国でも翻訳され，児童図書館員に大きな影響を与えた。1962年には「クラレンス・デイ賞」を受賞している。また1911年以降に出版され，彼女自身が収集した貴重な児童図書が「リリアン・スミス・コレクション」としてまとめられている。スミスは1983年1月に95歳で亡くなった。

参考文献：

Fasick, Adele M. et al., *Lands of Pleasure：Essays on Lillian H. Smith and the Development of Children's Libraries,* Metuchen, Scarecrow Press, 1990, 176p.

Fasick, Adele M., “Lillian H. Smith” *Pioneers and Leaders in Library Services to Youth*, edited by Marilyn L. Miller, Westport, Libraries Unlimited, 2003, p.226-228.

Johnston, Margaret E., “Lillian H. Smith” *Horn Book*, 58(3), 1982, p.325-332.

Smith, Lillian H., *The Unreluctant Years*, Chicago, American Library Association, 1953, 193p.

Watson, Victor, *The Cambridge Guide to Children's Books in English,* Cambridge, Cambridge University Press, 2001, p.656-657.

ジョンソン，マーガレット「リリアン・H・スミスの生涯」『本・子ども・図書館』全国学校図書館協議会，1993, p.12-23.

## ウィリアムス，メイベル (Mabel Williams, 1887-1985)

ニューヨーク公共図書館において「若者のための図書館」を開設，この分野の第一人者として知られる。

メイベル・ウィリアムスは，マサチューセッツ州ニュートン・センターで生まれた。ボストンのシモンズ・カレッジで図書館学の教育を受け，1909年に卒業している。その後，シモンズおよびラドクリフ・カレッジで実務の訓練を受けて，1912年よりマサチューセッツ州サマーヴィルの公共図書館に就職し，ここで若者への図書館サービスに関心を持った。1916年にマサチューセッツ図書館協会の会合で彼女が行った，若者に対する図書館員の資料知識の必要性についての講演は，ニューヨーク公共図書館児童室主任のアン・キャロル・ムーアを感心させた。ムーアは直ちにメイベルを自分の図書館の助手に採用した。ニューヨーク公共図書館では設立の当初から「児童サービス」と「若者サービス」を分けており，両者の主張は時に衝突していた。1913年よりムーアがこの両方の部門の責任を任されており，1916年にメイベルはムーアのもとで学校担当となった。1920年代初期のニューヨークには27の高等学校があって，39名の図書館員が配置されていた。しかし，その活動はそれほど目立つものでなく，さらに中学校の図書館はほとんど無視されていた。精力的なメイベル・ウィリアムスは，あらゆる学校を巡回した。1921年にはその数は2445校におよんだという。彼女が最初に手がけた企画は「教員参考図書館」の設置であり，ニューヨーク市中心部の分館に設立された。そこには，あらゆる分野の参考図書が集められていて，学校教師は誰でも無料で利用できた。この図書館をたまたま訪れたアメリア・マンソンはこの仕事に関心を持ち，1926年にメイベルの助手となった。同じ年，メイベルはもう一つの企画に取り組んだ。東32番街にあった資産家の寄贈によるネイサン・ストラウス分館をそっくり「若者図書館」に変えたことである。若者のための図書館とそのコレクションはアメリカでも先駆的な試みであった。この図書館の担当助手として，ラドクリフ・カレッジを卒業したマーガレット・スコギンが任命された。その後のヤング・アダルト・サービスを支えるアメリア・マンソンおよびマーガレット・スコギンに，メイベル・ウィリアムスは影響を与えている。つまり，彼女の大きな功績の一つがこうした後輩の育成であったといえる。

その他に，ウィリアムスが取り組んだ活動は「青少年への読書指導」であった。ウィリアムスは利用者ごとの読書を重視し，1929年に「若者のための図書」の初版が発行された。引退まで彼女自身が作成したこの図書リストは，『ティーン・エイジのための図書』とタイトルを変更して発行され，1990年には62号に達している。ウィリアムスは「若者の読書ラウンド・テーブル」の創始者でもあり，この組織は後にアメリカ図書館協会の「ヤング・アダルト図書館サービス部会」に発展していた。1951年に引退した彼女は，その後もニューヨーク公共図書館の「ヤング・アダルト室」の相談役として98歳で亡くなるまで貢献した。一方で1965年にはニュージャージー州ハイツタウンの「退職者のための」図書館づくりをも引き受け，その図書館の蔵書は1980年には6000冊に達していた。同じ1980年には「若者サービス」に貢献した者に与えられる「グロリエ賞」を授与されている。1985年に98歳で亡くなった。

参考文献：

Atkinson, Joan L., “Pioneers in Public Library Service to Young Adults” *Top of the News*, 43, 1986, p.27-44.

Braverman, Miriam, *Youth, Society, and Public Library,* Chicago, American Library Association, 1979, p.16-115.

---

## フィッシュ，ヘレン (Helen Dean Fish, 1889-1953)

リッピンコット出版の児童図書出版の責任者として多数の秀作を刊行，評論家としても活躍する。

ヘレン・フィッシュは，ニューヨーク州ロング・アイランドのヘムステッドで生まれた。1912年にマサチューセッツ州のウェルズリー・カレッジを卒業すると，ノース・カロライナ州アシュヴィルのアシュヴィル女子家庭学校で2年間教えた。その後，ラドクリフ・カレッジで2年間演劇を勉強して，ニューヨーク市内のいくつかのセツルメントで演劇クラブを指導している。1917

年にはストークス出版に校正担当として入社し，1922年に児童図書の編集者となる。ストークス出版は1941年にリッピンコット出版に吸収されたが，彼女はそのまま勤務し続けた。1910年代末から1930年代にかけ，児童図書出版は開花期であるとともに活気に満ち溢れた時期であった。ルイーズ・シーマン・ベクテルが1919年にマクミラン出版で児童図書部門の責任者となったのを皮切りに，各社は一斉に児童部門を設置していた。メイ・マシー（ダブルディ出版とヴァイキング出版），バーサ・グンターマン（ロングマン出版），アリス・ダルグリーシュ（スクリブナー出版），ヴァージニア・カーカス（ハーパー・アンド・ブラザーズ出版）といった編集者たちが互いに腕を競い合っていた。19世紀の末からストラテマイヤー・シンジケートが匿名による大量の安価なシリーズ本を刊行して，少年少女の読者をさらっていた反動で，「良書」を出版しようとの機運が高まっていたのである。フィッシュがストークス出版で最初に手がけたのはヒュー・ロフティングの『ドリトル先生』シリーズであった。読みやすい文章とあふれるユーモアによりこのシリーズはすぐに子どもたちの人気の的となった。彼女自身は旅行が趣味で，常に外国へ出かけていたが，自身でも『旅への招待』（1937）という本を刊行していた。イギリスを旅行したフィッシュが発見した作家にはエレノア・ファージョンがおり，『リンゴ畑のマーティン・ピピン』はイギリスで初版が出版された翌年の1922年にストークス出版から刊行されている。また挿絵画家の発掘が得意で，多くの画家の秀作を世に送っている。第一回のコルデコット賞を受賞した『バイブルの動物たち』はヘレン・フィッシュの手による作品である。彼女はアメリカ図書館協会の児童部門でも活躍しており，雑誌『ホーン・ブック』でも常連ともいえる書き手であった。64歳の若さで亡くなったが，リッピンコット出版は，新進作家に授与する「ヘレン・ディーン・フィッシュ賞」を設定して彼女の功績を称えた。亡くなったのはヘムステッドの自宅である。独身のヘレンは一生のほとんどを生まれ故郷と生家から離れなかった。シモンズ・カレッジにある『ホーン・ブック』関係のコレクションのなかには，ヘレン・フィッシュの資料が保存されている。

参考文献：
Behrmann, Christine A., "Helen Dean Fish" *Pioneers and Leaders in Library Services to Youth*, edited by Marilyn L. Miller, Westport, Libraries Unlimited, 2003, p.70-71.
Watson, Victor, *The Cambridge Guide to Children's Books in English*, Cambridge, Cambridge University Press, 2001, p.415.

---

## カンディフ, ルビー・エセル (Ruby Ethel Cundiff, 1890-1972)

ジョージ・ピーボディ・カレッジ，マディソン・カレッジで学校図書館関連の科目を受け持つ。その方面の図書の執筆でも知られる。

ルビー・カンディフは，カンザス州の農村タルマッジで生まれ，そこの一室だけの小学校で学んだ。1910年にベイカー大学を卒業すると，すぐに母校の図書館の助手となった。オルバニーのニューヨーク州立図書館学校で上級の資格をとった彼女は，1920年にインディアナ州リッチモンドのアーラム・カレッジの副館長となった。1928年にアーラム・カレッジを退職し，ニューヨークの学校図書館に勤めながら，1932年にコロンビア大学で図書館学の修士号を取得する。ちょうどアメリカ図書館協会から認可を得たばかりのジョージ・ピーボディ・カレッジに赴任し，主任ルイス・ショアーズのもとで准教授となった。ここで彼女が受け持ったのは「図書館の組織と経営」，「図書館学の原理」，「高等学校のための図書選択」，「小学校のための図書選択」などであった。1948年にヴァージニア州ハリソンバーグのマディソン・カレッジに教授として赴任し，1956年の引退の時まで勤務していた。ここで彼女が担当したのは「児童文学」，「学校図書館の運営」，「参考業務」，「図書館調査」などの科目であった。引退後，彼女はヴァージニア州ストーントンのメアリー・ボールドウィン・カレッジの図書館長として勤務するかたわら執筆に専念した。カンディフは生涯に5冊の図書館員のための参考書を書いている。いずれも学校図書館の参考業務に関するもので，『高等学校図書館のために推薦する参考図書』（1936年）は5版まで発行していた。1949年には『小学校図書館に向けて推薦する参考図書』を刊行している。彼女はアメリカ図書館協会の活動にも協力していたし，東南部図書館協会，テネシー図書館協会といった各地の活動をも支えていた。カンディフは1972年に82歳で亡くなった。

参考文献：

Collins, Mary Ellen, "Ruby Ethel Cundiff" *Pioneers and Leaders in Library Services to Youth*, edited by Marilyn L. Miller, Westport, Libraries Unlimited, 2003, p.38-40.

---

## ロース , ジーン (Jean Carolyn Roos, 1891-1982)

クリーブランド公共図書館でヤング・アダルト向けの図書室を運営。公共図書館におけるヤング・アダルト・サービスの開拓者の一人である。

ジーン・ロースは，1891年3月9日にニューヨーク州バッファローで生まれた。バッファロー大学とクリーブランド・カレッジを経て，1927年にはウェスタン・リザーブ大学の図書館学校を卒業する。オハイオ州クリーブランド公共図書館に採用され，1919年から学校図書館員となる（学校図書館はこの地では公共図書館に属していた）。1925年にクリーブランド公共図書館本館に，14歳から21歳を対象とする「ロバート・ルイス・スティーヴンソン室」が設置されると，ロースはその主任に任命された。アメリカにおける公共図書館での若者のためのコレクションは，1906年のブルックリン公共図書館にはじまり，1910年のバッファロー公共図書館，1911年のセントルイス公共図書館が続いていた。メイベル・ウィリアムスがニューヨーク公共図書館でヤング・アダルト・サービスに取り組み始めたのは1916年であり，公共図書館による若者サービスはようやく軌道にのってきた時代であった。当時のクリーブランドは，貧しい移民のあふれる町で，1920年代の統計では高校への進学者は若者全体の25%であり，そのうち30%は卒業できておらず，カレッジに進学する者は2%に過ぎなかった。「スティーヴンソン室」を担当したジーン・ロースはいくつもの独自な活動を開始した。例えば，保護者や学校教師を図書館の利用者として引き入れることで，彼女は若者と個人的に接触した。クリーブランド公共図書館の「スティーヴンソン室」は児童部門，成人部門にも接しており，資料はかなり自由に利用できた。「世界の理解への道」と称する企画も立てた。世界各国の情報提供の場であり，クリーブランド美術館に協力してもらい図書のみならず，パネルや写真や音楽が使われていた。この企画は成功で，会期中に3万を越える人が来館したという。この他に，館内で定期的に若者のための「詩の会」や「書評の会」をも主催していた。「図書館員は第一に利用者のことを理解すべき」と信じていた彼女は，若者が当面している社会の問題と彼らが求めている人生の方向に読書が役立つと考えており，その実践に生涯をかけていた。1959年にクリーブランド公共図書館を引退したロースは，フロリダ州に移住し，マーチン・カウンティ公共図書館の館長としてその後の20年余を送った。1982年に亡くなった時に彼女は91歳であった。

参考文献：
Atkinson, Joan, "Pioneers in Public Services to Young Adults" *Top of the News*, 43, 1986, p.27-44.
Braverman, Miriam, *Youth, Society, and the Public Library*, Chicago, American Library Association, 1979, p.115-179.
Steinfirst, Susan, "Jean Carolyn Roos" *Pioneers and Leaders in Library Services to Youth*, edited by Marilyn L. Miller, Westport, Libraries Unlimited, 2003, p.206-208.

---

## ソウアー，ジュリア (Julia Lina Sauer, 1891-1983)

ロチェスター公共図書館で一生を勤務するかたわら，若者向けの小説を出版して知られる。

ジュリア・ソウアーは，1891年4月8日にニューヨーク州のロチェスターで生まれた。ロチェスター大学に在学中にロチェスター公共図書館が開館したことから，彼女はここに勤めることを決意し，ニューヨーク州立図書館学校に進んだ。1921年にロチェスター公共図書館に就職し，児童部門の担当となった。まず彼女が取り組んだ企画は，保護者に対する「図書クリニック」というもので，子どもたちの親に対して，子どもの成長に適した本を推薦する試みであった。次いで取り組んだのは，ラジオを活用した読書へ誘うためのプログラムであった。成功したこの企画はその後，一冊の本となって刊行されている。ソウアーが児童文学の創作に取り組み始めたきっかけは，ドリス・ゲイツが1941年に発表した小説『青い柳』であった。その小説では主人公の少女が移民である自分の過去を消し去ろうとしていた。ソウアーが最初に書いたのは，カナダのノバ・スコシアを背景とした幻想的なタイム・スリップの物語であった。生涯のほとんどをロチェスターで過ごしたソウアーであったが，夏には何回もノバ・スコシアに滞在していた。ヴァイキング出版の児童図書担当のメイ・マシーはこれを気に入り，出版した。第二作の『ターン・ロックの光』は大西洋岸の灯台を舞台にしたクリスマスの物語で，これもヴァイキング出版から刊行されている。第三の小説『マイクの家』は4歳の少年が次第に図書館の世界にのめりこんでゆく話であった。37年間を勤めあげて，1958年にロチェスター公共図書館を引退するまで，ソウアーはアメリカ図書館協会やニューヨーク図書館協会の会合に頻繁に出席していた。引退後もロチェスター公共図書館の企画に関与していた。1983年にロチェスターで亡くなった時には92歳であった。

参考文献：

Helbig, Althea and Perkins, Agnes R., *Dictionary of American Children's Fiction, 1858-1959*, New York, Greenwood Press, 1985, p.166.

Kirkpatrick, D. L., *Twentieth Century Children's Writers*, 2nd ed., St. Martin's Press, 1983, p.673.

Sauer, Julia Lina, "So Close to the Gulls" *Horn Book*, 25, 1949, p.368.

Sauer, Julia Lina, ed., *Radio Roads to Reading：Library Book Talks Broadcast to Girls and Boys*, New York, H. W. Wilson, 1939, 236p.

---

## ダルグリーシュ , アリス (Alice Dalgliesh, 1893-1979)

スクリブナー出版の編集者として多数の秀作を刊行。教師，児童図書の作家，評論家としても知られる。

　アリス・ダルグリーシュは，イギリス領西インド諸島のトリニダードで生まれたが，10歳で父を失うと，一家とともにイギリスに戻った。ロンドンのウインブルドン・ヒル校を出ると，幼稚園の教師を志して，アメリカに渡り，ブルックリンのプラット学院に入学した。その後，コロンビア大学の教員養成コースで教師の免許を取得して，幼稚園に勤めた。1929年より『ペアレンツ・マガジン』に書評を連載するようになり，1932年には最初の本『文学との初めての出合い』を刊行した。スクリブナー出版の児童部門編集者となったのは1934年のことである。母校のコロンビア大学でも教えていたアリスは，若者のためにアメリカの地理や歴史を扱った数冊のノンフィクションをすでに書いていた。編集者としてのダルグリーシュは，マルシア・ブラウン，レオ・ポリティ，マジョリー・ローリングス，レオナード・ウェイスガードその他を世に送っていた。アリス自身も1924年以来，40冊におよぶ作品，そのうちの24冊は児童・若者向けに図書を書いていた。代表作と見なされた『銀色の鉛筆』は若いころの思い出であり，『ヘムロック山の熊』はペンシルヴェニア州の伝説をもとに執筆していた。1952年に出版した『二人の町』は，二人のティーン・エイジャーの話であり，少女たちは妊娠していた。「妊娠を正面から取りあげた点でこの作品は初期のヤング・アダルト小説として知られた」（ドネルセン，ニールセン）。アリスは『週刊出版人』，『スクール・ライブラリー・ジャーナル』，『ホーン・ブック』などにも批評文を掲載していた。1960年にスクリブナー出版を引退すると，その後，1966年まで『サタデー文学レビュー』誌の「若者読者のための本」のコラムを引き受けていた。1979年にコネティカット州ウッドバリーで亡くなった時には85歳であった。

参考文献：


Bechtel, Louise Seaman, "Alice Dalgliesh and Her Books" *Horn Book*, 23, 1947, p.26-34.

Donelsen and Nielsen, *Literature for Today's Young Adults*, New York, Scott, Freeman, 1985, p.588.

Kellman, Amy, "Alice Dalgliesh" *Pioneers and Leaders in Library Service to Youth*, edited by Marilyn L. Miller, Westport, Libraries Unlimited, 2003, p.41-42.

Scribner, Charles Jr., *In the Company of Writers*, New York, Charles Scribner's Sons, 1990, p.53-54.


---

## カーカス , ヴァージニア (Virginia Kirkus, 1893-1980)

学校教師からハーパー・アンド・ブラザーズ出版の児童図書部門の責任者となる。その後，独自に児童図書紹介の「ニュースレター」を刊行する。

ヴァージニア・カーカスは，1893年12月にペンシルヴェニア州ミードヴィルで監督派教会の牧師の娘として生まれた。私立の学校で学んだ後，1916年には女子教育で知られたヴァッサー・カレッジを卒業した。進歩的で知られたデラウェア州のタワー・ヒル校で英語と歴史を教えたが，3 年の後，職を辞してニューヨークに向かった。少女のころからの夢であった「本作り」に取り組むためであった。フリーランスでダブルディ出版などの雑誌に関与して経験を積んだカーカスは，ハーパー・アンド・ブラザーズ出版に招かれてそこの雑誌『マッコール』の編集者となり，次いで 1926 年には，まだ初期の段階にあった同出版社の児童図書部門の責任を任された。ここで彼女が手がけた作品にローラ・インガルス・ワイルダーの『大きな森の小さな家』がある。世界恐慌の影響下の 1932 年に刊行されたこの作品は高い評価を得た。ドス・パソスの『USA』やスタインベックの『怒りのぶどう』といった悲観的な作品が出版されていた暗い不況の時代に『大きな森の小さな家』は開拓者精神をあらためて認識させていた。この本が刊行された年に，カーカスはハーパー・アンド・ブラザーズ出版を辞め，父親が教会の主任牧師をしていたドイツのミュンヘンを訪れた。その帰国の途上，新刊書の書評を刊行以前のゲラ刷りで読んで，そこで得た情報を図書館に提供するという，新たな企画を思いついた。出版社を説得してまわった結果，この企画に 20 社が協力してくれた。「ヴァージニア・カーカス図書店サービス」というニュースレターは刊行当初から成功した。その結果，彼女は全国の図書館から招かれるようになった。そのことは旅行好きのカーカスを喜ばせた。1936 年にはプリンストン大学の花形フットボール選手のフランク・グリックと結婚し，夫妻はグリニッチ・ビレッジのバンク・ストリートに居を構えた。その生活を題材に彼女が書いたのが，1945 年に出版された『週末のための家』である。ニュースレターの発行は，二人の有能な助手を得て，1962 年に彼女がこの仕事から引退した後にも続けられた。1970 年には児童図書出版の関係者と児童図書館員を招いた昼食会を主催したが，この集まりが後の「子どもの本評議会（CBC）」に発展した。カーカスは生涯の最後までコネティカット図書館協会の役員を務め，レディングにあった「マーク・トウェイン図書館」の理事にもなっていた。1980 年 9 月に 86 歳で死去したとき彼女は自身の蔵書をこの図書館に遺贈していた。

参考文献：
Gerhardt, Lillian N., "Virginia Kirkus, 1893-1980" *School Library Journal*, 27, p.77, 1981.
"Our History"https://www.kirkusreviews.com/about/history/(閲覧日：2014年2月25日)

---

## マンソン，アメリア (Amelia Howard Munson, 1893-1972)

ニューヨーク公共図書館の若者部門の責任者としての活動は全米で注目の的となる。

アメリア・マンソンは，ニューヨーク州の小村メキシコで1893年5月17日に生まれた。1913年にオハイオ州ペインスヴィルのレイク・エリー・カレッジを卒業し，ニューヨーク州のポート・ジャーヴィスの高校で英語を教えていた。法律を学ぼうとニューヨークに出た彼女は，たまたま訪れたニューヨーク公共図書館で学校図書館部門担当のメイベル・ウィリアムスに出会い，図書館の仕事を手伝うよう勧誘された。ニューヨーク公共図書館に勤務していた1924年から1958年の間に，若者担当の図書館員としての彼女の名はアメリカ全土に知られるようになった。アメリアがまず取り組んだのは，市内の生涯学習講習で学んでいる若者たちを図書館の利用者にすることであった。ニューヨーク市内には7万人の学生がいたが，そうした学校はほとんど図書館を持っていなかった。世界恐慌の影響下の1930年代にこれらの学校が資金難で姿を消すと，彼女は失業者のための各種職業訓練施設に出向いて，訓練生である若者に読書指導と図書館利用の方法を教えた。次に取り組んだ対象が高校生であった。公共図書館のなかの若者図書館の試みはまだ初期の段階であったが，彼女のおかげでニューヨーク公共図書館はその先駆的存在となっていた。こうした自分の体験をアメリカ全土のほとんどの州に招かれて講演することで，若者向け図書館サービスの普及に貢献した。コロンビア大学やカリフォルニア大学（UCLA）で講義をしたこともある。1940年代はアメリカ図書館協会の活動にも積極的に参加していた。彼女が出版した三冊の本，『高等学校のための詩集』(1938)，図書館活動の体験談『豊富な分野』(1950)，『ウィリアム・ブレイクの詩』(1964) はいずれも好評であった。彼女の詩集好きは両親から受け継がれたものである。多数の論文を図書館関係の雑誌に寄稿していた。1951 年に引退したメイベル・ウィリアムスの後をうけて 1958 年の引退までニューヨーク公共図書館の参考調査部門の責任者を務めている。引退後も，執筆と図書館のコンサルタントとして休むヒマもなかった。1972 年 1 月に 78 歳で亡くなった。

参考文献：


Munson, Amelia H., “My Twenty-Five Years in the New York Public Library” *Canadian Library Association Bulletin,* 5, 1949, p.199-200.

Riley, Louise, “Amelia H. Munson” *Canadian Library Association Bulletin*, 5, 1949, p.198-199.

Riols, Eileen, “Amelia H. Munson: A Memoir” *Voice of Youth Advocates*, 7, 1984, p.179-181.


---

## ガリアルド，ルース (Ruth Gagliardo, 1895-1980)

児童図書の評論家として「児童図書の本棚」というコラムを担当。児童図書の賞を創始する。

ルースは父親の死の 6 か月後の 1895 年 9 月にネブラスカ州の寒村ヘイスティングスで生まれた。7 歳のとき母の再婚にともない，カンザス州のトペカに移住した。高校卒業後，農村の小学校で 3 年間英語を教えた後，1922 年にカンザス大学で学士号を取得する。その後，カンザス州エンポリアの『ガゼット』紙に入社，美術，音楽，図書の批評を含むコラムを担当した。コラムでは児童図書も取りあげている。1925 年にドメニコ・ガリアルドと結婚し，三人の子どもの母となる一方で，児童図書に関わる活動を続けた。例えば，トペカのカンザス州立教員協会の依頼で『カンザスの教師』誌の「児童図書の本棚」というコラムを担当している。このコラムは 25 年間続けられ，学校教師や図書館員に歓迎されていた。また，カンザス州立教員協会を説得して，町や農村での巡回図書展の開催を始めた。大都市が少なく，町や村の 40%には図書館がなかったカンザス州で，当時としては珍しいこの試みは歓迎された。最初は 400 冊ほどの展示であったが，次第に 700 冊までとなった。彼女は自動車の運転ができなかったため，知人に協力を依頼し，時にはタクシーを使って会場まで本を運んだ。1944年に『ガゼット』紙の社長であったウィリアム・アレン・ホワイトが亡くなると，ルース・ガリアルドは彼を記念する事業を考え始める。カンザス教員カレッジのウィリアム・アレン・ホワイト図書館を拠点に1952年に「ウィリアム・アレン・ホワイト児童図書賞」を創設する。あらかじめ学校教師と図書館員が選んでおいた本から児童は自由に選んで本を読み，その投票結果で受賞作を決める仕組みであった。子どもたち自身で選ぶ仕組みは，当時は他に類を見ない試みであった。最初の年にすでに4万人の児童がこの催しに参加した。この児童図書賞は現在も続いている。ガリアルドはその後も各種の関連雑誌に投稿し，各地の図書館に招かれて講演を行った。特にカンザス学校図書館員協会には協力的であった。彼女の功績を称えて，カンザス学校図書館員協会は1964年に「ルース・ガーヴァー・ガリアルド学校図書館奨学金」の制度を設定，全国教育協会は1976年に彼女を「アメリカ女性名誉殿堂」に選出した。1980年1月，ルース・ガリアルドはカンザス州のウィチタで亡くなったが，84歳の死去のときまで彼女は若者の読書への関心を失わなかった。

参考文献：

Everett, Rich, "School Children Judge" *ALA Bulletin*, 48, 1954, p.73-74.

Galas, Judith, "A Life of Books" *Kansas History*, 11, 1982, p.12-13.

Murphy, Anna Mary, "A New Chapter Begins for the Book Lady" *The Kansas Teacher*, 53, 1966, p.31-40.

## クリアリー , フローレンス (Florence Damon Cleary, 1896-1982)

デトロイトのウェイン大学教育カレッジにおいて，学校教師を学校図書館員として養成する活動に尽力，その活動が全米に知られる。

クリアリーは，フローレンス・デイモンとして1896年11月1日にニューヨーク州のリヴォニアで生まれた。同州ジェネセオの州立教員カレッジで学び，1918年にコロンビア大学を卒業している。ニューヨーク州のレスターで英語と歴史を教えるが，同時に学校図書館の運営も任された。マサチューセッツ州ブリッジウォーターの州立教員カレッジの図書館で勤めた後，1921年にはウェイン州立大学教育カレッジの図書館長となってミシガン州デトロイトに移住した。1922年にデトロイト教育局は学校図書館部門を設置，市内のすべての学校に図書館を配備すべく，1934年にデトロイト教員カレッジその他の機関を合併させてウェイン大学教育カレッジとした。彼女は，そこの図書館長および学校図書館経営の科目の担当者という二つの職を兼任していた。学校図書館経営の科目担当者としての仕事は，学校教師に図書館員としての知識・技術を身に付けさせることであった。学校教師に図書館員を兼任させようとするデトロイトの実験はアメリカ全土に知れ渡り，彼女は雑誌にその詳細を発表していた。一方で，彼女はエドマンド・クリアリーと結婚し，二人の娘を育てながら，ウェイン大学で1933年には学士，1938年には修士の学位を取得している。彼女の主著は，1957年に刊行した『より良き読書指導のための青写真』である。1964年にウェイン州立大学（1956年にウェイン大学から改称）を引退し，タムパに赴き，サウス・フロリダ大学の教育学部教授となった。ここで，学校図書館員による「読書指導」の重要性を教えている。1968年に刊行した『より良き学習のための青写真』は読書習慣を生徒たちに身につけさせる側に対する指針であった。70歳で第二の定年を迎え，サウス・フロリダ大学を去った後，ミシガン州に戻って土地の学校長や学校教師を集めたワークショップを主催していた。再度フロリダに戻ったフローレンス・クリアリーは，1982年に85歳で亡くなった。学校図書館員＝教師として，その指導力は抜群であり，アメリカにおける学校図書館の発展に大きな足跡を残した。メディアの普及についても，彼女は，当時としては著名な専門家として知られていた。

参考文献：

Cleary, Florence Damon, *Blueprints for Better Reading*, New York, H. W. Wilson, 1957, 216p.

Grazier, Margaret Hayes, “Florence Damon Cleary” *Pioneers and Leaders in Library Services to Youth*, edited by Marilyn L. Miller, Westport, Libraries Unlimited, 2003, p.33-35.

## ヘイナー, シャーロット (Charlotte Irene Hayner, 1896-1989)

アメリカ中西部の学校図書館員育成のための教育に尽力，晩年には病院図書館の運営にも携わる。

シャーロット・ヘイナーは，1896年1月14日にニューヨーク州ブランスウィックでオランダ系移民の娘として生まれた。もともとルター派教会の信徒だったが，1954年からは長老派教会の信徒となっている。農村で育った彼女は，家族が一丸となって働くことを当然のこととして受けとめていた。彼女が図書館の若者サービスに一生を捧げたのはこうした環境で成長したところに起因していた。1917年にコーネル大学を卒業後，英語教師として数年間ニューヨーク州内の学校で教えていたが，図書館の仕事に就くため，1922年にオルバニーのニューヨーク州立図書館学校に入学した。1924年に学位を取ると，ミシガン大学付属高等学校の図書館主任の職に就いた。1941年にミシガン大学で修士号を取得し，シラキューズ大学，イリノイ大学の夏期学校で図書館学を教えた。1945年にミネソタ大学の図書館学校で教え始めたが，1954年にミシガン大学に戻って図書館学の准教授となった。一方で，アメリカ図書館協会（学校図書館員部会）の委員会では議長を務めている。1960年にミシガン学校カリキュラム開発委員会とミシガン視聴覚協会が合同会議を開催した時にはその議長となって会議をまとめた。ミシガン州のために小学校図書館の基準を作りあげたこともある。学校図書館員のレベルを高めるための教育にも関心を持っていた。1963年にミシガン大学を引退すると，シャーロットはイプシランティ州立病院の図書館の運営を引き受けた。病院の図書館はまだ発達の初期であって，彼女の奉仕は患者に喜ばれた。彼女は1954年から死去の年までアン・アーバーの長老派教会の助祭をも務めていた。1989年に亡くなった時には93歳であった。

参考文献：

Vance, Kenneth, “Charlotte Irene Hayner” *Pioneers and Leaders in Library Services to Youth*, edited by Marilyn L. Miller, Westport, Libraries Unlimited, 2003, p.96-97.

*Who's Who of American Women*, 1st ed., 1958-1959; 3rd ed., 1964-1965.

## ワフォード , アジール (Azile May Wofford, 1896-1977)

ケンタッキー大学で図書館学関連の科目を教えるとともに，南部諸州の図書館協会の設立に尽力。学校図書館のための図書選択のテキストを刊行する。

アジール・ワフォードは，1896年2月1日にサウス・カロライナ州ローレンスで生まれた。図書館との出合いは，幼いころの巡回図書館であった。南バプテスト神学セミナリーに進んだ後，一時期，首都ワシントンに出て働いたが，間もなくして故郷のローレンスに戻っている。1935年にジョージ・ピーボディ・カレッジで図書館学を学び，1938年にニューヨークのコロンビア大学で修士号を取得した。准教授となって図書館学を教え始めたのはケンタッキー州レキシントンのケンタッキー大学においてであった。彼女は学校図書館の若者のための図書選択に関心を持っていた。1940年代の南部では学校図書館はほとんど発達しておらず，図書購入費は生徒一人あたり1ドル50セントであった。このため，学校図書館にとって図書選択はきわめて重要であった。アジールが書いた二冊の本『学校図書館の活動』（1959）および『学校図書館のための図書選択』（1962）はいずれも基本テキストとして知られている。一方で，アメリカ図書館協会はもとより，ケンタッキー図書館協会やアメリカ東南部図書館協会の活動にも協力していた。1947-1948年にケンタッキー図書館協会の会長も務めている。1960年に大学を引退した後の17年間は，執筆と学校図書館のコンサルタントの仕事で忙しい日々を送った。1977年にノース・カロライナ州アッシュヴィルで81歳で亡くなった。

参考文献：

Switzer, Teri R., “Azile May Wofford” *Pioneers and Leaders in Library Services to Youth*, edited by Marilyn L. Miller, Westport, Library Unlimited, 2003, p.252-254.

Wofford, Azile, *Book Selection for School Libraries*, New York, Wilson, 1962, 318p.

Wofford, Azile, “Students Don't Have Time to Use School Libraries” *School Library Journal*, 8, 1961, p.21-22.

Wofford, Azile, *The School Library at Work*, New York, Wilson, 1959, 256p.

## ネズビット，エリザベス (Elizabeth Nesbitt, 1897-1977)

ピッツバーグのカーネギー図書館学校で児童図書館員の養成に尽くす。児童文学の評論家としても知られる。

エリザベス・ネズビットは，1897年4月15日にペンシルヴェニア州のノーサンバーランドで生まれた。フィラデルフィア郊外の小村マウント・エアリーの高等学校でクエイカー教徒の「奉仕の精神」を身につけたエリザベスは，その精神を生涯忘れることはなかった。高等学校をトップの成績で出ると，1918年にはボルティモアのグーチャー女子カレッジを卒業した。1919年に一家でピッツバーグに移住したことがきっかけとなり，カーネギー図書館学校で学び，同図書館の助手として働くことになった。1922年に児童図書館員の資格を取得し，カーネギー図書館のマウント・ワシントン分館に勤務，次いで，1924年にイースト・リバーティ分館の主任となった。同時にカーネギー図書館全体のストーリーテリングの担当者となっていた。早くからストーリーテリングの名手として知られていたのである。1929年にはカーネギー図書館学校（1930年にカーネギー工科大学に併合）で教え始めた。1935年にはピッツバーグ大学から英文学の修士号をも取得していた。カーネギーの図書館学校で教える一方で，彼女は児童文学史の研究者として，何冊かの本を書いて出版している。1940年に出版した『子どもは前進する』は文明批評の書で，理想主義を失いつつある同時代にあっては児童とその文学を擁護せねばならないと説いていた。二冊目の本は『ハワード・パイル』（1966）で，著者はパイルを「初期の真のアメリカ児童図書の挿絵画家」と見なしていた。三冊目のコーネリア・メイグス，アン・イートン，ルース・ヴィグアースとの共著『児童文学の批評史』（1969）が，ネズビットの名声を決定的なものとした。この本で彼女は1880-1920年の時代を受け持った。これは児童文学の「黄金期」と名付けるのにふさわしい時期であって，ハワード・パイル，ラドヤード・キプリング，ビアトリクス・ポター，ケネス・グレアムその他の著者を輩出しており，著者の筆致は確信的であった。1944年に児童室主任のエルヴァ・スミスが引退すると，同僚たちはこぞってエリザベス・ネズビットを推薦，館長のラルフ・マンも文句なく彼女を児童室主任とした。また，ペンシルヴェニア図書館協会ならびにアメリカ図書館協会の児童図書館サービス部会の活動にも積極的に参加していた。1958年にはニューベリー／コルデコット賞の選考委員も務め，絵本作家のロバート・マックロスキーを推薦している。1976年にはピッツバーグ大学大学院図書館情報学研究科は彼女の功績を記念して「エリザベス・ネズビット室」を図書館内に設置した。1977年にエリザベスがアトランティック・シティにおいてガンで亡くなった時は80歳であった。

参考文献：

Hodges, Margaret, “A Laying on of Hands” *Catholic Library World,* 47, 1975, p.4-11.

Hodges, Margaret, “Elizabeth Nesbitt ” *Pioneers and Leaders in Library Services to Youth*, edited by Marilyn L. Miller, Westport, Libraries Unlimited, 2003, p.173-175.

---

## ロリンズ，チャールマエ・ヒル (Charlemae Hill Rollins, 1897-1979)

シカゴ公共図書館を拠点とし，人種の立場に基づく児童文学の評論活動により全米にその名を知られる。

アフリカ系アメリカ人のチャールマエ・ヒルは，1897年6月20日にミシシッピー州ヤズー・シティで生まれた。父は農夫，母は学校教師だったが，祖母は奴隷であった。一家はより安全なオクラホマ州に移住し，彼女はここで初等教育を受ける。オクラホマに黒人のための高校はなかったため，ミズーリ州セン・ルイスの高校で学んだ。首都ワシントンに出て，ハワード大学を卒業後，オクラホマに戻って，1918年にジョセフ・ロリンズと結婚した。1920年に家族でシカゴに移住し，1926年にシカゴ公共図書館の児童室の担当となっている。幼いころから本が好きだった彼女にとって，児童図書館員は希望どおりのポジションであった。学費をためてシカゴ大学およびコロンビア大学で学んでいるが，学位はとれなかった。

シカゴ公共図書館に勤務するようになった最初の数年は，ハーディン・スクエア分館にいたが，1932年に「ジョージ・クリーブランド・ホール分館」の児童室主任となっている。ここはシカゴで最初に黒人市民のために設立された図書館で，彼女は希望してここに移り，引退の年までの30年間をこの「ブラック・ベルト(黒人地帯)」で勤務した。ホール分館では児童図書館サービスのほぼすべての業務に取り組んだ。図書選択からストーリーテリング，保護者たちや学校教師たちとの会合，地域社会との連携などである。祖母から南部の黒人の民話を伝えられていたロリンズはストーリーテリングの名手でもあった。さらに，1930年代の末ごろから，ロリンズは黒人作家の紹介を始めた。ラングストン・ヒューズ，リチャード・ライト，アルナ・ボンタンと知り合いになっていたし，数は少ないが黒人図書館員をも組織していた。黒人作家による黒人について書かれた本のコレクション作りに取り組んだ結果，黒人を正当に描いた絵本がほとんどないことに気づいた。ほぼすべてが黒人に対する偏見に基づいているか，もしくはステレオタイプの描写であった。髪の毛をねじり巻きにし，ポロシャツを着て，裸足で歩く姿ばかりであり，彼らは常に傷つけられていた。彼女はシカゴ公共図書館本館が刊行していた「児童図書の推薦リスト」のうち妥当でない本について文句をつけている。ホール分館では切り抜きなどで黒人の人物情報ファイルを作りあげる一方，シカゴの出版社に黒人の社会活動家や芸能人についての本をもっと刊行するように進言した。しかし，1930年代のことで，黒人をカリカチュアとして描く風潮は改まらなかった。そのためロリンズは自分で案内書を作ることにした。1941年に「全国英語教師協議会」から刊行した『一緒に建て直そう』の副題は「小学校・高等学校のためのニグロの生活と文学への読者の案内」であった。この本は成功で，初刷は1万5000部，さらに1948年と1967年には改訂されている。「全国英語教師協議会」は1941年のジョージア州アトランタの年次大会にロリンズを講演者として招いたが，南部は依然として人種差別の土地であり，彼女は黒人車両に押しこめられた。全国的に有名となって，各地の講演会に招かれると，南部の黒人が多く通う大学であるフィスク大学，モーガン州立大学，ミシシッピー大学でも話をした。1946年からはシカゴのルーズヴェルト大学で児童文学の講義を受け持ち，これがきわめて好評のために教育学部の必修科目になっていたという。

ロリンズはアメリカ図書館協会の熱心な会員でもあった。1957年には会長を務め，協会が主催したニューベリー／コルデコット賞の選考では著者の描写の不備を指摘していた。児童図書の評論や児童図書館サービス活動についても多数の論文が執筆されており，その多くはシカゴ大学の『児童図書センター報告』に掲載されていた。その他に彼女は黒人の詩人や芸能人の「伝記事典」もまとめていた。1960年代から1970年代にかけて，多数の団体がロリンズを表彰していたが，彼女自身はこの時代の人権運動には参加せず，熱心な宗教の信徒であった彼女は，自分が専門とする児童図書の領域だけを守っていた。チャールマエ・ヒル・ロリンズは1979年にシカゴで亡くなった，82歳であった。シカゴ公共図書館のホール分館には彼女の名前が付けられた児童室がある。

参考文献：

Gagliardo, Ruth, “Charlemae Rollins Collection Established” *Top of the News*, 20, 1964, p.275-278.

Saunders, Doris, “Charlemae Rollins” *ALA Bulletin*, 49, 1955, p.68-70.

Shaw, Spencer, “Charlemae Hill Rollins 1897-1979” *Public Libraries*, 21, 1982, p.102-104.

Thompson, Era Bell, “Crusader in Children's Books” *Negro Digest*, 1, 1950, p.29-33.

“Charlemae Hill Rollins：A Biography” http://www.angelfire.com/stars3/hall/charlemae.html(閲覧日 2014年10月5日)

---

## セイヤーズ，フランセス・クラーク (Frances Clarke Sayers, 1897-1989)

ニューヨーク公共図書館の児童室主任，図書館学の教員，創作童話の作者，評論家として活躍する。

フランセスは，1897年9月4日にカンザス州トペカで生まれた。父親はサンタフェ鉄道の役員で，フランセスが3歳の時に一家はテキサス州ガルベストンに移住した。10代のころに雑誌でたまたま児童図書館の写真を見て，図書館に惹かれた。オースチンのテキサス大学から，ピッツバーグのカーネギー図書館の児童図書館員養成学校（1916年にカーネギー図書館学校に改称）に進学した彼女はストーリーテリングの技法を身につけた。その後ストーリーテリングの名手の一人として知られるようになる。カーネギー図書館の児童図書館員養成学校は当時，最盛期であって，サラ・ボーグル，エルヴァ・スミスその他の図書館学研究者が名を連ねていた。在学中にアン・キャロル・ムーアがここを訪問し，二人は出会っている。1918年に卒業するとニューヨーク公共図書館の児童室に勤務し，ムーアのもとで児童図書を見る目を養った。1923年に当時家族がいたカリフォルニアに移り，ロサンゼルス公共図書館，次いで，カリフォルニア大学ロサンゼルス校（UCLA）の提携先である小学校の図書館員として働いた。1925年にかねてからの知人ヘンリー・ポール・セイヤーズと結婚すると，夫妻はシカゴに移り，フランセスはアメリカ図書館協会の教育部会の助手を務めた。この時期に，彼女は児童文学を書き始める。『ルシンダのブルー・ボネット』は1932年に，『きれい好きなパウス氏』は1934年に出版された。創作活動を続ける一方で，1936年からはカリフォルニア大学バークレイ校の図書館学校で児童文学やストーリーテリングを教えた。1941年には引退したムーアの後任としてニューヨーク公共図書館の児童室主任となる。この児童室の仕事をしながら，合衆国議会図書館の児童図書コレクションの相談役にもなっていた。1952年にニューヨーク公共図書館を引退すると，夫妻はカリフォルニアに戻り，UCLAの英語学科で児童文学を教え始めた。夫は離別後に死別したが，1960年にUCLAに新たな図書館サービス学科ができあがると，彼女はそこに呼ばれて教えるようになった。1965年に刊行した『本にとりつかれて』はそれまでに発表したエッセイや講演の再録であった。彼女を尊敬していた学科主任のパウエルが序文を書き，著者の不屈の精神を称えていた。1972年には，彼女の主著となるアン・キャロル・ムーアの伝記を完成させた。ムーアは引退した後も児童室の仕事に口出しをしており，後任のフランセスと必ずしも意見が合わなかったが，この伝記には称賛以外のことは書いていない。さらに，児童図書館サービス，ストーリーテリングその他について多数の文章を『ホーン・ブック』その他の雑誌に寄稿していたが，その名をもっとも高めたのは，10年にわたり『ホーン・ブック』に書いた「ウォルト・ディズニー批判」であった。彼女はディズニーが原作の児童文学をデフォルメしていることを許せなかったのである。生前からアメリカ図書館協会，カトリック図書館協会その他から栄誉を称えられていた。1989年にカリフォルニア州のオハイで亡くなった時には91歳であった。

参考文献：
Butler, Catherine J., "Frances Clarke Sayers: Regina Medal Winner, 1973" *Catholic Library World*, 44, 1973, p.465-469.
Gerhardt, Lillian N., "A Happy Worrier" *School Library Journal*, 35, 1989, p136.
Heins, Ethel L., "Frances Clarke Sayers: A Legacy" *Horn Book*, 66, 1990, p.31-35.
Ragsdale, Winifred, "Frances Clarke Sayers" *ALA World Encyclopedia of Library and Information Services*, 3rd ed., Chicago, ALA, 1993, p.736-737.
Sayers, Frances Clarke, *Anne Carroll Moore : A Biography*, New York, Atheneum, 1972, 303p.
Sayers, Frances Clarke, "You Elegant Fowl" *Horn Book*, 65, 1989, p.748.
Sayers, Frances Clarke, *Summoned by Books : Essays and Speeches by Frances Clarke Sayers*, New York, Viking Press, 1965, 173p.

## ウィリアムス，エリザベス (Elizabeth Owen Williams, 1897-1988)

学校図書館の監督官として，ロサンゼルス地域の広範囲なサービス活動を束ねる。アメリカ図書館協会の活動にも積極的に関わる。

エリザベス・ウィリアムスは，ミシガン州メノミネに生まれ，南カリフォルニアに移住した。1917年にハリウッドの短期カレッジを出て，翌年にロサンゼルス公共図書館に開設されていた図書館コースで学んだ。図書館学の学位を取得したのは，図書館員として実績をあげた後，このコースが南カリフォルニア大学の図書館学部となった1936年のことである。1918年にロサンゼルス公共図書館の児童図書館員補となり，1922年にはロサンゼルス地区の学校図書館を担当，1929年には同地域の学校図書館の監督官となっていた。当時，同地区には約400の学校があったが，図書館員はほとんど配置されておらず，教材の購入費もままならなかった。監督官はすべての学校を訪問して図書館サービスを指導するとともに，学校担当の市当局に対しても交渉せねばならなかったが，彼女は持ち前の粘り強さで実績をあげていた。全米に知られたウィリアムスの活動のなかには，視聴覚教材の普及への支援がある。視聴覚教材への関心は第二次世界大戦後に急速に広まっており，彼女はこの活動の先駆者の一人といえる。さらにロサンゼルス地域に学校図書館のモデルセンターを構想した。1962年に開館したここにはテレビ局が設置されていた。ウィリアムスの関心の中心は小学校の図書館にあったが，児童のための図書館サービスにも常に配慮をめぐらせていた。このため，カリフォルニア学校図書館協会で会長を，アメリカ図書館協会（学校図書館員部会）で部会長を務めている。さらに，かなり早くから地震対策の必要性を説いていた点でも知られていた。引退の1962年，彼女は南カリフォルニア大学に招かれ「学校図書館活動」を教えた。執筆した論文は多くないが，彼女は多くのアイデアの持ち主であったとともに，いかなる反対にも屈せずに自説を貫いていた。引退から逝去までの26年間，エリザベス・ウィリアムスはロサンゼルス地区での学校図書館の指導を続けて，現役を引退した学校図書館員の組織も作りあげていた。1988年に死去した時には91歳であった。

参考文献：

Miller, Peggy and Frary, Mildred, “Elizabeth Owen Williams” *Pioneers and Leaders in Library Services to Youth：A Biographical Dictionary*, edited by Marilyn L. Miller, Westport, Libraries Unlimited, 2003, p.247-248.

---

## ルフェーヴル，アリス・ルイーズ (Alice Louise LeFevre, 1898-1963)

教育者として学校図書館員の養成に尽力，国際的な児童図書館活動にも参加して知られる。

アリス・ルイーズ・ルフェーヴルは，子どものころの事故で障がいを持っていたが，生涯にわたってその状況に屈することなく生きていた。ミシガン州マスケゴンで生まれ，1920年にウェルズレイ・カレッジを卒業してから，ニューヨーク公共図書館の訓練コースで1923年に免状を受けとり，故郷の高等学校の図書館，そしてクリーブランドの高等学校の図書館で働いた。コロンビア大学で1933年に修士の学位を取得した後，1934-1935年はバトン・ルージュのルイジアナ州立大学の図書館学校，1939年から1945年まではニューヨーク州シャトークワのニューヨーク大学図書館学校およびブルックリンのセント・ジョンズ大学で教える。1945年にミシガン州カラマズーのウェスタン・ミシガン教育カレッジに赴任し，死去の年までここで図書館学校の強化に取り組んだ。常に職業教育の進展に関心を示していた彼女は，早くからミシガン図書館協会の会員であり，1948年にはこの協会の委員長となり，1954年にはアメリカ図書館協会の児童・若者図書館部会の部会長を務める。彼女は国際的な図書館活動にも関心を示し，マーガレット・スコギンやミルドレッド・バッチェルダーとともに，イェラ・レップマンがドイツのミュンヘンに「国際若者図書館」を設立する際にも協力していた。ウェスタン・ミシガン教育カレッジに新たな図書館学のコースを設置するため，ケロッグ財団からの資金援助を得ることもできた。第二次世界大戦後のアメリカの財団による支援は図書館活動の強化に役だっており，ケロッグ財団はその先鞭をつけた財団の一つである。アリス・ルフェーヴルは若者図書館のためのプログラムを企画し，精力的に働いた。学生の実習を重視して，ミシガン州内の各地の図書館に彼らを派遣したが，これは画期的な試みであった。ウェスタン・ミシガン教育カレッジの図書館学コースは1948年にアメリカ図書館協会の認可を得ている。彼女は1958年から大学院課程の認可を得るためにさらに努力を続けていたが，1962年に突然の発作に倒れ，翌年の6月に亡くなった。65歳であった。カレッジの同窓会と教師たちは，彼女の功績を記念するため「アリス・ルイーズ・ルフェーヴル記念奨学基金」を設立した。生前の彼女の趣味は小さな本とケイト・グリーナウェイの著作の収集と飼い猫の世話であったという。

参考文献：

Lowrie, Jean E., “Alice Louise LeFevre” *Pioneers and Leaders in Library Services to Youth*, edited by Marilyn L. Miller, Westport, Libraries Unlimited, 2003, p.138-139.

---

## ボイド，ジェシー・エドナ (Jessie Edna Boyd, 1899-1978)

カリフォルニア州内の学校図書館のネットワークづくりに尽力して知られる。

ジェシー・ボイドは，1899年8月13日にカリフォルニア州のアナハイムで生まれ，一生のほとんどをこの地で過ごした。バークレイのカリフォルニア大学で歴史学を専攻し，1922年に修士となった。パソ・ロブルスの小学校で教えたが，本好きのため学校図書館の仕事を任されたのが契機となり，カリフォルニア大学およびニューヨークのコロンビア大学で資格を取得した。オークランドの学校図書館に就職したジェシーは，ここで参考業務のために『ブリタニカ百科事典』を擦り切れるほどに使いこなし，出版社から新しいセットを送ってもらったことがある。1936年より1946年にはカリフォルニア大学付属高等学校の図書館長であるとともに，大学の図書館学部で「学校図書館管理」の科目を教えてもいた。1946年にジェシーはオークランド地区の学校図書館の監督官に任命された。精力的な彼女は休むことなく，オークランドやサンフランシスコ地区だけでなく，カリフォルニア全州の学校図書館をめぐり歩いて図書館員の相談相手になっていた。訪問先で夜明けまで相手と談合していたことすらあった。特に図書選択と参考調査活動が得意な領域であって，1942年にはアメリカ図書館協会から『高等学校の基本図書コレクション』というマニュアルを刊行していた。カリフォルニア図書館協会はもとより，アメリカ図書館協会の学校図書館員部会でもよく知られていた。1963年に引退した後は『カリフォルニア学校図書館』その他の雑誌に論文を寄稿していたが，1978年4月にオークランドで亡くなった。78歳であった。

参考文献：

Dahlin, Thelma C., “Jessie Boyd” *California School Libraries*, 35, 1963, p.23-25.

Hale,Pauline and Overmyer, Elizabeth, “Jessie Edna Boyd” *Pioneers and Leaders in Library Services to Youth*, edited by Marilyn L. Miller, Westport, Libraries Unlimited, 2003, p.21-23.

---

## フェンナー，フィリス (Phyllis Reid Fenner, 1899-1982)

児童と若者向けの作品集の編纂者として，さらに学校図書館関連のテキストの著者としても知られる。

フィリス・フェンナーは，1899年10月24日にニューヨーク州の小さな町アーモンドで生まれた。幼いころから家業の雑貨店を手伝うのが好きだった。アーモンド高等学校を出ると，マサチューセッツ州のマウント・ホリヨーク・カレッジで歴史学を専攻する。1921 年に卒業後，午前はニューヨーク大学に通い，午後はレーザー・デパートで働いた。1923 年にニューヨーク州マンハセットのプランドーム学校に図書館をつくるよう依頼され，その後の 32 年間をこの仕事に打ちこんだ。小学校の図書館はまだ軽視されていた時代で，図書館サービスなどはほとんどなく，図書館は単なる資料置場と見なされていた。フィリスは利用者の要求に合わせた図書館づくりに専念，プランドーム学校の図書館は全米各地に広く知れ渡るようになった。彼女は特にストーリーテリングを重視し，自らも実践していたし，ブルックリンのセント・ジョンズ大学に出向いて教えてもいる。1934 年にはコロンビア大学の図書館学校で学位を取得した。アメリカ図書館協会とニューヨーク図書館協会に所属していた彼女は，特に実践に基づく学校図書館関連の教科書の刊行で知られ，なかでも『わが図書館』（1942），『小学校の図書館』（1945）は広く使われていた。さらにフェンナーの名を知らしめたのは児童と若者向けの作品集の編纂であった。クノップフ出版の担当者の協力により彼女は生涯に 34 冊の作品集を作った。『馬がいた : 民話からの物語』（1941）が示すように，そのほとんどは伝説や古典からの収録であったが，若い人たちに人気があり，再版され続けた。1955 年にプランドーム学校を引退してヴァーモント州のマンチェスターに移住したが，児童図書の刊行の仕事は，1982 年 2 月に死去する前年まで続けられていた。

**参考文献**：

Fenner, Phyllis R., *The Proof of the Pudding*：*What Children Read*, New York, John Day, 1957, 246p.

Miller, Louise, “Phyllis Reid Fenner” *Pioneers and Leaders in Library Services to Youth*, edited by Marilyn L. Miller, Westport, Libraries Unlimited, 2003, p.66-67.

---

## バッチェルダー，ミルドレッド (Mildred Leona Batchelder, 1901-1998)

児童図書館員，その後に指導的立場にたち，アメリカ図書館協会の児童・若者図書館部会の活動を長年にわたって支える。国際的な児童図書館活動でも知られる。

ミルドレッド・バッチェルダーは，1901年9月7日にボストン郊外のマサチューセッツ州リンで実業家の父と学校教師の母のもとに生まれた。この年は，ヴィクトリア女王が死去した時であり，ボストンの女性解放運動も最高潮に達していた。しかし，ミルドレッドは家庭では「ヴィクトリア朝」のモラルのもとに育っている。幼いころからの関節炎のために障がいを持っており，その後の長い一生を杖に頼っていた。17歳でマウント・ホリョーク・カレッジを出ると，図書館員を志し，1922年にオルバニーのニューヨーク州立図書館学校に入学する。この学校で，当時の指導的な教育者のクララ・ハント，メアリー・ホール，エフィー・パワーの影響を受けた。クリーブランド公共図書館のパワーのもとで実習を受けたミルドレッドは，児童図書館の仕事に就くことを決める。1924年に最初に赴任したのはネブラスカ州オマハの公共図書館であった。本館と4つの分館，32の小学校を傘下に持ったこの図書館で仕事の大枠を身につけた彼女は，部下の館員たちを自弁でアトランティック・シティの図書館大会に連れて行ったこともあった。25歳で彼女はさらなる経験を求めて，セント・クロウドのミネソタ州立教員カレッジの図書館に移った。だがここでは，児童文学の科目がなく，学校図書館員の養成も行われていなかった。彼女の主張は学部長の意見と折り合わず，1928年には辞めさせられた。

ミルドレッドは，イリノイ州エバンストンのヘイヴン中学校の教師として赴任すると，エバンストンは一生を通じての住まいとなった。ここはシカゴに近く，学校図書館の必要性を説いた論文が発表されたことで，1933年にはシカゴのアメリカ図書館協会において認められるようになっていた。彼女が職員として協会に入ったのは1936年であったが，引退の1966年までの彼女の活躍ぶりは目を見はるものがあった。主として主催し指導したのは児童部門と若者部門であったが，そこで彼女はほぼすべての企画に関わっていた。ミルドレッドはアン・キャロル・ムーアやリリアン・スミスといった前世代の理想主義者の後継者であり，女性と子どもの権利の擁護者であった。黒人に対する差別の撤廃にも真剣に取り組んだ。図書館大会で講演したチャールマエ・ロリンズが黒人であるがためにエレベーターに乗るのを拒否された事件では，ミルドレッドはホテルに抗議して，相手から反論されたが譲らなかった。その後の数年間，図書館大会は南部では開催されていない。

彼女が取り組んだ企画に，中米諸国の学校図書館への支援がある。1930年代末のこの地域の学校図書館には教科書以外の図書はほとんどなかった。ミルドレッドは出版社に頼んで欧米の児童図書をスペイン語に翻訳して刊行するプロジェクトを推進した。第二次世界大戦後には国際的な事業に乗り出している。ロックフェラー財団の支援でシカゴを訪れたイェラ・レップマンと会い，ミュンヘンに設立される予定の「国際若者図書館」の後援を引き受けている。「国際図書館連盟（IFLA)」の活動をめぐってロシアと覇権を争ったりもしていた。ミルドレッドは主張では誰にも負けず，ニューイングランド人特有の高いアクセントの声でまくしたて，時に相手と対立していた。1966年に図書館協会を引退したが，その後も図書館事業に対する関心は失わなかった。引退後に彼女は女性全国図書賞である「コンスタンス・リンゼイ・スキナー賞」を授与され，アメリカの出版界は優秀翻訳作品に贈る「ミルドレッド・L・バッチェルダー賞」を設定してくれた。1998年の8月にエバンストンの老人ホームで亡くなった時には96歳の高齢であった。ミルドレッド・バッチェルダーは，世界恐慌，第二次世界大戦，戦後の社会不安，キューバ危機の時代を通してアメリカ図書館協会とともに生き抜いた人物であった。

参考文献：

Anderson, Dorothy J., “Mildred Leona Batchelder” *Pioneers and Leaders in Library Services to Youth*, edited by Marilyn L. Miller, Westport, Libraries Unlimited, 2003, p.11-14.

Henning, M. E. and Molasky, Jessie“Tribute to Miss Batchelder” *ALA BulLetin*, 46, 1968, p.29.

Scogin, Mildred L., “Catalyst of Magical Proportions” *Top of the News*, 22, 1966, p.380-382.

## カヴァナフ，グラディス (Gladys Louise Cavanagh, 1901-1988)

マディソン地区学校図書館監督官として州内の図書館活動を束ね，ウィスコンシン大学では「児童および若者文学」を教える。

グラディス・カヴァナフは，ミシガン州のミンデン・シティで1901年10月26日に生まれ，1910年に一家とともにウィスコンシン州マディソンに移住した。語学の教師を志望してウィスコンシン大学でフランス語，ドイツ語，スペイン語を学び，1924年よりアイオワ州デ・モインの高校の図書館に勤めている。図書館の職に興味を持ったグラディスは，1927年にコロンビア大学に入学した。卒業後マディソンに戻って，新設のウェスト高等学校の図書館に就職した。1941年に彼女はマディソン無料図書館の依頼でマディソン地区の学校図書館監督官を引き受け，さらに1948年にはウィスコンシン大学の図書館学校で教えるように依頼された。戦後にできたばかりのこの図書館学校は，まだ規模が小さく，カヴァナフが引き受けた「児童および若者文学」の科目はそれほど重視されていなかった。彼女は大学のためであるのとともに自分のために児童図書コレクションを収集しており，特に「マザー・グース・コレクション」は有名であった。グラディスを失望させたのは，昇進がなかったことである。1952年に准教授となっていたが，それより先には進めなかった。理由ははっきりしていない。学位がないこと，論文業績が少なかったことが考えられるが，主著の『学校図書館活動ハンドブック』は版を重ねており，ウィスコンシン図書館協会での活動もかなり知られていた。1967年に図書館学校を引退したグラディスは，かねてから計画していた『児童雑誌の主題索引』編纂に取り組んだ。この仕事には時間がかかった。地方では見られない雑誌も多かったからである。同書の編纂を終えて，1981年に図書館界から身を引いた。姉のいるカリフォルニア州のサンディエゴに移り，園芸に没頭していたが，1988年に心臓発作のため86歳で亡くなった。遺体はマディソンに葬られている。ウィスコンシン図書館協会は彼女の功績を称えて表彰した。

参考文献：

Kies, Cosette, “Gladys Louise Cavanagh” *Pioneers and Leaders in Library*

*Services to Youth*, edited by Marilyn L. Miller, Westport, Libraries Unlimited, 2003, p.26-27.

## エドワーズ，マーガレット (Margaret Alexander Edwards, 1902-1988)

イノック・プラット無料図書館で「ヤング・アダルト・コーナー」を展開し，全米に名を知られる。アメリカ図書館協会その他で役職の地位に就く。

マーガレット・エドワーズは，マーガレット・アレクサンダーとして，テキサス州チャイルドレスの農村で1902年10月23日に生まれた。家が貧しくて好きな本が買えないため，彼女は近くの図書館に入りびたっていた。1922年にワクサハチーのトリニティ大学を卒業後，1923年から1932年にかけてテキサス州およびメリーランド州の高等学校で英語とラテン語を教える。その間の1928年にコロンビア大学でラテン語を専攻し修士号を取得している。その後，1932年からボルティモアのイノック・プラット無料図書館で勤務することになった。その当時のイノック・プラットの図書館はまだ未完成であり，貸出は制限され，書庫は閉ざされていた。1933年に館長のホィーラーの指示で若者の担当となったマーガレットは，蔵書を一冊ずつ自分で読み，利用者の問題意識に応ずるようにした。図書館の片隅に場所をもらい「ヤング・アダルト・コーナー」と名付けて，青少年向けのコレクションを開放し先鞭をつける。1937年には分館でもヤング·アダルト·サービスが始まった。マーガレットは1960年代初期に引退しているが，彼女の在職中に，ここは蔵書が約2000冊，午後に若者たちの利用で混雑するまでとなっている。評判を聞いて見学に来る図書館員が増え，各地の公共図書館には同名称のコーナーが出来あがった。この間に彼女は1937年にコロンビア大学で図書館学の学位を取得，1945年にフィリップ・エドワーズと結婚している。

マーガレット・エドワーズの体験は著書『きれいな庭と獣の群』（1969年出版，1974年改訂）に詳しく記されている。折からにヤング・アダルト向けの本の内容は変化が激しく，それが若者の抱える問題に適応していた。問題に対する対処と関係書を知り尽くしていたマーガレットは，ヤング・アダルト担当の図書館員の第一人者となっており，アメリカ図書館協会やメリーランド図書館協会では相次いで役職を任されていた。1966年に夫と死別したマーガレットは，その遺産を投じて「マーガレット・A・エドワーズ基金」を創設し，ヤング・アダルト向けの図書の刊行と図書館活動を支援する「マーガレット・A・エドワーズ賞」も設定していた。引退後はメリーランド州ハーフォード郡の農村に引きこもり，牛の飼育に専念するとともに，土地の図書館の運営にも関与していた。マーガレット・エドワーズは1988年10月の誕生日の7日前に亡くなった。85歳であった。

参考文献：


Brverman, Miriam, *Youth, Society, and the Public Library*, Chicago, American Library Association, 1979, 289p.

Campbell, Patricia J., "Reconsidering Margaret Edwards: The Relevance of the Fair Garden for the Nineties" *Wilson Library Bulletin*, 68, 1994, p.35-38.

Carter, Betty, "Who is Margaret Edwards and What is this Award being Given in her Honor?" *The ALA Review*, 19, 1992, p.45-48.

Chelton, Mary K., "Margaret Edwards: A Interview" *Voice of Youth Advocates*, 10, 1987, p.112-113.

Edwards, Margaret A., *The Fair Garden and the Swarm of Beasts*, Rev. ed., Chicago, American Library Association, 1974, 194p.

"About the library-History of the library(Enoch Pratt Free Library ) " http://www.prattlibrary.org/history/（閲覧日：2014年11月21日）


---

## ジョーンズ , サラ・ルイス (Sarah Lewis Jones, 1902-1986)

ジョージア州の学校図書館と公共図書館の協力組織の実現に尽くす。エモリー大学その他で学校図書館関連の科目を教える。

サラ・ジョーンズは，1902年11月19日にジョージア州ベインブリッジで生まれた。父の死後，母がジョージア州ドーソンの弁護士と再婚したため，サラはドーソンの高校で学んだ。1923年にメイコンのウェズレイ・カレッジを卒業した後，父親の法律事務所に勤めてからエモリー大学の図書館学校に再入学する。ここを卒業した時には30歳になっていた。エモリー大学でしばらく働いた後，1935年に近隣のノリス・ダムのテネシー渓谷開発事業団（TVA）の図書館を手伝っている。そこで紹介されたのがジョージア州ノックスヴィルの公共図書館での目録担当の仕事であった。サラ・ジョーンズは次いでジョージア州教育部で教科書配給係長の地位につき，その仕事の一環としてエモリー大学図書館学校の主任トミー・ドーラ・バーカーのもとで働いている。世界恐慌後の支援の波にのり，ジョージア州は1941年には15万ドルという潤沢な州予算を学校図書館と公共図書館のために割り振り，彼女がその責任者であった。1945年に図書館員ルシール・ニックスが同係の第二責任者となると，ジョーンズとニックスという気の合ったコンビは，州の合同企画のため精力的に働いた。ジョージア州はすでに前世紀の末から図書館の館外奉仕に取り組んでいた先進的な州であった。ジョーンズは1946年に東南部共同調査委員会の委員となり，アメリカ図書館協会学校図書館員部会の基準委員会の委員でもあった。図書館協力機構の権威者としても知られていた。学校図書館員の教育にも関心を示し，エモリー大学その他の州内の主な大学でも教えていた。1965年に彼女が権威ある「グロリエ賞」を授与されたのは自然のなりゆきであった。引退後も図書館のコンサルタントとして活躍したが，1986年10月に83歳でジョージア州マリエッタの老人ホームで亡くなった。

参考文献：

Carmichael, James V. Jr., “Sarah Lewis Jones” *Pioneers and Leaders in Library Services to Youth*, edited by Marilyn L. Miller, Westport, Libraries Unlimited, 2003, p.116-118.

---

## リーズ , グラディス (Gladys L. Lees, 1902-1986)

ワシントン州タコマ公共図書館に勤務し，同地区の学校図書館組織を20年にわたって統括，全米にその名を知られる。

グラディス・リーズは，1902年7月4日にウィスコンシン州のギルマントンで生まれた。子ども5人の家庭の長女であった。ミネソタ州セント・ポールの高校に通っていた時に一家はワシントン州タコマに移住する。その後，間もなくして父親が船の事故で亡くなったため，母の手一つで一家が支えられた。高校卒業後は，グラディスが1925年から1943年まで学校教師をして一家を助けている。デンバー大学の図書館学のコースで学び，タコマ公共図書館の学校図書館担当員となったのは1950年のことであった。タコマ公共図書館で取りあげた企画に，小学校の図書館へのサービス活動の展開がある。彼女はそのために各学校を定期的に巡回し，学校教師と話し合っていた。もう一つの活動は，時代に先駆けた学校図書館の機械化の促進である。彼女は常に「それがなければどうなるか」という点に主眼をおいていた。グラディス・リーズによる学校図書館の監督体制は全米の注目するところとなり，様々なところに呼ばれて講演をし，雑誌に執筆していた。発達途上の1950年代のアメリカの学校図書館には，グラディスのようなアイデアと精力にあふれた人物が必要であった。

参考文献：
Doll, Carol, "Gladys L. Lees" *Pioneers and Leaders in Library Services to Youth*, edited by Marilyn L. Miller, Westport Libraries Unlimited, 2003, p.135-137.

## マッグワィア，アリス (Alice Rebecca Brooks McGuire, 1902-1975)

学校図書館員，コンサルタント，講師，執筆家として活躍。シカゴ大学では「児童図書センター」の運営を引き受ける。アメリカ図書館協会の活動にも貢献。

アリス・ブルックスは，1902年8月9日にペンシルヴェニア州フィラデルフィアで生まれた。スミス・カレッジを卒業した後，1923年から1925年にかけては図書館助手として，1926年から1928年にかけては図書館員としてスリッパリー・ロック州立教員カレッジ図書館で働いている。1926年にドレクセル工科大学で学位を取得して，スリッパリー・ロックに戻った。1936年にはカーネギー財団から支援を得てコロンビア大学で修士号を取得した後，ドレクセル工科大学の准教授となり，夏にはいくつかの図書館学校にも出講して教えている。意欲旺盛なアリス・ブルックスは，1944年からはシカゴ大学大学院の図書館学校で児童図書館の授業を担当するとともに，博士課程に在学した。シカゴでは後に「児童図書センター」と呼ばれる施設も任されていた。そこで彼女は，教育心理学教授のジョン・マッグワィアと結婚した。夫が1949年にオースチンのテキサス大学に赴任したため，アリスもテキサス大学の図書館学校で教えようとしたが，夫が教員であるかぎり，縁故採用を認めなかった当時の大学から拒否された。しかたなく彼女は1951年に新設されたテキサス大学の小学校の図書館員となる。シカゴ大学での博士号は1958年に取得でき，1968年にはテキサス大学での教員のポストも得ることができた。それまでに，アリス・マッグワィアの学校での図書館員としての活躍は知れ渡っており，クナップ財団は彼女を小学校のコンサルタントとして全米に派遣することにした。

実践者であるとともに専門知識の豊富なアリスは，特にアメリカ図書館協会を舞台にした活躍が目立ち，その教育部会や受賞委員会では委員長を務めていた。1962年に「グロリエ賞」を受賞したのも児童図書館分野でのアリスの功績が認められたからであった。1972年にテキサス大学を引退した後も，各地をまわって講演する一方で文章を書き続けている。亡くなる時までに彼女は80編以上の文章を書いていたが，その多くは『ウィルソン図書館ブレティン』や『トップ・オブ・ザ・ニュース』といった雑誌の編集顧問であったためである。一生を活動家として走り続けたアリス・マッグワィアは，1975年の7月にアリゾナでの休暇中に突然亡くなった。72歳の生涯であった。友人によれば，彼女は私生活でも地域社会の活動でも常に旺盛な意欲を示していたとされる。

参考文献：

Sparks, Claud Glenn and Moore, Mattie Ruth, “Alice Rebecca Brooks McGuire” *Pioneers and Leaders in Library Services to Youth*, edited by Marilyn L. Miller, Westport, Libraries Unlimited, 2003, p.151-152.

“Alice Rebecca Brooks McGuire” http://www.tshaonline.org/handbook/online/articles/fmcap（閲覧日：2014年10月11日）

---

## トムソン，ジーン (Jean Thomson, 1902-1975)

トロント公共図書館で，リリアン・スミスの後を継いで児童図書館活動を推進。「ストーリーテリング・フェスティバル」の開催で知られる。

ジーン・トムソンは，カナダ人であったが，祖父はスコットランド人，祖母はアイルランド人で，ジーン自身はアメリカで教育を受けていた。1902年6月7日にトロントで生まれたジーンの父親は，市内のディア・パーク学校の校長で，1905年に同校の二階にできた図書館の館長でもあった。ジーン・トムソンは1925年にトロント大学で外国語を学び，同大学の図書館コースを経てからトロント公共図書館の児童部門である「少年・少女の家」に所属して，所長のリリアン・スミスの指導を受けた。図書館学の学位はその後ニューヨークのコロンビア大学で取得した。トロント公共図書館の児童室でジーンは，少年演劇団の組織化を担当，そのため，1934年にはカーネギー財団の派遣で東欧とソ連の児童演劇・人形劇を視察してからトロントに戻った。1940年に「少年・少女の家」の主任となり，1952年にリリアン・スミスが引退した後をうけて少年・少女部門の長となった。トロント公共図書館に在職した40年の間にジーン・トムソンはいくつかの事業を実現させた。その第一は，「オズボーン・コレクション」の完成であり，「リリアン・スミス・コレクション」も加えたこの特別コレクションはトロント公共図書館の名を高めた。1958年にはトムソンの手でこの目録が刊行された。次いで，1961年には第一回「ジョン・メイスフィールド・ストーリーテリング・フェスティバル」が開催された。この企画はその後も引き続き行われ，トロント公共図書館の名物として知られた。『少年・少女のための本』の第3版は1954年に刊行される。この書誌は図書館界から歓迎されていた。1954年には「若きカナダの図書週間」も企画・実行されている。トムソンはカナダ図書館協会ならびにアメリカ図書館協会の児童図書館サービス部会に長らく関与していた。『世界図書百科事典』の編纂顧問の一人でもあった。1964年に彼女はトロント公共図書館に新設された分館部門の主任となっていた。1962年にはオンタリオ州ライムハウス近郊に17エイカーの土地を購入して，これをシーリング（スコットランドの羊飼小屋）と名付けていた。1966年に引退したトムソンはスパニエル犬とともに老後をこの地で暮らし，1975年に亡くなった。73歳であった。生前の1967年には国家から「カナダ・メダル」が贈られていた。

参考文献：

Egoff, Sheila A., “Open Letter to Miss Jean Thomson, Recently Retired and Formerly Head, Boys and Girls Division, Toronto Public Libraries” *Canadian Library*, 23, 1967, p.358-359.

Johnston, Margaret E., “Jean Thomson” *Pioneers and Leaders in Library Services to Youth*, edited by Marilyn L. Miller, Westport, Libraries Unlimited, 2003, p.233-234.

## コンクリン，グラディス (Gladys Plemon Conklin, 1903-1983)

カリフォルニア州ヘイワード公共図書館で勤めるかたわら，子ども向けのノンフィクション作家としても活躍。

グラディス・コンクリンは，グラディス・プレモンとして1903年5月30日にワシントン州のツー・リバースで生まれる。10歳のころから自然の描写に関心を持つとともに，教師の勧めで図書館員になることに決めていた。シアトルのワシントン大学で図書館学の学士を取得すると，児童図書館員として，カリフォルニアのヴェンチュラ，次いで，ニューヨーク公共図書館で働いた。1934年にカリフォルニア州に戻り，ロサンゼルス公共図書館の児童部門で勤める。その後，アーヴィング・コンクリンと結婚し，オレゴン州の夫の農場で山羊を飼って数年を過ごした。1950年に，彼女はカリフォルニア州ヘイワードの公共図書館に勤務するようになり，そこで引退の時まで働いた。この間，グラディスは動物を扱った児童向けのノンフィクションを書き始めた。1958年の『わたしは毛虫が好き』からはじまる彼女の動物の本は，子どもに好奇心をわかせる作者自身の挿絵と分かりやすい説明の文章で評判となる。自然保護のオーデュボン協会でも名を知られるようになった。グラディスはカリフォルニア図書館協会でも活躍し，一時期カトリック図書館協会で会長になっている。1965年にヘイワード公共図書館から引退すると，旅行と執筆の日々が再開された。彼女はヨーロッパやメキシコばかりでなく，アフリカのサファリに参加し，南米のペルーにも足をのばした。執筆した本は生涯で25冊におよび，その多くはホリディ・ハウス出版から刊行された。

参考文献：

Freedman, Russell, *Holiday House : The First Fifty Years*, New York, Holiday House, 1985, p.41-44.

Kunzel, Bonnie, “Gladys Plemon Conklin” *Pioneers and Leaders in Library Services to Youth*, edited by Marilyn L. Miller, Westport, Libraries Unlimited, 2003, p.36-37.

## ダグラス，メアリー (Mary Teresa Peacock Douglas, 1903-1970)

ノース・カロライナ州公教育局の学校図書館アドバイザーとして，州内の学校図書館のネットワーク化に尽力して知られる。『司書教諭ハンドブック』の著者である。

メアリー・ダグラスは，幼名メアリー・テレサ・ピーコックとして1903年2月8日にノース・カロライナ州ソールズベリーで生まれた。1923年にノース・カロライナ大学女子カレッジを卒業するとソールズベリーで英語の教師および学校図書館担当として働く。その後，コロンビア大学の図書館サービス学科に入り1931年に卒業すると，同年にノース・カロライナ州教育局のクラレンス・ダグラスと結婚した。その前年の1930年に，ロックフェラー財団の支援で創設されたノース・カロライナ州公教育局の学校図書館アドバイザーに就任している。州内全体をバスで回り，学校を訪問していたダグラスは，公共図書館と学校図書館を橋渡しする専門家として知られ，ノース・カロライナ図書館協会，次いで，アメリカ図書館協会の児童・若者図書館部会の部会長として活躍した。メアリー・ダグラスの名を全国的に高めたのは，主としてその刊行物による。1937年に出版された『ノース・カロライナ学校図書館ハンドブック』は1952年までに4版を重ねた。1941年に出版された『司書教諭ハンドブック』(改訂版1949年)は5万部以上を売り上げ，日本語，韓国語，スペイン語，トルコ語に翻訳されている。1945年には『今日と明日の学校図書館』という学校図書館の基準を完成させた。1947年にローレイ市の図書館局の管理者に就任し，ここで1968年の引退の年まで勤務している。引退にあたって，ノース・カロライナ図書館協会は彼女の功績を称えるため，州内の学校図書館員を表彰する「メアリー・ピーコック・ダグラス賞」を制定した。この賞が制定された翌年の1月に，66歳でメアリー・ダグラスは亡くなった。

参考文献：

Johnson, Mary Frances K., “Mary Teresa Peacock Douglas” *Pioneers and Leaders in Library Services to Youth*, edited by Marilym L. Miller, Westport, Libraries Unlimited, 2003, p.46-48.

“Guide to the Mary Peacock Douglas Papers,1963-1973 Special Collection at Belk Library” http://www.collections.library.appstate.edu/findingaids/ua5185（閲覧日：2014年11月16日）

## ハント , ハナ (Hannah Hunt, 1903-1973)

慶応義塾大学の「ジャパン・ライブラリー・スクール」に招かれて児童図書館・学校図書館関連の科目を担当する。

ハナ・ハントは，1903年2月27日にシカゴで生まれた。1921年に一家がオハイオ州レイクウッドに移ったため，同州のアーラム・カレッジに入学する。しかし母親が亡くなったため，家に戻り，レイクウッド公共図書館で働きながら弟妹の世話をした。2年後にアーラム·カレッジに再入学し，1927年に卒業した後，「フレンズ教会奉仕団」の依頼でフランスのシャロン市の病院で働く。1931年に帰国すると，ウェスタン・リザーブ大学の図書館学校に入学した。その後，ハナは国内各地の公共図書館で児童およびヤング・アダルト・サービスの仕事を担当した。アメリカ図書館協会の教師団の一員に選ばれた彼女が慶応義塾大学の「ジャパン・ライブラリー・スクール」で教えたのは，1951年2月から1952年6月までであった。東京での滞在は彼女にとって記念すべき体験であった。ウェスタン・リザーブに戻ったハナ・ハントは, 1954年に図書館学の修士号を取得するとともに教員となって，公共図書館・学校図書館における児童ならびにヤング・アダルト・サービス関連の科目を受け持つこととなった。彼女はまたアメリカ図書館協会とオハイオ図書館協会の委員も任されていた。旅行が趣味で，その後は何度となくハワイやその他の各地に出かけていたが，同時に大学では熱心に外国人学生の面倒を見ていた。クリーブランド郊外の家には日本庭園が造られていた。1967年に大学を引退し，1973年に70歳で亡くなった。

参考文献：

Kaltenbach, Margaret and Rowell, John A., “Hannah Hunt” *Pioneers and Leaders in Library Services to Youth*, edited by Marilym L. Miller, Westport, Libraries Unlimited, 2003, p.108-109.

## ニックス，ルシール (Lucile Nix, 1903-1968)

第二次世界大戦後のジョージア州の公共図書館＝学校図書館システムを同僚のサラ・ジョーンズとともに完成させる。

ルシール・ニックスは，1903年3月4日にジョージア州コマースの農村の雑貨店の娘に生まれた。当時のコマースには図書館はなかった。1925年にグリーンヴィル女子カレッジを卒業し，ノース・カロライナ州ウィンストン・セイラムの高等学校で英語を教える。その後，アトランタのエモリー大学で図書館学を学び1930年に卒業した。世界恐慌下のノース・カロライナでは，学校図書館員の採用条件として，図書館で7年働いた経験が必要であった。このため，彼女はテネシー渓谷開発事業団の図書館員になり，1945年までここで働いた。ジョージア州に戻ったのは，州の学校監督局にいたサラ・ジョーンズの誘いがあったこととともに，南部の州の中で，学校図書館に対する州政府の関心が高かったからでもあった。ジョーンズとニックスのコンビは，1950年代から1960年代にかけて学校図書館や公共図書館に対する州政府の資金援助を実現させた。公共図書館へのこの動きが1964年の「図書館サービス建設法」の成立に結びついていた。彼女が在職中の1968年には，ジョージア州内の公共図書館・学校図書館が6倍に増えている。ニックスは，アメリカ図書館協会では講演者としても知られていた。1968年に州政府の仕事を退いてから間もなくして彼女は65歳で亡くなった。

参考文献：

Carmichael, James V. Jr., "Lucile Nix" *Pioneers and Leaders in Library Services to Youth*, edited by Marilym L. Miller, Westport, Libraries Unlimited, 2003, p.179-181.

Massey, Lydia Nix, *This is My Story, This is My Song*, Atlanta, David Dyar Massey, 1978, 171p.

---

## スペイン，フランセス (Frances Lander Spain, 1903-1999)

フルブライト奨学金によりバンコクのチュラロンコーン大学に赴任し，図書館学教育を支援。ニューヨーク公共図書館の児童図書館員としても知られる。

フランセス・スペインは，1903年3月15日に，フランセス・ランダーとしてフロリダ州ジャクソンヴィルに生まれた。1925年にサウス・カロライナ州ロック・ヒルのウィンスロップ・カレッジを卒業したフランセスは，同年，銀行員のドナルド・スペインと結婚する。息子と娘を産み育てたが，息子は2歳で亡くなり，夫も1934年に死去した。残された娘を育てるべく，フランセスは図書館員になる決心をし，エモリー大学で1935年に学位をとった。母校のウィンスロップ・カレッジで図書館員として13年間勤務し，その間に二度研究休暇をとって，シカゴ大学で図書館学の博士号を取得した。1949年，ロサンゼルスの南カリフォルニア大学からの誘いを受け入れ，カリフォルニアに移住した。南カリフォルニア大学では図書館学校の副主任となり，児童文学の授業を担当している。1952年にはフルブライト奨学金により彼女はバンコクのチュラロンコーン大学に赴任した。タイでは同大学で図書館学を教えるとともに，国内を回って図書館職員を指導していた。タイ図書館協会の設立にも関与したため，任期を延ばしてこの国に滞在するよう説得されたが，孫の世話をせねばならなくなり，アメリカに戻ることにした。南カリフォルニア大学に帰ったが，間もなくしてニューヨーク公共図書館の児童室の主任となった。フランセスは，アン・キャロル・ムーアが残した伝統を守り，児童の読書指導に専念した。ニューヨーク公共図書館の児童室には8年間在籍したが，この間の彼女は，児童図書館界でも代表者の一人となっていた。その功績を鑑み，1961年にはアメリカ図書館協会の会長に選任された。協会長としての彼女は，全米をめぐり，テレビに出演して読書の重要さを説き続けた。1960年には訪ソ文化使節の一員に選ばれてソ連の各地をめぐり，図書館員との交流をはたした。任期より早めに引退したフランセス・スペインは，祖父が残したフロリダ州マリオン・カウンティの10エイカーの農園に引きこもり，猫とともに暮らした。その後，中央フロリダ短期カレッジで教えて，1999年に96歳の高齢で亡くなった。

参考文献：

Cummins, Julie, “Let Her Sound Her Trumpet: NYPL Children's Librarians and Their Impact on the World of Publishing” *Biblion*, 4-1, 1995, p.104-106.

Cummins, Julie, “A View from the 90s” *Journal of Youth Services*, 13-1, 1999.

Spain, Frances Lander, “Upon the Shining Mountains” *ALA Bulletin*, July-August 1960, p.599-602.

## ヴィグアース，ルース (Ruth Arfarata Hill Viguers, 1903-1971)

ニューヨーク公共図書館の勤務から『ホーン・ブック』誌の編集長に転じる。児童文学史の評論の執筆で名をなす。

ルース・ヴィグアースは，1903年7月24日にカリフォルニア州オークランドで生まれた。オレゴン州のウィラメット大学を卒業後，高等学校の英語教師となるが，1926年にシアトルのワシントン大学でさらに図書館学を専攻した。1927年にニューヨーク公共図書館に入り，アン・キャロル・ムーアおよびフランセス・セイヤーズの薫陶のもと，ストーリーテラーとして知られるようになる。好奇心と精力にあふれていた彼女は，1929年にはスペインに赴き，マドリードで国際女子学院の図書館を組織し，1931年にはパリの「アメリカ図書館」で児童部門を担当した。ニューヨーク公共図書館に戻ったルースは，1936年まで分館で仕事をしたが，この年の末，中国の武昌に渡って，そこの図書館学校で児童図書館関連の科目およびストーリーテリングを教えた。1937年に中国中央学院の法律・経済学の講師であったリチャード・ヴィグアースと結婚し，夫妻は東南アジアからヨーロッパを旅行してまわり，資金を使い果してニューヨークに戻る。1943年までの6年間，ルースはブロンクスとスターテン島の分館に勤めたが，この時期のニューヨークには貧しい移民があふれていた。彼女は，セツルメントや「母親のコミュニティ」などの場でストーリーテリングを実演し，そこで「シングル・マザー」たちを励ましていた。豊富な外国生活とこうした体験に加え，ルース・ヴィグアースは児童図書の歴史と評論の権威者となっていた。三人の娘を育てた後，夫とともにマサチューセッツ州ウェルズレイに移住し，1949年にボストンのシモンズ・カレッジで教え始めた。

1953年に，コーネリア・メイグス，アン・イートン，エリザベス・ネズビットと共同で執筆した『児童文学の批評史』がマクミラン出版から刊行された。ヴィグアースはこの本で1920年より1950年までの章を担当している。この本における彼女の寄与は「その完璧性，洞察力と創造力，鋭敏な理解力にあった」と児童図書作家のエリザベス・ヴァイニングは賛辞を与えており，ヴィグアースは評論家としての評価を確立した。シモンズ・カレッジでの教員としての実績もあり，1958年に評論誌としてすでに定評があった『ホーン・ブック』の編集長に迎えられた。1967年まで編集長を務めた彼女の功績は，その思い切りのよい編集方針から知ることができる。ウォルト・ディズニーによる児童文学作品の「デフォルメ」を痛烈に批判したフランセス・セイヤーズを支えたのはヴィグアースであった。豊富な経験に基づいた「マイノリティ」への関心も彼女の特徴であった。さらに，作品の評価において「推薦できない」とはっきり述べていたことは，読者のみならず，書店からも歓迎されていた。1967年には，ブラティスラヴァで開催された第一回「児童挿絵展示会」にアメリカ代表として参加している。1968年には児童図書に対するその功績により，権威ある「コンスタンス・リンゼイ・スキナー賞」を授与された。1967年に『ホーン・ブック』から引退した後に病身となり，1969年に夫と死別したルースは，1971年に亡くなった。

参考文献：

Beatty, Jerome Jr., "Trade Winds" *Saturday Review*, 50, November 11, 1967, p.12.
Patee, Doris S., "Keynote speech given at the Constance Lindsay Skinner Award dinner to Honor Ruth Viguers" *Horn Book*, 47, June 1971, p.331-332.
Sayers, Frances Clarke, "Well done, old squirrel!" *Horn Book*, 47, April 1971, p.238-239.
Viguers, Richard T., "Ruth Hill Viguers: A husband's tribute" *Horn Book*, 47, April 1971, p.238-239.

---

## ワッツ , ヘレン (Helen L. Hoke Watts, 1903-1990)

フランクリン・ワッツ出版で多数の児童図書を刊行して知られる。音楽分野のノンフィクション作品も刊行。

ヘレン・ワッツは，新聞発行人の娘としてペンシルヴェニア州カリフォルニアで生まれた。父の仕事を手伝って新聞作りに興味を持っていた。編集者のジョン・ホウクと結婚したが離婚し，一時期は学校で教えるが，作家になる夢は持ち続けていた。1944年に最初の本『幼いチュー・チュー』を刊行し，42歳で出版社主のフランクリン・ワッツと再婚した。ヘレンはその後，約100冊の創作童話をフランクリン・ワッツ出版から世に送った。「同一三語書名」の作品集で『ジョーク・ジョーク・ジョーク』(1954)

から『モンスター・モンスター・モンスター』(1974) を出版, さらに息子とともに音楽分野のノンフィクションものを刊行する。他社の児童部門の企画にも関与し, レイナル・アンド・ヒッチコック出版, ヘンリー・ホルト出版, ジュリアン・メスナー出版といった児童図書の専門出版社はヘレンを頼りにしていた。10年ほどロンドンに住み, 様々な人種の作家＝画家たちとも付き合った。アメリカではまだ毛嫌いされていた黒人画家ブライアン・ワイルドスミスの本を出版したのも彼女で, ワイルドスミスはその挿絵により, 1962年に「ケイト・グリーナウェイ賞」を受賞している。児童向けの作家や画家を育てることに熱心で, そのための会社も設立していたし, ボローニャの「国際挿絵図書展」を積極的に後援していた。86歳で亡くなるまでヘレン・ワッツは現役の作家でもあった。

参考文献：

Antczak, Janice, “Helen L. Hoke Watts” *Pioneers and Leaders in Library Services to Youth*, edited by Marilyn L. Miller, Westport, Libraries Unlimited, 2003, p.241.

---

## ダフ，アニス (Annis Duff, 1904?-1986)

ヴァイキング出版の児童図書部門の編集者として多数の児童図書を刊行して知られる。

アニス・ダフは, アニス・ジェームズとして, カナダのトロントで生まれた。トロントの公共図書館で働いた後, ロバート・シンプソン出版の児童図書部門の責任者となる。ラムゼイ・ダフと結婚してイリノイ州ウィネトカに移住後, 1944年に最初の本『つばさの贈り物』を出版した。これは家庭内での読書を推奨したものであった。1950年に夫と死別し, アニスはニューヨークに移った。自著を刊行してくれたヴァイキング出版のメイ・マシーの勧めで同出版社に勤務することとなり, 1968年の引退時までここに勤務した。読書とのかかわりを書いた作品が何冊かあったが, 彼女は主として児童図書の作家や画家の発掘により知られていた。1960年にマシーの後をうけて児童部門の責任者となった彼女が手がけた作家は, ルーマー・ゴッデン, アストリッド・リンドグレン，ロバート・マックロスキーと多彩かつ多数であった。なかでも彼女の名を高めたのはエズラ・ジャック・キーツの『ゆきのひ』で，シンプルな絵のなかにも黒人少年の主人公の姿が活写されていた。アニス・ダフがヴァイキング出版から世に送った児童図書，彼女が『ホーン・ブック』に向けて書いた批評文はともに次の世代に受け継がれている。1967年に彼女は「メイ・マシー委員会」を設立し，先輩のマシーが生前に書き残した資料の収集と保存に尽力した。

参考文献：


Burch, Rpnert and Duff, Annis, “Editors and Children's Book Writers” *Horn Book*, June 1974, p.249-255.

Duff, Annis, *Bequest of Wings*, Viking Press, 1944, 207p.

Duff, Annis, “Faith is the Substance” *Horn Book,* September 1949, p.439-444.

Duff, Annis, “Ezra Jack Keats” *Library Journal*, 88-6, 1963, p.100-102.

Duff, Annis, *Longer Flight : A Family Grows Up with Books*, Viking, 1955, 269p.


---

## エルステッド , ルース・マリオン (Ruth Marion Ersted, 1904-1990)

38年間にわたりミネソタ州の学校図書館監督官として同州の学校図書館システム全体の発展に尽くす。

ルース・エルステッドは，ノルウェーとアイスランドからの移民の娘として，1904年10月4日にサウス・ダコタ州のブルッキングスで生まれた。1927年に英語を専攻し，図書館学のコースを学んでミネソタ大学を卒業すると，同州ホプキンスの公立学校とミネソタ大学高等学校で図書館員として働いた後，1936年にミネソタ州の学校図書館の監督官に任命された。その年のアメリカ図書館協会の年次大会でフランセス・ヘネと出会う。ルースは2歳年上であったが，それ以後，二人は一生を通じて互いの協力者となった。ルースはアメリカ図書館協会の児童・若者図書館部会の部会長を務めた後，1947年には学校図書館員部会の長となり，ヘネらとともに委員会を組織し報告書をまとめている。ヘネとは，アメリカ図書館協会の1960年の『学校図書館計画の基準』の作成をはじめ，その後も共同で執筆活動を行っている。1950年にルースがシカゴ大学の大学院図書館学校に在学して修士号を取得したのもヘネの勧めによるものであった。しかし，彼女の活動でもっとも知られているのはミネソタ州内での活躍である。州内の学校図書館を改善するために何度にもわたり，ほぼすべての学校を訪問して回っていた。その活動は全米に知られ「ミネソタ方式」として受け継がれた。70歳で引退したルース・エルステッドは，カリフォルニア州パロ・アルトで兄妹とともに暮らし，86歳で亡くなるまでの数年は老人ホームに住んでいた。

参考文献：

Branyan, Brenda M., *Outstanding Women Who Promoted the Concept of the Unified School Library and Audiovisual Programs 1950 Through 1975*, Fayetteville, Hi Willow, 1981, p.179-183.

Pond, Patricia B., "Ruth Marion Ersted" *Pioneers and Leaders in Library Services to Youth*, edited by Marilyn L. Miller, Westport, Libraries Unlimited, 2003, p.58-60.

"AASL History: 1914-1951"http://www.ala.org/aasl/about/history-1914（閲覧日：2014年11月17日）

---

## グレアム , イニス・メー (Inez Mae Graham, 1904-1983)

メリーランド州の学校図書館を図書以外のメディアを導入することにより，時代に則した新たな図書館として組織しなおす。

メー・グレアムは, 1904年9月29日にノース・カロライナ州ファイエットヴィルで生まれた。イニスという名前を嫌い，彼女は「メー・グレアム」で通した。1925年にノース・カロライナ大学女子カレッジを出て，1928年にノース・カロライナ州ハイ・ポイント，1934年にはテネシー州キングスポートの高等学校で英語を教える。1934年にイリノイ大学で図書館学を学び，1936年から1941年にかけてヴァージニア州ウィリアムスバーグのウィリアム・アンド・メアリー・カレッジで図書館学を教えた。ここには生徒・教師ともに白人はいなかった。彼女はまたテネシー州ナッシュヴィルのフィスク大学でも夏期学校を主催していた。彼女は，職業を求める者に人種の区別をしなかった。1946年，招かれてアメリカ図書館協会の人事担当の役割を務め，その翌年には日本に進駐したマッカーサー指令部の「学校図書館担当アドバイザー」を委嘱され，東京に赴いた。メー・グレアムは「日本人から征服者と見なされることを拒否していた」。任期を終えて帰国した後，メリーランド州教育部の学校図書館監督官に就任した。1940 年代には，アメリカの学校図書館の整備は少しずつ進んでいたが，図書以外のメディアを活用するところはほとんどなかった。グレアムは何度にもわたり州内の学校図書館を歴訪してその必要性を説いた。学校図書館の姿を変えた, 1969 年の『学校メディア計画のための基準』の策定にグレアムも参画している。1972 年の引退時に，同州の「教育メディア協会」は彼女の功績を称えてその名の賞を制定した。メー・グレアムは長く患った後，1983 年 3 月 1 日に，78 歳で亡くなった。

参考文献：

Bender, David R., Aversa, Elizabeth S. and Taylor, Nettie B., "Inez Mae Graham" *Pioneers and Leaders in Library Services to Youth*, edited by Marilyn L. Miller, Westport, Libraries Unlimited, 2003, p.80-82.

---

## ニコルセン，マーガレット (Margaret E. Nicholsen, 1904-1999)

エバンストン市の高等学校図書館の監督官として，学校図書館のメディア・センターとしての機能を充実させるために貢献する。

マーガレット・ニコルセンは，1904 年 12 月 7 日にミネソタ州ブルー・アースで弁護士の父のもとに生まれた。ミネソタ州ノースヴィルの私立のカレッジを卒業後，ニューヨークのコロンビア大学で図書館学の学位をとる。ミネソタに戻り，ベミジ市の州立教員養成カレッジの図書館長を 1927 年から 1939 年まで務めた後，1940 年にシカゴ大学の大学院図書館学校で修士の学位を取得した。修士論文は「カレッジ教員の読書」調査で，全国 16 校のカレッジの 535 名の教員と図書館員のなかでどの地位の者がもっとも多い読書量を記録していたかの調査をもとにしている。結果として，地位の高い者（教授や図書館長）が他の者よりも多かった。1941 年よりマーガレットは市民志願兵として合衆国陸軍図書館サービス隊に入隊し，アーカンソー州とミズーリ州のキャンプで勤務し，その後，海軍に移籍して戦争の終了時には少佐に昇進していた。1946 年にミネソタ州オースチンの高等学校図書館に勤務した後, 1949 年にシカゴ近郊のエバンストンに移り，エバンストン市の高等学校を統括する図書館長となる。ここで 13

年間勤めたが，家からの遺産を手にしたため，60歳の若さで高等学校図書館から引退した。彼女がこの間に残した業績は大きく二つある。その一つは，学校図書館を「メディア・センター」に変える役割を担ったことであり，その対象は，図書のほかに，図書以外の資料である，フィルム，地図，映画，パンフレット，定期刊行物，スライド，テープとそれらを利用するための機器であった。それらメディアを重視する必要性を文章に書き，アメリカ図書館協会の学校図書館員部会で報告していた。もう一つの功績は，『本のなかの人物』という参考図書を編纂したことである。分野別にまとめられた世界各界の人物書誌である本作は500頁におよぶ大作で，1969年に刊行され，さらに，1977年には補遺版が刊行されている。高等学校の図書館を引退してからさらに35年の間，マーガレットは，全国の学校図書館のアドバイザーとして各地を訪れて助言をしていた。同じくエバンストンに住んでいた公共図書館員のミルドレッド・バッチェルダーとは長い付き合いで，一緒に住んでいたり，ともに外国旅行に出かけたりしていた。マーガレット・ニコルセンは94歳で亡くなった。

参考文献：

Dole, Carol A., “Margaret E. Nicholsen” *Pioneers and Leaders in Library Services to Youth*, edited by Marilyn L. Miller, Westport, Libraries Unlimited, 2003, p.176-178.

Hastings, Henry C., “Review of *People in Books* by Margaret Nicholsen” *Drexel Library Quarterly*, 6, 1970, p.349-350.

## マクジェンキン，ヴァージニア (Virginia McJenkin, 1905-1981)

1937年から1969年までジョージア州の学校図書館システムの統括責任者を務める。学校図書館におけるメディア教育の先駆者の一人。

ヴァージニア・マクジェンキンは，ジョージア州アトランタで1905年11月15日に生まれ，ジョージア州メイコンのウェズレイ・カレッジを優秀な成績で卒業した。卒業後，ロックフォードで2年間教えたが，その後，1935年にはコロンビア大学で学び，1937年よりジョージア州フルトン・カウンティの学校図書館システムの統括責任者となる。専門領域としては，まだ始まったばかりのメディア教育であった。1950年代以降は，エモリー大学，メリーランド大学，テネシー大学，ジョージア大学，南カリフォルニア大学（夏期）と教え続けた。彼女は，学校図書館の志望者がいかに少ないかを見て取り，『ALAブレティン』に論文「学校図書館員の継続教育」を書いて，その必要性を訴えて評判を博した。彼女の評価は，ジョージア州やテネシー州ばかりでなく，ほぼ全米に知れ渡っており，定年後にはジョージア図書館協会から表彰を受けていた。引退した後も彼女の著書『インフォメーション・パワー』は大きな影響力を持ち続けた。

参考文献：

Bennett, Priscilla, "Virginia McJenkin" *Pioneers and Leaders in Library Services to Youth*, edited by Marilyn L. Miller, Westport, Libraries Unlimited, 2003, p.153-154.

Branyan, Brenda M., *Outstanding Women Who Promoted the Concept of United School Library and Audiovisual Programs, 1950 through 1975,* Fayetteville, Hi Willow Research and Publishing, 1981, p.205-207.

Hightower, Grace, "Profile of a President" *School Libraries*, v.14, 1964, p.17-18.

---

## スコギン，マーガレット (Margaret Clara Scoggin, 1905-1968)

ニューヨーク公共図書館のネイサン・ストラウス分館を若者に向けた図書館として定着させる。ヤング・アダルト・サービスの先駆者の一人である。

マーガレット・クララ・スコギンは，1905年4月14日に，ミズーリ州カルーザースヴィルで生まれた。地元の高校を出てから，ラドクリフ・カレッジを1926年に卒業した。カレッジ在学中に地元のセツルメントで働いている。同年にニューヨーク公共図書館の夏期コースを修了し，メイベル・ウィリアムに勧められて，彼女はニューヨーク公共図書館の分館で働き始めた。分館では，若者が本について語り合うなどの体験ができるクラブの設立と個別に対応する読書相談を主に重視する。さらなる経験を積もうと，一年の研究休暇でロンドン大学に赴く。帰国後は再びニューヨーク公共図書館でヤング・アダルト・サービスに取り組んだ。若者が興味を持ちそうな記事や書評を載せた小冊子を取り入れている。彼女は「学校は最善のものだけを所蔵するが，公共図書館はすべてを所蔵する」と語った。なお，彼女は1930年代後半にコロンビア大学で図書館学の修士号をとることを試みたが，時間的・経済的な理由で断念している。

1940年にマーガレット・スコギンはネイサン・ストラウス分館での児童および若者のためのサービス計画に着手した。入りやすい雰囲気をつくり，若者の関心を満たすコレクションを構築し，熟練した職員が集った分館は1941年に開館する。ネイサン・ストラウス分館のヤング・アダルト・サービスを活性化させる一方で，スコギンはセント・ジョンズ大学で講義を担当している。執筆活動にも積極的で，『ホーン・ブック』その他の雑誌に多数の文章を寄稿して自説を積極的に広めた。図書館活動すら疎外されていた若者たちに支援の手を広げたいとする図書館員は多かった。若者に手をのばす彼女の活動は，ユネスコや国際図書館連盟でも高く評価され，1950年代には相次いで，コンスタンス・リンゼイ・スキナー賞，レーン・ブライアント賞を授けられていた。引退した翌年の1968年に死去すると，図書館界はその早すぎる死を悼み，アメリカ図書館協会はシモンズ・カレッジに彼女のための特別講座とコレクションを寄贈している。

参考文献：

Chelton, Marry, "Margaret C. Scoggin" *ALA World Encyclopedia of Library and Information Services*, 3rd ed., Chicago, American Library Association, 1993, p.753-755.

Lindquist, Jennie D., "A Tribute to Margaret Scoggin" *Horn Book*, 28, 1952, p.85.

Lowy, Beverly, "Margaret Clara Scoggin" *Pioneers and Leaders in Library Services to Youth*, edited by Marilyn L. Miller, Westport, Libraries Unlimited, 2003, p.219-221.

## ヴィーゼ , マリオン (Marion Bernice Wiese, 1905-1977)

国際的な立場から学校図書館に関する活動を推進して，アメリカの貢献度を高める。

マリオン・ヴィーゼは，西海岸のサンフランシスコで生まれたが，そのほとんどの生涯を東海岸で暮らした。1926年にメリーランドのグーチャー・カレッジ，1929年にデューク大学（修士）を出て，ボルティモア，次いでジョージア州オーガスタの小学校で教える。1935年にボルティモアに戻って学校図書館員となり，

1948年にコロンビア大学で図書館学の修士号を取得した。メリーランド学校図書館員協会の活動に参加，1944-1946年にはその会長を務めた。アメリカ図書館協会や全国高等学校長協会の活動にも協力したが，それ以上に海外の図書館活動への関心で知られている。そのきっかけは1964年にフルブライト研究員としてマレーシア教育局の学校図書館顧問となったことにあった。1968年に引退すると，再度フルブライト委員会に委嘱され，シンガポールに赴いて，教員養成学校で学校図書館について教えるとともに，学校図書館の経営顧問となる。1970年に学校図書館の国際組織の設立に関与した。その組織は1971年ジャマイカのキングストンで創設され，ヴィーゼはそこの「ニュースレター」の編集長を1977年の死去の年まで務めた。マリオン・ヴィーゼはアメリカに帰国した数日後に亡くなっている。彼女は，高等学校図書館の組織化にも積極的であり，その方面の論文も多数があり，戦後アメリカの学校図書館の指導者の一人として知られていた。

参考文献：

Lowrie, Jean, “Marion Bernice Wiese” *Pioneers and Leaders in Library Service to Youth*, edited by Marilyn L. Miller, Westport, Libraries Unlimited, 2003, p.245-246.

---

## ゲイヴァー，メアリー (Mary Virginia Gaver, 1906-1992)

ラトガース大学で図書館員養成教育に尽力，学校図書館に関する著書の執筆でも知られる。

メアリー・ゲイヴァーは，1906年12月10日に首都ワシントンで生まれ，6歳の時にヴァージニア州の製粉産業の町ダンヴィルに移住した。好奇心が旺盛なメアリーは，ランドルフ・メイコン女子カレッジで英語と聖書とオルガンを専攻した。1927年にダンヴィルのジョージ・ワシントン高等学校に勤務するが，校長は彼女が図書館の仕事に向いていると見て図書館担当とした。高等学校に勤務する一方で，1932年にはコロンビア大学で図書館学の学士号を取得，1937年に退職してカーネギー財団の支援をうけ，1938年には同じくコロンビア大学で修士号を取得した。1938年から1939年までヴァージニア州の図書館プロジェクトに関わり，1939年から1942年までニューヨーク州のスカースデール高等学校の図書館員として働いている。1942年から1954年までトレントンのニュージャージー州立教員カレッジの准教授として図書館サービスを教えるようになる。この間の1934年から1942年にかけてヴァージニア大学やエモリー大学の客員教授でもあった。ニュージャージー女子カレッジ（後のラトガース大学）のローウェル・マーティンはメアリー・ゲイヴァーに注目して同校に招いたので，彼女は1954年から1971年までラトガースに勤務した。フィールド・ワークやセミナーを基盤としたラトガースの方針は国外でも評価された。ラトガース在職中にアメリカ図書館協会や国際図書館連盟の活動にも積極的に取り組んだ。1960年にヘネが中心となって策定した『学校図書館計画の基準』に協力している。1971年にラトガース大学を退職してからも，故郷のダンヴィルの教会や公共図書館の設立に関わらざるをえなかった。執筆依頼も押し寄せ，一生を働きとおしたまま病気を悪化させ，ゲイヴァーは85歳で亡くなった。ラトガース大学，ニュージャージー図書館協会，ヴァージニア図書館協会はメアリー・ゲイヴァーを表彰したが，ロング・アイランド大学，マウント・ホリョーク・カレッジは名誉文学博士号を授与し，アメリカ図書館協会は「ハーバート・パトナム名誉賞」を，女性全国図書協会は「コンスタンス・リンゼイ・スキナー賞」を彼女に贈って名誉を称えた。

参考文献：

Jones, Milbery L., “Mary Virginia Gaver” *ALA World Encyclopedia of Library and Information Services*, 3rd ed., Chicago, American Library Association, 1993, p.314-315.

Winkel, Lois, “Mary Virginia Gaver” *Pioneers and Leaders in Library Services to Youth*, edited by Marilyn L. Miller, Westport, Libraries Unlimited, 2003, p.77-79.

---

## ヘネ，フランセス (Frances Elizabeth Henne, 1906-1985)

児童図書ならびに学校図書館の専門家として，シカゴ大学とコロンビア大学の大学院で教鞭をとるとともに，シカゴ大学に「児童図書センター」を設立する。

フランセス・エリザベス・ヘネは，1906年10月11日にイリノイ州スプリングフィールドで生まれた。両親はともに医師で，子どもたちの多くも医師となったが，フランセスは1929年にイリノイ大学を出ると，スプリングフィールドのリンカーン図書館に勤務した。館長のマーサ・ウィルソンの勧めで，コロンビア大学で図書館学を学ぶとともに，ニューヨーク公共図書館とオルバニーのニューヨーク州立教員カレッジで働いた。こうした業績を認めたシカゴ大学大学院の図書館学校の学部長ルイス・ラウンド・ウィルソンは，フランセスを講師としてシカゴ大学に招いた。大学で教えるかたわら，1948-49年にはアメリカ図書館協会（学校図書館員部会）の長を務める。1949年に刊行された『若者，コミュニケーション，図書館』は，高等学校の図書館に比べて整備が遅れていた初等教育のための図書館の指導書となった。同じ年に，シカゴ大学で博士号を取得したヘネは，バーナード・ベレルソンを継ぐシカゴ大学の顔となっていった。彼女はドレクセル工科大学からアリス・ブルックス・マッグワィアを招聘して，学内に「児童図書センター」を開設，そこでの『児童図書センター報告』により児童図書の批評を学問的なレベルにまで引きあげた。1954年にコロンビア大学に招かれる。東部の地に戻って，フランセスはいっそうの活力を得ていた。この時期の彼女の最大の功績は，『学校図書館計画の基準』（1960年）である。これは，ノース・カロライナ州のメアリー・ピーコック・ダグラス，ミネソタ州のルース・エルステッド，テキサス州のマーガレット・ワォルレーヴェンなどとともに作りあげた，学校図書館の全国的なガイドラインである。この報告書は学校図書館計画に新たなビジョンをもたらしたもので，図書館資源評議会からは10万ドル，クナップ財団からは113万ドルの支援の申し込みがすぐにあった。1966年にヘネはウェスタン・リザーブ大学の学部長でシカゴ時代からの親友であった図書館学研究者のジェシー・シェラとともに図書館大会で挨拶に立った。フランセスは，出版界とは長い付き合いであり，特にワールド出版，後にヴァイキング出版のヴェルナ・ヴァーナーとは住まいを共有しており，その死に際しては相手の業績を称えあっていた。1975年の引退以後の10年間，彼女はガーデニングと食べ歩きと猫とオペラに生きて，1985年に79歳で亡くなった。フランセス・ヘネが主として活動した時期は図書館界が活況を呈した時期であり，彼女の文章と行動力はそれを充分に立証していた。

参考文献：

Broderick, Dorothy, "Frances Elizabeth Henne" *Voice of Youth Advocates*, 8, 1986, p.358-360.

Sullivan, Peggy, "Frances Elizabeth Henne" *Pioneers and Leaders in Library Services to Youth*, edited by Marilyn L. Miller, Westport, Libraries Unlimited, 2003, p.98-101.

---

## メリル，ジーン (Jean A. Merrill, 1906-1985)

カンザス公共図書館の児童部門をほぼ独力で創りあげる。各種委員も務める。

ジーン・メリルは，1906年4月29日にミシガン州グランド・ラピッツで生まれた。カンザス市立大学を卒業すると，カンザス公共図書館に就職し，ウェストポート分館から始めて，市内のほとんどの地区の分館を歴任した。1944年に研究休暇をとってニューヨークのプラット学院で学び，さらに，ニュージャージー州パサイックで経験を積んでカンザスに戻った。こうした彼女の体験は実り，1946年にはヴェラ・プラウトを継いで児童部門の主任の地位に就く。カンザス州ではすでに1873年から教育局が公共図書館内に勢力を張り，児童図書館もその活動範囲内にあった。これには，独自の活動を妨げられた児童図書館員にとってはいささか不満であった。古い選書意識に抵抗しながら自分の方針を徐々に実現させざるをえなかった。カンザス公共図書館に在職中の間，メリルは児童サービスの理想実現のために戦い続けた。1960年に開館した新しい中央図書館の計画段階から関与し，専用の入り口を持つ児童室を開設する。カンザス公共図書館で実現された彼女の理想は，次第に近隣に，さらには地方に浸透していった。それには彼女の人としての魅力と他人を引き入れる実践上での魅力があった。1957年と1968年にカンザス市で開催された図書館大会の組織委員会の議長も務めている。1960年には「ニューベリー／コルデコット賞選考委員会」の議長であった。健康を損ない，32年間を勤務したカンザス公共図書館を退いたが，その後も土地の図書館活動から離れず，1985年に死去した時は79歳であった。

参考文献：
Breting, Elizabeth, "Jean A. Merrill" *Pioneers and Leaders in Library Services to Youth*, edited by Marilyn L. Miller, Westport, Libraries Unlimited, 2003, p.164-165.

---

## バッチェラー , リリアン・ルイス (Lillian Lewis Batchelor, 1907-1977)

『学校図書館計画の基準』を策定。小学校図書館の組織化に尽くす。

リリアン・ルイスは，1907年11月17日にニュージャージー州カムデンで生まれたが，幼いころの記録はほとんどない。アルバート・カーク・ルイス夫妻の一人娘であり，ハワード・バッチェラーと結婚していた。カムデンで高校を終えると，カムデン無料図書館で6年，次いで，ペンシルヴェニア州のオゴンツ・ジュニア・カレッジ，ペンシルヴェニア州プロスペクト・パークの図書館システムを担当，1937年にはフィラデルフィア学校区でヴォー・ジュニア高等学校の教員兼図書館員，その2年後にはボック工業高等学校で英語科主任兼学校図書館監査役を務めた。1966年からはフィラデルフィア学校区の責任者となったが，リリアンは同時にドレクセル大学(1970年にドレクセル工科大学から改称)の大学院図書館学校の講師でもあった。彼女が図書館界で注目されたのは，1960年にアメリカ図書館協会が刊行した『学校図書館計画の基準』で，ここには彼女の豊富な体験が織りこまれていた。フィラデルフィア学校区が全国的に名を知られたのは，1960年代の半ばに，リリアン・バッチェラーが区内の166校の小学校の図書館を一つのシステムのもとにまとめた点にあった。小学校図書館の組織化は始まったばかりであり，自治体の予算が厳しくなってきたときであって，彼女の計画は斬新なものとして評価された。1967年に引退すると，ドレクセル大学およびペンシルヴェニア大学の同窓会はもちろんのこと，ペンシルヴェニア図書館協会もペンシルヴェニア学校図書館協会も彼女を表彰した。1977年6月にニュージャージー州のモリスタウンで亡くなった際には69歳であった。

参考文献：
Mancall, Jacqueline C., "Lillian Lewis Batchelor" *Pioneers and Leaders in Library Services to Youth*, edited by Marilyn L. Miller, Westport, Libraries Unlimited, 2003, p.15-16.

## ロックハート，エリザベス (Elizabeth Humphrey Lockhart, 1907-1978)

カリフォルニア州の小規模な児童図書館でのサービス活動の充実に独力で取り組む。

エリザベス・ロックハートは，1907年8月27日にニューヨーク州サラトガ・スプリングスで生まれ，20歳でヴァッサー・カレッジを卒業した。1932年にはニューヨークのオルバニーの州立大学でフランス語を習得，1935年には同大学で図書館学を学び，ニューハンプシャー州のジョフレイ公共図書館で勤務を始めた。1938-1941年にはニューハンプシャー州立図書館のブックモビル担当であった。その後ニューヨークに戻ったが，カリフォルニア州プレザント・ヒルで児童図書館の統括責任者を募集していると知ると，西部の地に移住した。小規模の児童図書館ではあったが，8-13歳の子どもたちに読書を教えるところが気に入っていた。折からに,1956年の図書館サービス法は仕事に弾みをつけた。近隣の公共図書館員たちとともに，エリザベスはサービス法の普及に努力を集中し，「ヤング・アダルト・サービス」にはそれほど関心を向けなかった。またカリフォルニア図書館協会の仕事にも没頭している。1950年代，1960年代のアメリカの公共図書館の強みは，こうした地方における献身的な図書館員の努力に負うところが大きかった。エリザベス・ロックハートは，1978年1月に70歳でカリフォルニアで亡くなったが，その温厚な性格は後々まで懐かしまれていたという。

参考文献：

Lockhart, Elizabetrh H., “A Good Book List” *Top of the News*, 19, 1963, p.43-45.
Lockhart, Elizabetrh H., “Cooperative Projects Serve Children and Young Adults” *Wilson Library Bulletin*, 33-9, 1959, p.671-673.
Switzer, Teri R., “Elizabeth Humphrey Lockhart” *Pioneers and Leaders in Library Services to Youth*, edited by Marilyn L. Miller, Westport, Libraries Unlimited, 2003, p.140-141.

## バーリン , エスター・ヴァージニア (Esther Virginia Burrin, 1908-1975)

インディアナ州の小学校図書館のシステム化により名を知られる。

エスター・ヴァージニア・バーリンは，トマスおよびエフィー・バーリン夫妻の4人の子どもの一人として1908年6月にインディアナ州アドヴァンスで生まれた。1927年から1929年までバトラー大学，1929年から1930年までインディアナ大学で学び，1931年にイリノイ大学を卒業している。1945年よりの8年間，エスター・バーリンはインディアナ州の公教育局において，「小学校図書館のシステム化」いう仕事に取り組んだ。この仕事を完成させると，彼女は合衆国教育局で児童ならびに学校図書館担当の検察官となって，1958年から引退の1971年までウェストライン・ジュニア高等学校の図書館長を務めている。この間，夏の期間には，パーデュー大学，インディアナ州立大学，ウェスタン・ミシガン大学，ケンタッキー大学で「学校図書館」の授業を受け持っていた。1975年の死去から数年後に「インディアナ学校図書館員協会」は州内のいずれの学校図書館も応募できる「エスター・バーリン賞」を創設した。

参考文献：

Francisco, M. Virginia, “Esther Virginia Burrin” *Pioneers and Leaders in Library Services to Youth*, edited by Marilyn L. Miller, Westport, Libraries Unlimited, 2003, p.24-25.

## フェンウィック，サラ (Sara Innis Fenwick, 1908-1993)

シカゴ大学大学院において児童・学校図書館関連科目の教育に尽力。アメリカ図書館協会の要請による世界各国の図書館活動の質の向上にも貢献。

サラ・フェンウィックは，1908年12月25日にオハイオ州リマで生まれた。1929年にウェスタン・リザーブ大学を卒業し，1931年には図書館学の免状を得た。ペンシルヴェニア州のウィルクス・バーレの公共図書館で14年働き，最後は児童図書室の主任となる。1941年から1944年まではボルティモアのイノック・プラット無料図書館で児童室の副主任に招かれた。ここの主任のメアリー・ウィルキンソンはその後の一生にわたり良き友人となった。1946年にインディアナ州ゲイリー公共図書館で児童室主任になるとともに，1949年から1956年にかけて，サラはシカゴ大学の実験学校で小学校図書館の実務を体験していた。その後，サラ・フェンウィックはシカゴ大学の大学院で教えるようになる。彼女は1973年の引退時には教授になっていた。彼女には教育と国際活動それぞれで実績がある。1963年の「世界教職者連盟」のリオ・デ・ジャネイロ大会に全国教育協会の代表として出席したこと，1966年にフルブライト研究員としてオーストラリアに赴任していた際にまとめた『オーストラリアにおける学校・児童図書館』が国際活動の成果といえる。さらに，ニュージーランド図書館協会の招きでニュージーランドに，国際図書館連盟の招聘でモスクワの会議に列席した。一方，シカゴ大学の大学院で教えながら，すでに引退した図書館員の再教育も担当している。1974年から，南カリフォルニア大学で教えていたが，その2年後には，音楽を教える妹とともに，ミシガン州の田舎に，次いでフロリダ州セント・ピータースバーグに移り，そこで亡くなった。小柄だったが，そのエネルギーは誰しもが驚くほどのものであった。

参考文献：

Sullivan, Peggy, “Sara Innis Fenwick” *Pioneers and Leaders in Library Services to Youth,* edited by Marilyn L. Miller, Westport, Libraries Unlimited, 2003, p.68-69.

---

## ノードストローム , アーシュラ (Ursula Nordstrom, 1910-1988)

ハーパー・アンド・ブラザーズ出版の児童図書部門の責任者として多数の出版を手がける。特にモーリス・センダックなど才能ある作者や画家を発掘する。

アーシュラ・ノードスロームは，1910年2月1日にニューヨーク市で生まれた。ノースフィールド女子校を出ると，1936年にハーパー・アンド・ブラザーズ出版の編集長ルイーズ・レイモンドのもとで児童出版編集助手として雇われたが，児童図書の刊行はまだ成長期であった。アーシュラが1940年に児童図書の編集者となったのは彼女の編集能力によるが，1960年には副社長兼編集局長にまで昇進していたものの，1973年には児童図書のみの責任者＝上級編集員という肩書に格下げされた。その理由は定かではないがおそらく社内抗争によるものであろう。1979 年に彼女は 43 年間勤めたハーパー・アンド・ブラザーズ出版（1962 年にハーパー・アンド・ロウ出版になる）を自ら退職した。ハーパー・アンド・ブラザーズならびにハーパー・アンド・ロウ出版で彼女が手がけた作者と画家は，列挙するならば，マーガレット・ワイズ・ブラウン，マインダート・デ・ヤング，リリアン・ホーバン，M・E・カー，ルース・クラウス，カーラ・カスキン，ルイーズ・フィッツヒュー，モーリス・センダック，シェル・シルヴァースタイン，ジョン・ステプトー，メアリー・ストルツ，E・B・ホワイト，シャーロット・ゾロトウといった一流の作家＝画家たちであった。特に重要であったのはモーリス・センダックの『かいじゅうたちのいるところ』の発見であり，グロテスクな怪獣の描写にいずれの出版社も手を出さなかった。この作品はその後コルデコット賞を得ていたが，もっともおどろいたのは創作者自身であったという。78 歳のアーシュラはコネティカット州で亡くなったが，その死をみとったのは長年の親友メアリー・グリフィスだけであった。

参考文献：

Corsaro, Julie, "Ursula Nordstrom" *Pioneers and Leaders in Library Services to Youth*, edited by Marilyn L. Miller, Westport, Libraries Unlimited, 2003, p.182-184.

Lanes, Selma G., *The Art of Maurice Sendak*, New York, Abrams, 1980, 278p.

"Ursula & Charlotte"http://www.charlottezolotow.com/ursula_nordstrom.htm（閲覧日：2014 年 2 月 25 日）

---

## アーラーズ，エレノア (Eleanor E. Ahlers, 1911-1997)

ワシントン州シアトルで司書教諭の養成に尽力し，全米にその名を知られる。

エレノア・アーラーズは，1911 年 5 月 16 日に，ワシントン州シアトルで生まれた。英語教師の資格を得た彼女はワシントン州サウス・ベンドで教え，1936 年から 1942 年には同州マウント・バーノンで司書教諭として勤めていた。図書館員を志望して 1942 年にデンバー大学で学士となり，1953 年までワシントン州エバレットで学校図書館員として働く。1948 年にはカリフォルニア大学の夏期講習を非常勤講師として手伝った。1953年にオレゴン大学に図書館学校が開設されると，ここで「カリキュラム開発」を4年間学ぶ。シアトルに戻ったエレノアはすでに司書教諭養成の専門家と見なされていた。ワシントン大学で修士論文を完成し，その後，25本以上の論文を発表するとともに，アメリカ全土とカナダの35の会議で学校図書館の専門家として活動する。彼女が積極的に参加・支援したのは「アメリカ図書館協会（学校図書館員部会）」であり，地元の「ワシントン教育コミュニケーション・技術協会」および「太平洋北東部図書館協会」でも役職者として活躍していた。引退後もエレノアはシアトルに留まり，近隣の公共図書館の活動を支援した。86歳で亡くなったが，ワシントン州学校図書館協会は，すでに1976年に「エレノア・アーラーズ奨学金」を設定していた。

参考文献：

Haycock, Ken, "Eleanor E. Ahlers" *Pioneers and Leaders in Library Services to Youth*, Westport, Libraries Unlimited, 2003, p.1-2.

---

## ベイカー，オーガスタ (Augusta Braxton Baker, 1911-1998)

ニューヨーク公共図書館でストーリーテラーとして名を知られるとともに，児童図書における特定人種に対する差別的な表現を改めさせる。

オーガスタ・ベイカーは，1911年4月1日にボルティモアで生まれた。両親には学校教師の勤めがあり，一人娘のオーガスタは大農場で育てられていた。語り手の名手であった祖母から伝えられた民話の語りの技術を，彼女は一生大事にした。16歳でピッツバーグ大学に入ると，1929年にはジェームズ・ベイカーと出会って結婚する。オーガスタは奨学金でオルバニーのニューヨーク州立教員カレッジに進んだ。彼女が最初に差別を知ったのはここであった。名門校としてのミルン・スクールは黒人の彼女を受け入れず，課外コースに編入された。「フランクリン・ルーズヴェルトがニューヨーク州知事であり，エレノア・ルーズヴェルトは財団の理事であるのに，生徒一人を受け入れられぬはずがない」。抗議の結果，ようやく受け入れられはしたものの，オーガスタはすでに図書館員へと志望を変えていた。1937年に彼女はニューヨーク公共図書館の児童部門のアン・キャロル・ムーアの指揮下であるハーレム地区の分館に配属された。分館は当時8館であった。ストーリーテリングが重視されており，オーガスタはメアリー・グールド・ディヴィスのもとでこの技術を習得して，アフリカの民話の第一の語り手となっていた。オーガスタは実演のため全国各地の公共図書館に呼び出されるとともに，エリン・グリーンとともに『ストーリーテリング：芸術と技術』（1977年）を刊行した。すでに彼女は1946年には「児童にとっての黒人生活の図書」というカウンティ・カレン分館のコレクションの図書解題を編纂しており，その第二版は『児童図書における黒人の体験』として彼女の評価を決定していた。「黒人の人物描写は子どもたちにとって例外なく重要である。芸術家は黒人の子どもを黒い皮膚，黒い髪，平らな顔として描き，ステレオタイプの戯画にしてしまう。自分の顔が嘲笑の的となっているのを見る黒人の少年たちは，深く傷つけられ，敗北を感ずるか反発して反抗的となる。黒人の人物のステレオタイプの描写を目にする白人の子どもたちは，優越を感じ，この歪められた絵を受け入れる」。バンナーマンの『ちびくろ・サンボ』が排斥されたのも彼女の理論がその一因になっていた。こうしたオーガスタ・ベイカーが国内の会議や国際会議で軽視されるはずはなく，彼女は「ホワイトハウス図書館会議」にも出席していたし，重要な国際会議にも出ていた。映像作家モートン・シンデルを児童映画の領域に駆りだしたのも彼女であった。コロンビア大学で10年以上にわたり講義していたほか，ラトガース大学，ネバダ大学でも教えていた。さらに，三冊の児童図書を刊行していた。

1974年にニューヨーク公共図書館からは引退したが，サウス・カロライナ大学の図書館員養成の仕事に取り組み「ベイカーズ・ダズン」と称するストーリーテリングのフェスティバルを主催していた。1994年に二度目に引退する以前から受賞が相次いでいたが，その主なものとしては「ペアレンツ・マガジン賞」（1966），「グロリエ賞」（1968），「コンスタンス・リンゼイ・スキナー賞」（1971），「クラレンス・デイ賞」（1975），「レジナ賞」などがあり，

1980年にはセント・ジョンズ大学から名誉文学博士号を授けられていた。その主張は激しかったが，オーガスタ・ベイカーは誰からも愛された人物であった。

参考文献：

Chepesiuk, Ronald, "Special Report: Master Storyteller" *Wilson Library Bulletin*, 60, 1986, p.28-29.

Cummins, Julie, "Let Her Sound Her Trumpet" *Biblion,* 4-1, 1995, p.106-112.

Shaw, Spencer G., "August Baker" *ALA World Encyclopedia of Library and Information Services*, 3rd ed., Chicago, ALA, 1993, p.100-101.

Smith, Henrietta, "An Interview with August Baker" *Horn Book*, May-June 1995, p.292-296.

---

## ハヴィランド，ヴァージニア (Virginia Haviland, 1911-1988)

ボストン公共図書館において児童図書の充実に努め，その後，合衆国議会図書館に移り，「児童文学センター」の主任となる。児童図書関連の参考図書の編纂に取り組む。

ヴァージニア・ハヴィランドは，ニューヨーク州のロチェスターで生まれたが，幼いころに一家とともにマサチューセッツ州エイムスバリーに移住した。コーネル大学で数学を専攻し，1933年の卒業後，すぐにボストン公共図書館に就職する。この図書館で，主任のアリス・ジョーダンの薫陶をうけて，児童図書を見る眼を養った。1940年にはジョーダンの後をうけて児童室主任となり，コレクションのさらなる充実に努めた。同時にボストンの雑誌『ホーン・ブック』の編集を手伝い，1952年から1963年に至るまでほぼ毎号にわたり書評を寄稿し続けた。1957年から1962年には同地のシモンズ・カレッジでも教えている。一方で1959年から世界のおとぎ話の採集と編集にも取り組み始めた。これは図書館関係の図書も刊行しているバウカー出版の社長フレデリック・メルチャーの勧めによるものであった。このシリーズは，イングランドをはじめとして，フランス，ドイツ，アイルランド，ノルウェー，ロシア，スコットランド，スペイン，ポーランド，イタリア，スウェーデン，チェコ，スロヴァキア，日本，ギリシア，デンマーク，インドの民話，昔話が収録されている。

1963年に合衆国議会図書館の「児童文学センター」の主任と

なった。ここは，ニューヨーク公共図書館の主任であったフランセス・セイヤーズを顧問とし，1940年代より1950年代にかけコレクションの収集にあたっていた。正式にセンター長の地位についたハヴィランドは，ここで児童図書の包括的な参考図書の編纂に取り組む。『児童文学：参考図書案内』は，1966年に刊行され，その後，補遺版が1972年および1977年に刊行された。児童図書選書の必須の参考図書と見なされている。1981年まで議会図書館に勤務したが，ボストン公共図書館の時代からほとんど勤務を休むことがなかったといわれる。76歳の生涯を図書館への奉仕に捧げた。ハヴィランドは，世界各国を歴訪するとともに，ニューベリー／コルデコット賞の選考委員会議長，国際アンデルセン賞の代表など，国際的な団体や賞の授与にも関係していた。

参考文献：

Commire, Anne, "Virginia Haviland" *Something about the Author*, v.6, 1974, p.105-107.

Coughlan, Margaret N., "Virginia Haviland " *Horn Book*, 64, 1988, p.407-408.

Weeks, Brigette, "Virginia Haviland: The Lady at the Library" *Washington Post*, November 7, 1976.

Zoppa, Linda, "Virginia Haviland" *Pioneers and Leaders in Library Services to Youth*, edited by Marilyn L. Miller, Westport, Libraries Unlimited, 2003, p.93-95.

---

## カーラン，アーヴィン (Irvin Kerlan, 1912-1963)

図書館員ではなかったが，児童図書の総合コレクションを死後に残し，ミネソタ大学に遺贈して知られる。

アーヴィンは，1912年9月12日にミネソタ州セント・クロウドで生まれた。ポーランド人の父はケルランスキという姓をカーランに変えていたが，7か国語をしゃべれたという。音楽好きな母は，8人の子どもができるごとに一曲ずつを作曲していた。アーヴィンが高校生の時に父親が亡くなったが，二人の兄はすでにミネソタ大学で医学と歯学を学んでいた。アーヴィンもミネソタ大学に入り，1934年には医学博士，1939年には公衆衛生学の資格を得ていた。ケンタッキー州アシランドのボイド・カウンティ健康局の衛生局副所長を務めた後，首都ワシントンに移住してそこに定着した。彼は1939年より1952年まで連邦医官であり，

1952 年から 1954 年には研究開発局の所長，1954 年から 1962 年には合衆国食品・薬物管理局の長官であった。心臓病のため 1962 年に食品・薬物管理局の名誉賞を受けて引退したアーヴィン・カーランは，その後，医学・公衆衛生学のコンサルタント，講師として仕事をするかたわら，趣味である「児童図書の収集」に没頭した。最初は一般の稀覯書の収集を考えたが，忙しいのと給与収入の範囲内では限度があるため，彼はじきにそれが無理であると分かった。友人の侍医は静かな趣味を勧め，たまたま児童図書の収集が世間ではまだあまり手がけられていないことを知り，1945 年からコレクションの収集にのりだした。まず，初年度ニューベリー賞の受賞作（1922）とコルデコット賞の受賞作（1938）の限定版を入手すると，彼の収集熱に火がついた。カーランは外国語の児童図書にも手を伸ばした。食品・薬物管理局の長官として，各地に赴いた際には，その地の作家・画家にも会った。未完成の作品も書簡類も収集の対象となっていた。ワシントン市のリッグス・プレイスに石造の邸宅兼保存倉庫を確保し，作家たちにはタイプライターによる文章でなく，手書きの原稿を求めるまでとなった。応接間に隣接して「宝の部屋」があり，ここには作家の自筆献呈本があった。カーランは食通でもあり，作家たちを招いて，食事とともに児童文学を語るのを至福の時としていた。しかし，1963 年 12 月 28 日に彼は交通事故で市内で亡くなった。まだ 51 歳の若さであった。コレクションはすでに決められていたとおり，ミネソタ大学に遺贈された。コレクションには 9000 冊余の図書，180 本の原稿その他があり，1991 年には 5 万冊に達していたコレクションは 3 年がかりの世界各国の展示の旅に出ていた。ミネソタ大学のカーラン・コレクションはいまなお児童文学研究者に利用されている。

参考文献：

Hoyle, Karen Nelson, “Irvin Kerlan” *Pioneers and Leaders in Library Services to Youth*, edited by Marilyn L. Miller, Westport, Libraries Unlimited, 2003, p.125-127.

Opstein, Juanita Pacifico, “Man Behind the Irvin Kerlan Collection” *Gopher Grad*, 58, 1959, p.4-7.

Sullivan, Peggy, “A Tale of Washington Irvin” *Horn Book*, 1961, p.288-289.

## マクエルダリー，マーガレット (Margaret K. McElderry, 1912-2011)

図書館員，出版社員，教員，児童文学の研究者として活躍。母と子の読書における「おとぎ話」の効用について研究，児童文学の継承についての論考も刊行する。

児童文学の出版は，ルイーズ・シーマン・ベクテルが 1919 年にマクミラン出版で児童図書部門の責任者となったのを皮切りに，一挙に加速し，ハーパー・アンド・ブラザーズ出版やヴァイキング出版がこれを追い，メイ・マシー，アーシュラ・ノードストロームがそれぞれの出版社の担当部門で活躍し始めた次第はすでに述べた。しかし，この児童図書出版興隆の様相は，母と子が読み聞かせの読書でつながっていた時にはすでに一つの動きとして定着を見ていた。アンドリュー・ラングは，その連作の童話集を編纂するにあたって，多数の母親が集めていた昔話やおとぎ話の材料を使っていた。ラングのみならず，グリム兄弟でさえ，農民女性から材料を得ていた。こうした児童文学の「母系の伝統」を研究主題として取り組んだのがマーガレット・マクエルダリーであった。彼女は，カーネギー図書館で学び，その後，ニューヨーク公共図書館のアン・キャロル・ムーアのもとで修行した。1945 年にハーコート・ブレイス出版の児童図書編集者となる。そこで彼女はメアリー・ノートンの小人シリーズやスーザン・クーパーの「闇の闘い」シリーズの第一作などを担当した。スーザン・クーパーとは個人的な付き合いもあり，二人はオーストラリアとニュージーランドに旅行している。作家のパトリシア・ライトソン，ジョーン・フィプソンなどとも交流していた。1972 年にハーコート・ブレイス出版を退職後，出版社を立ち上げ，児童図書の編集を続けた。マウント・ホリョーク・カレッジで教えたこともある。自らも創作を手がけていたマーガレットの手法は，有望な作家とともに暮し，その創作技術を互いに磨きあげる点にあった。彼女は児童文学の継承について関心を持ち，その専門家としても活躍した。マーガレットは，2011 年 2 月 14 日にニューヨークの自宅で亡くなった。98 歳であった。

参考文献：

Fuller, M., “Margaret K. McElderry of Harcourt, Brace and Company” *Publishers*

*Weekly*, 154(18), 1948, p.1887-1890.
Hearne, Betsy, "Margaret K. McElderry and the Professional Matriarchy of Children's Books" *Library Trends*, 1996, p.754-775.
Martin, Douglas, "Margaret K. McElderry, Children's Book Publisher, Dies at 98" http://www.nytimes.com/2011/02/16/arts/16mcelderry.html（閲覧日：2014年12月20日）
"Margaret K. McElderry Dies at 98" http://www.publishersweekly.com/pw/by-topic/authors/obituaries/article/46150-margaret-k-mcelderry-dies-at-98.html（閲覧日：2014年11月23日）

---

## マハー，メアリー・ヘレン (Mary Helen Mahar, 1913-1998)

アメリカ図書館協会の学校図書館員部会の活動に尽力。『学校図書館計画の基準』の作成者としても知られる。

メアリー・ヘレン・マハーは，1913年にニューヨーク州シェネクタディで生まれた。オルバニーのニューヨーク州立教員カレッジで学んでから，コロンビア大学で1950年に修士号を取得すると，1952年と1953年にはコロンビア大学の図書館学校で教えた。彼女は常に学生個人との対話を重視していた。1954年にはアメリカ図書館協会の依頼により「学校図書館員部会」の書記を引き受けた。1960年にはヘネやエルステッドとともに『学校図書館計画の基準』の策定にあたった。メディア関連の資料の利用をめぐって論争が起こっていたが，メアリーはその人柄により常に解決を図っていた。1963年には学校図書館員部会の連携員に任命されて，1965年の初等・中等教育法を議会で通過させている。1998年に85歳でアルツハイマー病のため，コネティカット州シャロンで亡くなった。

参考文献：

Miller, Marilyn L., "Mary Helen Mahar" *Pioneers and Leaders in Library Services to Youth*, edited by Marilyn L. Miller, Westport, Libraries Unlimited, 2003, p.145-147.

---

## マーティン，アリー (Allie Beth Dent Martin, 1914-1976)

図書館員，編集長，ならびに各種委員として，アーカンソー州とオクラホマ州，さらには全米の図書館界に貢献する。

アリー・ベス・デント（旧姓）はカールトンおよびエセル・デントの長女として，アーカンソー州アニーヴィルの寒村で生まれた。ベイツヴィルで幼い日々を過ごすと，アーカンソー・カレッジで英語を専攻し，図書館のために学生助手を務めた。1935年に学位を取得すると，ベイツヴィルの最初の公共図書館を独力で立ちあげていた。1936年にリトル・ロック・ジュニア・カレッジの図書館員となり，1937年には新たに創設されたアーカンソー図書館委員会の事務担当となる。同年にジャーナリストのフランク・マーティンと結婚して退職するが，1939年にジョージ・ピーボディ・カレッジの図書館学校で学位を取得した。ミシシッピー地区の図書館の館長を務めた後，1942年にアーカンソー図書館委員会の仕事に戻った。1945年にアーカンソー図書館委員会の委員長に選ばれるとともに機関誌『アーカンソー図書館』の編集長にもなった。夫が研修のためニューヨークに出ると，アリー・マーティンはコロンビア大学に入り，1949年に修士号を取得する。1949年には夫の仕事の都合でオクラホマ州タルサに移り，彼女はタルサ公共図書館で働くことになった。1950年から1961年まで児童部門を担当している。1916年にカーネギー財団の支援で設立されたタルサ中央図書館はこの当時すでに蔵書があふれていた。マーティンは新しい建物と図書館システムの改革の必要性を市民に訴えた。1961年にこのための資金として380万ドルを拠出することが可決された。マーティンは新しい中央図書館の建設と20の分館を持つ公共図書館システムの構築と図書館全体を市民が誇りとしうる文化と情報の場に作りかえる計画に取り組む。1963年に図書館システム全体の統括責任者となった。一方で，1953年から1954年にはオクラホマ図書館協会の機関誌『オクラホマ図書館員』の編集を手伝い，1955年にはオクラホマ図書館協会の会長に選出された。オクラホマ大学の図書館学校の講師，アメリカ図書館協会『ライブラリー・ジャーナル』の書評家の役目も定期的に続けて担当した。1975年にサンフランシスコ大会において図書館協会長に選任される。1976年4月11日に亡くなったが，その2週間前まで会長とタルサ公共図書館システムの責任者としての仕事をしていた。娘のベッチー・パイパーも，その息子と娘二人も図書館員であった。図書館の職に対するアメリカ人の信頼と哲学は守り通されていた。1976年7月20日のアメリカ図書館協会の100周年記念大会ではアリー・マーティンの名前が特に顕彰されている。遺骸はタルサのユニテリアン教会に葬られた。アリーの生前の趣味は旅行と料理で客をもてなすことであった。

参考文献：
Cooke, Eileen D., "Eileen Beth's Spirit Carries in Work for White House Conference" *American Libraries*, 7, 1976, p.441.
Fontaine, Sue, "Alice Beth Martin- A Tribute" *Library Journal*, 101, 1976, p.1161.
Kennedy, Frances, "Allie Beth Dent Martin" *Pioneers and Leaders in Library Services to Youth*, edited by Marilyn L. Miller, Westport, Libraries Unlimited, 2003, p.148-150.
Woodrum, Pat, "Allie Beth Martin" *ALA World Encyclopedia of Library and Information Services*, 3rd ed., Chicago, ALA, 1993, p.543-544.

---

## カルプ，マーガレット (Margaret Ellen Kalp, 1915-1978)

ノース・カロライナ大学で児童図書館員，学校図書館員を育てる。アメリカ図書館協会「学校図書館員部会」の活動でも知られる。

マーガレット・カルプは，1915年にニューヨーク州ミドルタウンで生まれた。1936年にダグラス女子カレッジ（その後にニュージャージー女子カレッジとなる）で英語学と図書館学を学ぶ。さらに1942年にはミシガン大学で図書館学の修士となり，その後シカゴ大学大学院の博士課程で断続的に研究を続けていたが，博士号には結びつかなかった。一方で，1946年にテネシー州ナッシュヴィルのピーボディ・カレッジで教え，翌年にはチャペル・ヒルのノース・カロライナ大学に奉職した。1955年に准教授に昇格している。ここで児童図書館・学校図書館関連の科目を30年間担当した。彼女の授業は人気の的で，100名もの学生が出席していた。1964年から1967年にかけて学部長代理，1973年から1976年にかけて学部長補佐も務めている。その他に彼女が熱心に取り組んだのが，州・地域・国内の図書館協会の強化である。アメリカ図書館協会では「学校図書館員部会」の理事として認められており，長く役員に留まっていた。また国内の「公民権運動」が本格的に始まる前より早くから人権問題に取り組んでいた。1977 年に 62 歳で引退を表明して周囲を驚かせる。彼女は気鋭の教育・研究者であり，図書館関係の専門誌に継続的に執筆していたからであった。引退の理由は，大学外ですることがまだあるとの理由であったが，皮肉にも引退から一年後に亡くなっている。残されていた遺産はノース・カロライナ大学の図書館情報学科に寄付され，彼女の名前を冠した奨学金も設けられた。大学の発展途上の時期に，マーガレット・カルプの果たした役割はきわめて大きかった。

参考文献：


Bomar, Cora Paul, “Margaret Ellen Kalp” *Pioneers and Leaders in Library Services to Youth*, Westport, Libraries Unlimited, 2003, p.122-124.

“Supporting Students (UNC School of Information and Library Science)” http://sils.unc.edu/giving/support-students（閲覧日：2014 年 12 月 20 日）


---

## ゾロトウ，シャーロット (Charlotte Shapiro Zolotow, 1915-2013)

ハーパー・アンド・ロウ出版の児童図書部門の責任者として多数の作品の刊行を手がける。自らも多数の児童図書を執筆，長く活躍した。

シャーロット・ゾロトウ（旧姓シャピロ）は，1915 年 6 月 26 日にヴァージニア州ノーフォークで生まれた。ユダヤ教を信仰していた。1933 年より 1936 年にかけウィスコンシン大学で学ぶ。1938 年に作家のモーリス・ゾロトウと結婚，1969 年には離婚している。1938 年よりハーパー・アンド・ブラザーズ出版（後にハーパー・アンド・ロウ出版，ハーパーコリンズ出版となる）に入社し，アーシュラ・ノードストロームの指導のもとで児童図書編集に携わった。編集者として多数の作品の刊行を手がける一方で，自らも執筆を始め，1944 年に第一作が出版されている。ゾロトウは，幼い子どもたち同士，または，子どもと動物の心の交流を描き，多作であるとともに人気の高い創作童話作家であって，40 年以上にわたり 40 冊以上を執筆した。一方で，編集者としての仕事にも従事し，1976 年にハーパー・アンド・ロウ出版の副社長となっている。1981 年には独立して「シャーロット・ゾロトウ出版」を設立した。コロラド大学の講師も務め，娘も童話作家として活躍している。

参考図書：
Zolotow, Charlotte, "Interview with Jean Mercier" *Publishers Weekly*, June 10, 1974, p.8-9.
Zolotow, Charlotte, "Writing for the Very Young" *Horn Book*, September-October, 1985, p.536-540.
"The Official Charlotte Zolotow Web Site"http://www.charlottezolotow.com/（閲覧日：2014 年 5 月 27 日）

---

## グレイジアー , マーガレット・ヘイズ (Margaret Hayes Grazier, 1916-1999)

ウェイン州立大学において学校図書館員の養成に力を尽くす。

マーガレット・ヘイズは，1916 年 12 月 19 日にコロラド州デンバーで生まれた。1937 年にノーザン・コロラド大学を卒業し，1938 年にデンバー大学で図書館学の免状を取得，1941 年にノーザン・コロラド大学で教育学の修士号を取得している。教育を受けるかたわら，1939 年からはコロラド州グリーレイの図書館員ならびに学校図書館の監督官として働いた。1942 年から 1945 年まではイリノイ州のレイク・フォレスト高等学校の学校図書館員であった。同 1945 年にはミシガン州バトル・クリークにおいてケロッグ財団の要請で図書館顧問も務めている。1946 年にデンバー大学に移ると，最初は大学図書館で働いていたが，1948 年に准教授となった。この時期に彼女はシカゴ大学でフランシス・ヘネの指導のもとで博士号を目指す。博士論文は完成しなかったが，シカゴ大学で客員講師さらに客員准教授として働いた。ここで未来の夫となるウェイン州立大学の図書館長であったロバート・グレイジアーに出会っている。マーガレットは 1957 年にロバートと結婚した。

キャリアも順調で，1956 年にミシガン州バーミンガムのダービー高等学校の図書館長に，1961 年にはグレーブス高等学校の図書館長となった。この間，ミシガン大学の図書館学関連の夏期講習も手伝っている。1965 年に夫が勤めるウェイン州立大学の准教授となる。その後のキャリアも順調に推移し，合衆国教育局の顧問，H・W・ウィルソン出版の相談役となっていた。ウェイン州立大学の教授となったのは 1972 年であった。彼女は学校図書館員による資料の評価を重視していた。新たな時期への対応が差し迫っているとの見解を論じた彼女の論文「高等学校の変革」はリプリントで広く回覧されている。また彼女は図書館学の教育自体をも批判していた。このままでは重複が多く，必ずや衰微するとの彼女の論拠には説得力があった。1983年に引退するまでウェイン州立大学で働くかたわら，全米の各種団体でも名を馳せていた。特に「ミシガン・メディア教育協会（MEME）」では，1981年に会長を務めるなどその活躍は知られていた。1999年にミシガン州のデトロイトでガンにより亡くなると，多数の表彰が殺到した。夫のロバートは同年に「マーガレット・ヘイズ・グレイジアー図書館情報学奨学基金」を設立した。

参考文献：

Hopkins, Dianne NcAfee, “Margaret Hayes Grazier” *Pioneers and Leaders in Library Services to Youth*, Westport, Libraries Unlimited, 2003, p.83-85.
Rancilio, James, “MAME's New President” *Media Spectrum*, 8, 1981, p.6.

---

## イザード，アン・レベッカ (Anne Rebecca Izard, 1916-1990)

ニューヨーク州内の公共図書館で児童図書館活動に力を尽くす。傑出したストーリーテラーとして知られる。

ノース・カロライナ州ヘンダーソン生まれのアン・レベッカ・イザードは，故郷のダラムのデューク大学で英文学を専攻した後に，ボストンに出て，1940年にシモンズ・カレッジで図書館学を学んだ。シモンズは小規模ながらもこの分野ではすでに多くの優れた先輩を輩出していた。シモンズを出ると，ニューヨーク公共図書館のアン・キャロル・ムーアに呼ばれてその助手となった。すでに児童コレクションの最大の拠点であり，児童図書館活動の中心的存在となっていたニューヨーク公共図書館に呼ばれたのは，ひとえに彼女のストーリーテリングの才能が認められたからであった。イザードのストーリーテリングは，その声の質の良さに特質があり，レパートリーも幅が広かった。その後，彼女はニューヨーク州内のいくつかの公共図書館を歴任する。1959年にはニューヨーク州ウェストチェスター地区の図書館主任となり，ここに1976年まで勤務していた。彼女は地域の社会活動にも積極的であり，土地の様々な集会に参加し，児童読書への関心を市民のなかに植えつけていた。児童の読書に対する彼女の哲学は，単なる資料の仲介者ではなく，少しでもレベルの高いものを与えることで，相手の知的な成長を促進する点にあった。イザードは，動画メディアについても進歩的な考えを持っていた。テレビ番組を拒否せず，児童向けの映画製作にも協力していた。1968年に日本からウェストチェスターを訪れ，イザードのストーリーテリングに魅せられた学校教師ミツエ・イシタケに対しては，親切にその芸を指導した。この相手は1972年には数人の仲間を率いて，再度ウェストチェスターを訪問し，熱心にストーリーテリングを学んで帰国していた。ニューヨーク図書館協会の会合にも進んで参加し，自分の体験を語っていた。1990年にガンで亡くなったイザードは，生前のその精力的な活動と持ち前の親切心で多くの人から惜しまれていたが，それは，ニューイングランドで育ったアメリカ人の進取の気性によっていたのであろう。『ニューヨーク・タイムズ』紙に死亡記事を掲載したジュディス・マリンは「彼女はわたしに本の魔力を楽しむすべを教えてくれた」と書いていた。

参考文献：

Smith, Karen Patricia, “Anne Rebecca Izard” *Pioneers and Leaders in Library Services to Youth*, edited by Marilyn L. Miller, Westport, Libraries Unlimited, 2003, p.110-111.

---

## スリグレイ，サラ (Sara Srygley, 1916-1991)

フロリダ州立大学での教育を長年にわたって支える。州内の学校図書館の発展に力を尽くす。

サラは，1916年1月21日にフロリダ州ミルトンで，5人の子どもの一人として，イサークおよびファニータ・クレンツマンの家庭に生まれた。タラハシーのフロリダ州立女子カレッジとヴァージニア大学で学ぶと，1936年にはフロリダ州ゼフィールヒル高等学校の英語教師兼図書館員となり，その翌年にはフロリダ州レイク・シティのコロンビア高等学校の図書館長となった。図書館学の学位は，1948年のコロンビア大学の修士であった。1951年にサラはセオドア・スリグレイと結婚したが，夫にはすでに4人の子どもがいた。1941年に彼女はフロリダ州立女子カレッジ（第二次世界大戦後にはフロリダ州立大学に改称）に勤務し，同時に准教授として教え始めた。後に教授に昇格し，引退時には名誉教授であった。主要著作は『教育メディア，指導技術，図書館サービスの管理』であって，ここには精力的な仕事を成し遂げた彼女とその読書の幅が示されていた。フロリダ州立大学の教職に専念しただけでなく，彼女は地域社会への貢献も忘れず，タラハッシー児童博物館の設立に尽力し，その理事長でもあった。1976年に引退すると，フロリダ州立大学は「サラ・K・スリグレイ講演シリーズ」を設定した。1991年に75歳で死去した際，彼女はフロリダ州立大学の名誉会員クラブの会長であった。

参考文献：

Mann, Elizabeth B., “Sara Srygley” *Pioneers and Leaders in Library Services to Youth*, Westport, Libraries Unlimited, 2003, p.231-232.

---

## ホワイトナック，カロリン (Carolyn Irene Whitenack, 1916-1984)

メディア教育の専門家として，学校図書館員の養成に力を尽くす。

カロリン・イレーヌ・ホワイトナックは，1916年4月20日にケンタッキー州ハロッズバーグで生まれた。ケンタッキー大学で英語の免状を取得すると，1934年から1947年までに6回の転職を重ねた。1947年にはケンタッキー大学で図書館コースを習得して，同州ルイヴィル地区の学校図書館の目録担当となる。インディアナ大学で修士の学位を取得したのは40歳の時であった。その後，インディアナ州ウェスト・ラファイエットのパーデュー大学に1979年まで勤務した。彼女は「図書館は学校教育の要であるが，図書館にあるメディアを効果的に使わせるには教師の助けが要る。メディア教育において重要なのはメッセージであって，メディアそのものではない」と語っている。1968年にアメリカ図書館協会のもとで，アラバマ州ノーマルのA&M大学でメディア専門家の養成に着手した。この際に設けた基準は，学校図書館のメディア要員を律する規律として受け継がれている。(1)仕事に没頭できること，(2)理解しうる能力，(3)協力の態度，(4)建設的な性格, (5)良心的な人柄, (6)勇気ある人物，である。メディア専門家としてのきわめて一般的な資質の表明ではあるが，学校図書館を指揮してゆく者を養成する方針として，各地で受け入れられた。ホワイトナックは講演のため国内各地に呼び出されていた。引退して故郷の地で1984年に亡くなったが，彼女自身がもっとも基準に沿う人物であった。

参考文献：

Witucke, Virginia, “Carolyn Irene Whitenack” *Pioneers and Leaders in Library Services to Youth*, Westport, Libraries Unlimited, 2003, p.242-244.

---

## ポルテウス，エルノーラ・マリー (Elnora Marie Portteus, 1917-1983)

ケント州立大学において児童図書館・学校図書館関連の科目を担当。メディア・サービス担当官として，クリーブランド公共図書館ネットワークの組織化に力を尽くす。

エルノーラ・ポルテウスは，1917年にウィスコンシン州ローゼンデールで生まれた。1941年にオシコシ州立カレッジを卒業して，クリーブランドの連邦準備銀行で参考調査業務を担当した後，教職に入るため1954年にウィスコンシン大学で修士の学位を取得した。1949年から10年間はオハイオ州フィンドレイのドネル短期カレッジの図書館員であった。教職への志望は，1958年にケント州立大学図書館学校の講師となってようやく実現した。ここで彼女は児童と若者にかかわる科目のほとんどすべてを任された。1965年にはクリーブランド公共図書館網のメディア・サービス担当官にも選ばれ，この仕事は引退の1981年まで続け，クリーブランドに117の学校図書館を開設し，アメリカ図書館協会（学校図書館員部会）からは「ブリタニカ百科事典賞」を授与されていた。エルノーラは，地域ならびに全国の図書館員の会合をまとめあげ，いくつものセミナーやラウンド・テーブルを組織していた。論文の執筆も何点かあった。後々に残る業績としては，1959年に編纂した詳細な参考図書『児童文学の領域における賞』がある。66歳でオハイオ州のケントで亡くなったが，この地には夫のポールとともに1957年より暮らしていた。

参考文献：
Smith, Karen Patricia, "Elnora Marie Portteus" *Pioneers and Leaders in Library Service to Youth*, Westport, Library Unlimited, 2003, p.191-192.

---

## チザム，マーガレット (Margaret Elizabeth Chisholm, 1921-1999)

メリーランド大学においてメディア教育に尽力する。アメリカ図書館協会の会長も務める。旅行家としても知られる。

マーガレット・チザムは，旧姓バーグマンとしてミネソタ州グレイ・イーグルで生まれた。冒険に対する好奇心は早くから発揮された。幼くしてマーガレットは飛行機に魅せられた。彼女の英雄は大西洋横断のリンドバーグであった。セント・クロウド大学で彼女は同級生のジョン・レインと結婚し，二人の娘を生んでいる。二人の娘はいずれも図書館員になった。雑貨店で働いて家庭を支え，1957 年にはシアトルのワシントン大学を卒業して，エバレットのヴュー・ブリッジ小学校に勤務した。夫と死別した後，1966 年にワシントン大学で，娘のナンシーはオレゴン大学で，ともに修士号を取得した。同年にマーガレットはニューメキシコ州のロバート・チザムと再婚し，アルバカークに移住して，ニューメキシコ大学の准教授となった。1969 年にはメリーランド大学の図書館情報カレッジで教えるようになり，ヴァージニア州アーリントンに居を構える。1992 年に引退するまで，メディア教育の担当者として，教職と著作に専念した。この間に彼女は，専門家として政府の会議に出席し，グアダラハラ，ジンバブエの図書展に協力していた。1983 年にはメリーランド大学の学部長となり，1987 年にはアメリカ図書館協会の会長に選出された。好奇心が消えることのないマーガレットは，1992 年の引退以前から世界各地を旅行し，南極やシベリアからアフリカ，オセアニアでは，探検家同様にあらゆるところに足跡を残し，趣味で貝殻を集めていた。彼女のもう一つの趣味は「19 世紀以前の児童図書」の収集で，幅広く集められていた。1999 年にカリフォルニア州サラトガで亡くなったが，彼女の遺志により遺灰はオーストラリアの「グレイト・バリアー・リーフ」に散布された。

参考文献：
Sheldon, Brooke E., "Margaret Elizabeth Chisholm" *Pioneers and Leaders in Library Service to Youth*, Westport, Library Unlimited, 2003, p.30-32.

---

## ハットフィールド，フランセス (Frances Stokes Hatfield, 1922-1987)

フロリダ州で広域サービスを受け持って，地域の学校図書館にメディア教育の普及を試み，その成功例を全米に知らせる。

フランセス・ハットフィールドは，1922年2月2日にジョージア州テニルで生まれた。1943年にフロリダ州立女子カレッジで科学分野を専攻し，1949年に同カレッジで図書館学の修士号を取得している。すでに1947年にはフロリダ州ブラワード・カウンティ学校区の教育資材管理者に指名されていた。州内で2番目に大きいこの教育資材局で，彼女は38年間ここでの視聴覚資材の充実に努めた。1970年代までにほぼすべての学校図書館をメディア・センターとして補強しており，その名は南東部の諸州で知られるとともに，メリーランド大学での夏期講習により全米にも及んでいた。1972年にアメリカ図書館協会（学校図書館員部会）の部会長に選ばれたのは当然の選出である。精力的なフランセスは，任された任務一筋に取り組んでおり，65歳で引退した時には精力が尽き果てたのであろう。その翌年に人知れずひそかに亡くなった。

参考文献：
Kulleseid, Eleanor R. and Klasing, Jane P., "Frances Stokes Hatfield" *Pioneers and Leaders in Library Services to Youth*, Westport, Library Unlimited, 2003, p.90-92.
Srygley, Sara Krenzman, "President's Profile" *School Libraries*, 21, 1971, p.6-7.

---

## ロロック，バーバラ (Barbara Therese Rollock, 1922-1992)

ニューヨーク公共図書館における児童図書館の統括責任者として，この図書館の伝統を守り，多数の分館の活動を支える。

バーバラ・ロロックは，ニューヨークの生まれであるが，ブリティッシュ・ギネアにいた祖父のもとで育てられた。6歳で父母のもとに戻ったものの，周囲には知り合いがおらず，図書館員が話し相手であった。ハンター・カレッジで古典を学び，ニューヨーク公共図書館で働きながら，コロンビア大学で図書館学の修士号を取得している。1965 年にブロンクス地区の児童担当主任になるまで，彼女はマンハッタンとブロンクスの 10 数館の分館で勤務した。1974 年にオーガスタ・ベイカーが引退した後をうけて，児童図書館を統括する立場になる。1987 年の引退の際には，マンハッタン，ブロンクス，スターテン島の 82 の分館を管理する立場にいた。彼女はこの最大規模の公共図書館システムを 30 年以上にわたって見守っていた。彼女の職業哲学は，読書の重視，特に黒人文学作品の愛好であり，ストーリーテリングの実践であった。こうした面でバーバラはニューヨーク公共図書館の直系の弟子であった。またロロックは前任者ベイカーのいくつかの仕事を引き継いでいた。その一つは「ジェームズ・ウェルドン・ジョンソン記念コレクション」ならびに「その図書リスト」の編纂であって，それは黒人文学作品の集成であった。コレクションは，ハーレムの 135 番街分館が所蔵していたが，ロロックはこれを拡充した。併せて図書リストも増補して，1974 年と 1979 年に改訂し，1984 年には『児童図書における黒人の体験』の書名による改良版を刊行していた。バーバラ・ロロックは，自らの職業記録を記した自伝的な著書を 2 冊書き残している。

参考文献：

Cummins, Julie, “Barbara Therese Rollock” *Pioneers and Leaders in Library Services to Youth*, Westport, Library Unlimited, 2003, p.204-205.
Rollock, Barbara, *Public Library Services for Children*, New York, Garland, 1988.

---

## フレミング，フランセス (Frances O. Fleming, 1924-1981)

アメリカ図書館協会（学校図書館員部会）『学校図書館』の索引を 1963 年より死去する 1981 年まで担当し続ける。

フランセス・フレミングは，1924 年にワシントン州ケルソで生まれ，アリゾナ州のフェニックス・カレッジで政治学を専攻した後，1950 年にロサンゼルスの南カリフォルニア大学で図書館学の修士号を取得した。1948 年から 1957 年にかけてはアリゾナ州フェニックスで小学校の図書館員であったが，1957 年にはドイツで，1960年まではフランスのパリで合衆国陸軍の図書館員として働いた。1962年にアメリカに帰り，メリーランド州ボルティモアの州教育局の図書館監督官となる。この間，フランセスは各地の図書館協会で要職を歴任していた。アリゾナ図書館協会では副会長であり，雑誌『アリゾナ図書館』の編集長，1965年からはアメリカ図書館協会の「ヤング・アダルト図書館サービス部会」の部会長となっていた。アメリカ図書館協会（学校図書館員部会）の機関誌『学校図書館』の索引は1963年に自ら申し出て引き受けていた。1966年に『学校図書館』の編集長ジョン・ローウェルが引退するにあたり，雑誌の編集責任をフランセスに任せた。彼女はアメリカ図書館協会の出版部長でもあり，さらに忙しくはなっていたが，1981年に57歳でガンで亡くなるまでその責任を放棄しなかった。

参考文献：

Stack, Jack, “Frances O. Fleming” *Pioneers and Leaders in Library Services to Youth*, Westport, Library Unlimited, 2003, p.72-73.

---

## ウッドワース，メアリー (Mary Lorraine Woodworth, 1926-1986)

ウィスコンシン大学における「学校図書館」ならびに「ヤング・アダルト・サービス」に関する教育・研究で名を知られる。

メアリー・ウッドワースは，1926年6月26日にウィスコンシン州リッチランド・センターで生まれた。マディソンのウィスコンシン大学では教育学を専攻した。1952年に彼女は教職を去って，合衆国空軍に勤務し，1953年には教育・情報少尉となった。1956年にマディソンに戻り，ウィスコンシン大学の実験施設であるウィスコンシン高等学校の教育資材センターに勤め，プラットヴィルのウィスコンシン大学の非常勤講師を兼任する。博士号を目指したが，図書館学校から学位への道は開かれていなかったため，教育学部に再入学し，1968年にようやく目的を達した。すでに1956年から1964年にかけて，彼女はウィスコンシン大学付属高等学校に勤務して学校図書館の世界で名を知られていた。1966年より同大学の教育学部講師，1970年に准教授，1978

年には教授に昇格した。専攻は「ヤング・アダルト文学史」，「学校図書館経営」，および「知的自由」であった。そのうえで彼女は博士論文に取り組むとともに，州内および国内の各種図書館協会でも活躍し始めた。1962年にはウィスコンシン図書館協会の学校図書館員部会と知的自由委員会の議長，アメリカ図書館協会の学校図書館員部会とヤング・アダルト図書館サービス部会の理事他を兼務していた。1970年代のウッドワースは，ヤング・アダルトの知的自由の問題の権威であって，1976年には『知的自由：ヤング・アダルトと学校』を刊行して，公立高校における若者の意識を指摘していると評価された。1980年以降は持病で苦しんだが，教職と委員会の任務だけは放棄しなかった。亡くなった時は59歳であった。

参考文献：
Broderick, Dorothy, "Give 'Em Hel Mary" *Voice of Youth Advocates*, 13, 1990, p.207-208.
Eaglen, Audrey B., "The Warning Bookmark: Selection Aid or Censorships" *Library Acquisitions*, 3, 1979, p.65-71.
Hopkins, Dianne McAfee, "Mary Lorraine Woodworth" *Pioneers and Leaders in Library Services to Youth*, Westport, Library Unlimited, 2003, p.255-257.

---

## ジョンソン，メアリー・フランセス (Mary Frances Kennon Johnson, 1928-1979)

学校図書館関連の基準の策定によりその名を知られる。学校図書館の実務者・研究者である。

メアリー・フランセスは，1928年11月にサウス・カロライナ州のマックレランヴィルで生まれた。当時のサウス・カロライナ州の教育レベルは低く，ルイス・ラウンド・ウィルソンの『読書の地理学』（1938）によれば，5-17歳の児童一人の読書冊数はわずかに0.6冊であった。メアリーはジョージア州メイコンのウェズレイ・カレッジに入学，次いで，サウス・カロライナ大学で英語とスペイン語を専攻して，その土地の小学校で教えていたが，1950年にはマーガレット・カルプが新設したチャペル・ヒルのノース・カロライナ大学大学院の図書館学校の学校図書館コースに入学した。彼女は，ボルティモア市に移り，同市の学校図書館専門員を務めると同時に，ジョンズ・ホプキンズ大学で経営学を担当した後，母校のノース・カロライナ大学に戻った。ここで公教育学部の主任レオナード・ジョンソンと結婚し，同大学のグリーンスバラ校で研究を続け，学校図書館開発計画の第一人者となっていた。メアリーが1960年に学校図書館の新基準の策定のため図書館資源評議会から10万ドルの研究資金の提供を受けたのは順当な成り行きであった。1969年に発表された「基準」はきわめて好評であって，メアリー・ジョンソンはその後の1975年の改訂版までを担当していたが，その年に病に倒れ，1979年に51歳の若さで亡くなった。ノース・カロライナ州の学校図書館はその死を悼んだという。

参考文献：

Carmichael, James V. Jr., “Mary Frances Kennon Johnson” *Pioneers and Leaders in Library Services to Youth*, Westport, Library Unlimited, 2003, p.114-115.

---

## ファスト，エリザベス (Elizabeth Astrid Trygstad Fast, 1931-1977)

コネティカット州グロートンで学校図書館のメディア開発にかかわる。

エリザベスは，ニューヨーク州ロング・アイランドで医師夫妻のもとに生まれた。父に従い医学の道に進んだ弟と妹とは反対に，エリザベスは1951年にマサチューセッツ州ケンブリッジのラドクリフ・カレッジに進学し，翌年に優秀な成績で英語学を習得し終えた。1950年にニコラス・ファストと結婚し，彼女は夫とともにその三人の連れ子を育てねばならなかった。コネティカット州グロートンに移住すると，そこには図書館がなかったため，エリザベスはその設立に尽力した。エリザベスは，図書館の設立によって子ども一人一人の知的発達を実現したかったのであり，カリキュラムと学業とメディア利用の併合は特別な意味を持っていた。1957年に息子のスティーヴンが幼稚園に行くようになるとエリザベスは小学校の図書館を手伝わないかと誘われた。精力的なエリザベスは，1969年にはグロートンに「学校メディア勧告委員会」を組織し，児童一人一人に適したあらゆる教育メディア（印刷媒体，非印刷媒体）の開発にのりだした。彼女は，新たなメディアの内容が人間的であるかぎり価値を持つと見なし，ウェストン・ウッズ社の映画を活用した。アメリカ図書館協会の学校図書館員部会の理事も務めている。自身が設立に貢献したグロートン公共図書館を拠点に研究を続けたが，1977年6月16日に46歳の若さで亡くなったため博士論文の完成には至らなかった。彼女の死後，家族や友人らにより，ロードアイランド大学の大学院図書館情報研究科に「エリザベス・ファスト記念財団」が設立された。

参考文献：

Galvin, Thomas J. et al. ed., *Excellence in School Media Programs*, Chicago, American Library Association, 1980, 228p.

McCarthy, Cherelann, "Elizabeth Astrid Trygstad Fast" *Pioneers and Leaders in Library Services to Youth*, edited by Marilyn L. Miller, Westport, Library Unlimited, 2003, p.63-65.

"Betty Fast Memorial Endowment" http://harrington.uri.edu/awards/betty-fast-memorial-endowment/（閲覧日：2014年12月18日）

---

## プリンツ，マイケル (Michael L. Printz, 1937-1996)

カンザス州の小規模な高等学校の学校図書館員であり，オーラル・ヒストリーその他の企画の実践により，メディアを重視する学校図書館の新たな存在を全米に知らせる。

マイケル・プリンツは，カンザス州クレイ・センターで1937年5月27日に生まれた。高等学校を出てから，カンザス州トペカのウォッシュバーン大学で英語と歴史を学ぶと，オナガ高等学校で半分は英語の教育，半分は図書館員の生活を2年間過ごした。その後，カンザス学校区のハイランド・パーク高等学校に移って，図書館の仕事に徹することとした。1964年にエンポリア州立大学で図書館学の修士号をとると，1969年よりトペカ・ウェスト高等学校に職業を移した。ここはまさに若者に対する資料の専門家で，各種のメディアを活用した教育者を求めていた。マイケルはこの高校でヤング・アダルト資料の専門家として名をなした。彼は，ウォッシュバーン大学，および，エンポリア州立大学でも数年間教え，1993年にはヤング・アダルト分野での功績により，アメリカ図書館協会からグロリエ賞を授けられた。59歳の若さで亡くなったが，マイケル・プリンツは，その生涯に100以上のプロジェクトに取り組み，それを成功させていた。

参考文献：

Cart, Michael, "Remembering Myra and Mike" *Booklist*, November 15, 1996, p.180.

Carter, Betty, "Michael L. Printz" *Pioneers and Leaders in Library Services to Youth*, Westport, Library Unlimited, 2003, p.195-197.

# 索引・関連文献案内

# 凡　例

本書第二部の「人名事典」が人名の「読み」順（英語・日本語）でなかったため，本索引では人名，地名，書名，組織名，活動名，その他，本文中の固有名詞をできるだけ多く取りいれるように心がけた。特に収録人物の出身地および学歴，職歴（図書館，大学，その他）を重視している。州名は別途「地図索引」で検索できるようにした。

索引項目の「類別」は以下のとおりである。

（国）＝国名
（人）＝図書館関係者，作家，批評家，出版社員，その他
（地）＝アメリカの市町村名・都市名・地域名，その他の国の地名
（図）＝図書館名，コレクション
（教）＝大学，カレッジ，学院，高等学校，その他
（組）＝団体，組織，委員会，協会，その他
（書）＝書名，論文名，新聞・雑誌名，その他
（賞）＝名誉賞，その他
（活）＝図書館活動，その他
（事）＝事件
（法）＝法律，その他

人名の「読み」については *Webster's Biographical Dictionary*, Springfield, G. C. Merriam, 1976, 1697p. 地名の「読み」については *The International Geographic Encyclopedia and Atlas*, London, Macmillan, 1979, 890p. および，*The Live Atlas of the World*, Tokyo, Kodansha, 1992, 403p. を典拠としているが，『ブリタニカ国際大百科事典（電子辞書対応小項目版）』ならびに『広辞苑（第六版）』の項目名称や観光局のWebサイトでの名称も参照している。項目名称の一部には参照指示（⇒）も付けた。

## 【ア】

アイオワ州立大学（State University of Iowa）（教）…………………………87
アイスランド（Iceland）（国）…… 145
アイルランド（Ireland, Europe）（国）…………… 3, 6, 22, 95, 135, 162
『青い柳（*Blue Willoww*）』（書）… 108
アガシー協会（Louis Agassiz Society）（組）…………………………………65
アーカンソー・カレッジ（Arkansas College）（教）…………………… 167
『アーカンソー図書館（*Arkansas Libraries*）』（書）……………… 167
アーカンソー図書館委員会（Arkansas Library Commission）（組）…… 167
アシュヴィル女子家庭学校（Asheville Home School for Girls）（教）… 104
アシランド（Ashland, Kentucky）（地）……………………………… 163
『アソシエイト・サンディ・マガジン（*Associated Sunday Magazine*）』（書）……………………………………69
アッシュヴィル（Asheville, North Carolina）（地）………………… 117
アーディゾーニ（Edward Ardizzone, 1900-1979）（人）…………………22
アドヴァンス（Advance, Indiana）（地）……………………………… 157
アトランタ（Atlanta, Georgia）（地）…………………… 25, 120, 140, 148
アトランティック・シティ（Atlantic City, New Jersey）（地）…… 119, 128
『アトランティック・マンスリー（*Atlantic Monthly*）』（書）…… 44, 96
アトリー（Alison Uttley, 1884-1976）（人）…………………………………21
アニーヴィル（Annieville, Arkansas）（地）……………………………… 167
アーバスノット（Charles Arbuthnot）（人）……………………………………99
アーバスノット（May Hill Arbuthnot, 1884-1969）（人）…………… 98, 99
アパラチャ（Apparatia, Alabama）（地）……………………………………94
アフリカ（Africa）（地）… 137, 161, 175
アフリカ系アメリカ人（African Americans）（人）… 22, 31, 48, 119
アーマー学院（Armour Institute）（教）………………………………………25
アマースト・カレッジ（Amherst College）（教）………………………28
アメリカ学校図書館員部会（American Association of School Librarians [AASL]） ⇒ 学校図書館員部会
『アメリカ合衆国の公共図書館（*Public Libraries in the U.S.A.*）』（書）…… 61
アメリカ議会図書館 ⇒ 合衆国議会図書館
アメリカグラフィックアート協会（American Institute of Graphic Arts）（組）…………………………………93
『アメリカ公共図書館の管理（*Government of the American Public Library*）』（書）……………………27
アメリカ女性名誉殿堂（Hall of Fame for American Women）（組）…… 114
アメリカ書籍販売協会（American Booksellers Association）（組）…81
アメリカ石版印刷会社（American Lithographic Company）（組）……69
アメリカ図書館（American Library）（図）………………………………32, 142
アメリカ図書館協会（American Library Association[ALA]）（組）… 3, 4, 7, 13, 14, 16, 19, 26, 28, 29, 30, 31, 32,

33, 34, 36, 37, 38, 42, 44, 45, 61, 64, 65, 66, 70, 71, 72, 75, 77, 79, 80, 81, 82, 83, 84, 86, 87, 89, 90, 91, 92, 97, 99, 100, 101, 102, 104, 105, 106, 109, 112, 116, 117, 119, 121, 122, 123, 124, 125, 126, 127, 128, 129, 131, 132, 133, 134, 135, 136, 138, 139, 140, 141, 145, 146, 148, 149, 150, 151, 152, 153, 155, 157, 160, 166, 167, 168, 173, 174, 175, 176, 177, 178, 179, 181

アメリカ図書館協会学校図書館員部会 ⇒ 学校図書館員部会

アメリカ図書販売協会（American Booksellers Association）（組） … 88

アメリカ・ボーイ・スカウト（Boy Scouts of America[BSA]）（組） …… 31, 77, 80

アーモンド高等学校（Almond High School）（教） …… 126

アーラーズ（Eleanor E. Ahlers, 1911-1997）（人） …… 159, 160

アラバマ・ポリテクニク（Alabama Polytechnic）（教） ……99, 100

『アラバマ物語（*To Kill a Mockingbird*）』（書）…… 23

アーラム・カレッジ（Earlham College）（教）…… 106, 139

アリス・ルイーズ・ルフェーヴル記念奨学基金（Alice Louise LeFevre Memorial Scholarship）（賞） … 125

『アリゾナ図書館（*Arizona Libraries*）』（書）…… 178

アリゾナ図書館協会（Arizona Library Association）（組） ……34, 178

『アリゾナ・ハイウェイ（*Arizona Highway*）』（書）…… 34

アーリントン（Arlington, Massachusetts）（地） …… 6

アーリントン（Arlington, Virginia）（地） …… 175

『ある赤ちゃんの物語（*The Story of a Baby*）』（書） …… 92

アルバカーク（Albuquerque, New Mexico）（地） …… 175

『アルプスの少女ハイジ（*Heidi*）』（書） …… 20

アレクサンダー（Margaret Alexander, 1902-1988）（人） …… 131

アレゲニー・カレッジ（Allegeny College）（教） …… 83

アン・アーバー（Ann Arbor, Michigan）（地）…… 116

『アングロ・アメリカン目録規則（*Anglo-American Cataloging Rules*）』 ⇒ 英米目録規則

アンデルセン（Hans Christian Andersen, 1805-1875）（人） …… 20

アンデルセン賞（Hans Christian Andersen Medal）（賞） … 35, 36, 163

アンドラス（Gertrude Elizabeth Andrus, 1879-1974）（人） …… 86

安野光雅（Mitsumasa Anno）（人） … 22

【イ】

『怒りのぶどう（*The Grapes of Wrath*）』（書）…… 111

イギリス（United Kingdom）（国） …6, 20, 22, 35, 36, 38, 44, 45, 61, 66, 76, 78, 105, 109

イザード（Anne Rebecca Izard, 1916-1990）（人） …… 171, 172

石井桃子（Momoko Ishii, 1907-2008）（人）…… 24

イシタケ（Mitsue Ishitake）（人） … 172

イーストン（Easton, Maryland）（地）

……………………………………… 85

イタリア（Italy, Europe）（国）……………………… 35, 68, 94, 162

『一緒に建て直そう（*Build Together*）』（書）…………………………………… 120

イートン（Anne Thaxter Eaton, 1881-1971）（人）………… 90, 91, 118, 142

イノック・プラット無料図書館（Enoch Pratt Free Library）（図）…17, 131, 157

イプシランティ（Ypsilanti, Michigan）（地）…………………………………… 116

イプシランティ州立病院（Ypsilanti State Hospital）（組）…………… 116

イリノイ大学（University of Illinois）（教）…25, 27, 42, 95, 116, 146, 153, 157

イングランド（England, United Kingdom）（地）………………61, 162

インディアナ学校図書館員協会（Indiana School Librarians Association）（組）……………………………………… 157

インディアナ州立大学（Indiana State University）（教）……………… 157

インディアナ大学（University of Indiana）（教）……………… 157, 173

インディアナ図書館協会（Indiana Library Association）（組）……… 88

インディアナポリス（Indianapolis, Indiana）（地）……………………… 88

インド（India, Asia）（国）…… 109, 162


## 【ウ】


ヴァイキング出版（Viking Press）（組）…45, 92, 96, 105, 109, 144, 145, 153, 165

ヴァイニング（Elizabeth Vining）（人）…………………………………… 142

ヴァージニア大学（University of Virginia）（教）…………… 152, 172

ヴァージニア図書館協会（Virginia Library Association）（組）…… 152

ヴァッサー・カレッジ（Vassar College）（教）………………………… 110, 156

ヴァーナー（Verna Verner）（人）… 153

ウィギン（Kate Douglas Wiggin, 1856-1923）（人）………………………… 81

ヴィグアース（Richard Viguers）（人）…………………………………… 142

ヴィグアース（Ruth Hill Viguers, 1903-1971）（人）…… 21, 40, 118, 142, 143

ヴィクトリア・アルバート博物館（Victoria and Albert Museum）（組）……………………………………… 46

ヴィクトリア・カレッジ（Victoria College）（教）…………………… 101

ウィース（Johann Wyss）（人）……… 20

ウィスコンシン大学（University of Wisconsin）（教）…25, 130, 169, 174, 178

ウィスコンシン図書館学校（Wisconsin Library School）（教）…………… 92

ウィスコンシン図書館協会（Wisconsin Library Association）（組）…130, 179

ヴィーゼ（Marion Bernice Wiese, 1905-1977）（人）………………… 150, 151

ウィチタ（Wichita, Kansas）（地）…114

ウィネトカ（Winnetka, Illinois）（地）…………………………………… 144

ウィラメット大学（Willamette University）（教）……………… 142

ウィリアム・アレン・ホワイト図書館（William Allen White Library）（図）……………………… 39, 93, 114

ウィリアム・アンド・メアリー・カレッジ（William and Mary College）（教）…………………………………… 146

ウィリアムス（Elizabeth Owen

Williams, 1897-1988)（人）
……………………………… 123, 124
ウィリアムス（Mabel Williams, 1887-1985)（人）
…17, 40, 45, 103, 104, 107, 112, 113
ウィリアムスバーグ（Williamsburg, Virginia)（地） ………………… 146
ウィリアムソン（Charles Clarence Williamson, 1877-1965)（人）…… 26
「ウィリアムソン報告（*Williamson Report*)」（書） ……… 26, 27, 41, 73
『ウィリアム・ブレイクの詩（*Poems of William Blake*)』（書） ………… 112
ウィルキンソン（Mary Wilkinson)（人）
…………………………………… 158
ウィルクス・バーレ（Wilkes-Barre, Pennsylvania)（地） …………61, 157
ウィルソン（Louis Round Wilson, 1876-1979)（人） ……… 25, 27, 179
ウィルソン出版（H. W. Wilson Co.)（組）……………………………31, 170
『ウィルソン図書館ブレティン（*Wilson Library Bulletin*)』（書） ……… 135
ウィンザー（Justin Winsor, 1831-1897)（人）……………………………………28
ウィンストン・セイラム（Winston-Salam, North Carolina)（地） … 140
ウィンスロップ・カレッジ（Winthrop College)（教）……………… 140, 141
ウェイスガード（Leonard Weisgard, 1916-2000)（人） ……………… 110
ウェイプルス（Douglas Waples, 1893-1978)（人）…………………………27
ウェイン州立大学（Wayne State University)（教） …… 115, 170, 171
ウェイン大学（Wayne University)（教）
…………………………… 114, 115
ウェスタン・ミシガン教育カレッジ（Western Michigan College of Education)（教）…………… 124, 125
ウェスタン・ミシガン大学（Western Michigan University)（教） …… 157
ウェスタン・リザーブ大学（Western Reserve University)（教）
…27, 63, 64, 83, 85, 90, 98, 99, 107, 139, 153, 157
ウェストチェスター（Westchester, New York)（地） ………………… 171, 172
ウェストポート分館（Westport Branch)（図）……………………………… 154
ウェストライン・ジュニア高等学校（Westline Junior High School)（教）
…………………………………… 157
ウェスト・ラファイエット（West Lafayette, Indiana)（地） ……… 173
ウェストン・ウッズ社（Weston Woods)（組）……………………………… 181
ウェズレイ・カレッジ（Wesleyan College)（教）………… 132, 148, 179
ヴェトナム戦争 ⇒ ベトナム戦争
ウェルズレイ（Wellesley, Massachusetts)（地） …………… 142
ウェルズレイ・カレッジ（Wellesley College)（教） …………………… 124
ヴェルヌ（Jules Verne, 1828-1905)（人）
……………………………………… 20
ヴェンチュラ（Ventura, California)（地）
………………………………… 137
ウォーカー（Caroline Burnite Walker, 1875-1936)（人） ……… 64, 85, 86
ヴォー・ジュニア高等学校（Vaux Junior High School)（教） …… 155
ウォッシュバーン大学（Washburn University)（教） ……………… 181
ウォルドルフ・アストリア・ホテル（Waldorf-Astoria Hotel)（組）…… 89

ウォーレス(Anne Wallace)(人) …25
ウッドバリー(Woodbury, Connecticut)(地)…………………………… 110
ウッドワース(Mary Lorraine Woodworth, 1926-1986)(人) ………… 178, 179
ウティカ(Utica, New York)(地) …75
ウティカ無料学院(Utica Free Academy)(教)……………………………75
『馬がいた(*There Was a Horse*)』(書)…………………………… 127
『ウーマンズ・ホーム・コンパニオン(*Woman's Home Companion*)』(書)……………………………69
ヴュルッテンベルク(Württemberg, Germany)(地) ……………………34

## 【エ】

A & M 大学(A and M University)(教)…………………………… 173
ALA ⇒ アメリカ図書館協会
『ALA ブックリスト(*ALA Book List*)』(書)……………………… 44, 45, 92
『ALA ブレティン(*ALA Bulletin*)』(書)…………………………… 149
『英米目録規則(*Anglo-American Cataloging Rules*[AACR])』(書)…32
エイムスバリー(Amesbury, Massachusetts)(地) …………… 162
エヴァレット(Samuel Everett)(人)……………………………44
エヴァンストン ⇒ エバンストン
エスター・バーリン賞(Ester Burrin Award)(賞) …………………… 157
エッツ(Marie Hall Ets, 1893-1984)(人)……………………………92
『エディンバラ評論(*Edinburgh Review*)』(書) ……………………44
エドワーズ(Margaret Alexander Edwards, 1902-1988)(人)……………………… 17, 131, 132
エドワーズ(Philip Edwards)(人)…131
エバレット(Everett, Washington)(地)…………………………… 159, 175
エバンストン(Evanston, Illinois)(地)…………………128, 129, 147, 148
エマーソン(Ralph Waldo Emerson, 1803-1882)(人) …………………44
エモリー大学(Emory University)(教)…25, 132, 133, 140, 141, 149, 152
エラスムス・ホール高等学校(Erasmus Hall High School)(教) …70, 71, 84
エラ・マックラッチー若者図書館(Ella K. McClatchy Library for Young People)(図) ………………………17
「エリザベス・ネズビット室(Elizabeth Nesbitt Room)」(組) ………… 119
エリザベス・ファスト記念財団(Elizabeth Fast Memorial Fund)(組)………………………………… 181
エルステッド(Ruth Marion Ersted, 1904-1990)(人)…………… 14, 145, 146, 153, 166
エレノア・アーラーズ奨学金(Eleanor Ahlers Scholarship)(賞)……… 160
エンポリア(Emporia, Kansas)(地)……………………46, 93, 113, 181
エンポリア州立大学(Emporia State University)(教) ……………… 181

## 【オ】

『狼の休戦(*The Truce of the Wolf and other Tales of Old Italy*)』(書) …94
『大きな森の小さな家(*Little House in the Big Woods*)』(書) ………21, 111

オーガスタ(Augusta, Georgia)(地) …… 150
『オクラホマ図書館員(*Oklahoma Librarian*)』(書) …… 167
オクラホマ図書館協会(Oklahoma Library Association)(組) …… 167
オークランド(Oakland, California)(地) …… 126, 142
オゴンツ・ジュニア・カレッジ(Ogontz Junior College)(教) …… 155
『幼いチュー・チュー(*Little Choo Choo*)』(書) …… 143
オシコシ州立カレッジ(Oshkosh State College)(教) …… 174
オスターハウト(Isaac Osterhout)(人) …… 61
オスターハウト無料図書館(Osterhout Free Library)(図) …… 61
オースチン(Austin, Minnesota)(地) …… 147
オースチン(Austin, Texas)(地) …… 94, 95, 121, 134
オースチン高等学校(Austin High School)(教) …… 94, 95
オーストラリア(Australia)(国) …… 18, 158, 165, 175
オズボーン(Edgar Osborne)(人) …… 101, 136
オセアニア(Oceania)(地) …… 175
オックスフォード(Oxford, England)(地) …… 22
オックスフォード大学(Oxford University)(教) …… 22
オーデュボン協会(Audubon Society)(組) …… 137
「おとぎ話の部屋(Fairy Tale Room)」(活) …… 101
オハイ(Ojai, California)(地) …… 123
オハイオ図書館協会(Ohio Library Association)(組) …… 139
オバーリン・カレッジ(Oberlin College)(教) …… 84
オマハ(Omaha, Nebraska)(地) …… 87, 88, 128
オマハ公共図書館(Omaha Public Library)(図) …… 87, 88
オルコット(Frances Jenkins Olcott, 1872-1963)(人) …… 24, 72, 79, 80, 81, 82, 85, 86
オルコット(Louisa May Alcott, 1832-1888)(人) …… 20, 44
オルバニー(Albany, New York)(地) …4, 24, 26, 75, 82, 89, 91, 98, 106, 116, 128, 153, 156, 160, 166
オレゴン大学(University of Oregon)(教) …… 160, 175
オンタリオ図書館協会(Ontario Library Association)(組) …… 102

## 【カ】

カー(Margaret Kerr)(人) …… 159
『かいじゅうたちのいるところ(*Where the Wild Things Are*)』(書) …22, 159
『海底二万海里(*Vingt Mille Lieues Sous Les Mers*)』(書) …… 20
ガーヴァー(Ruth Jane Garver)(人) …… 114
カヴァナフ(Gladys Louise Cavanagh, 1901-1988)(人) …… 130
カーカス(Virginia Kirkus, 1893-1980)(人) …… 105, 110, 111
『鏡の国のアリス(*Through the Looking Glass*)』(書) …… 20
ガーク(Wanda Hazel Gag, 1893-1946)

（人）……………………………… 21
カスキン（Karla Kuskin 1932-2009）
（人）…………………………… 159
『ガゼット（*Gazette*）』（書） … 113, 114
『風にのってきたメアリー・ポピンズ
（*Mary Poppins*）』（書） ……………21
カーチス（George Curtis）（人） …… 33
『学校図書館（*School Libraries*）』（書）
……………………… 30, 177, 178
「学校図書館員の継続教育（*Continuing Education for School Librarians*）」
（書）…………………………… 149
学校図書館員部会（American Association of School Librarians[AASL]）（組）
…13, 14, 16, 29, 30, 70, 84, 87, 97, 116, 124, 126, 133, 145, 148, 153, 160, 166, 168, 174, 176, 177, 178, 179, 181
『学校図書館活動ハンドブック（*Handbook for School Library Activities*）』（書） ……………… 130
『学校図書館計画の基準（*Standards for School Library Programs*）』（書）
…14, 15, 30, 145, 152, 153, 155, 166
『学校図書館ジャーナル（*School Library Journal*）』 ⇒ 『スクール・ライブラリー・ジャーナル』
『学校図書館年鑑（*School Library Yearbook*）』（書） ……………99, 100
『学校図書館の活動（*School Library at Work*）』（書） …………………… 117
『学校図書館のための図書選択（*Book Selection for School Libraries*）』（書）
………………………………… 117
「学校図書館マンパワー計画（*School Libraries Manpower Project*）」（活）
……………………………… 16, 70
『学校の図書館（*The Library in the School*）』（書）………………… 89, 90
『学校メディア計画のための基準（*Standards for School Media Programs*）』（書） ……………16, 147
合衆国議会図書館（U. S. Library of Congress）（図）…8, 73, 122, 162, 163
合衆国教育局（U.S. Office of Education）
………… 13, 32, 61, 100, 157, 170
『活躍する都会の図書館（*A Metropolitan Library in Action*）』（書） ………… 27
カトリック女子大学（University for Catholic Women）（教） …………… 85
カトリック図書館協会（Catholic Library Association）（組）
……………… 37, 78, 89, 123, 137
カナダ（Canada）（国）
…37, 100, 101, 102, 109, 135, 136, 144, 160
カナダ図書館協会（Canadian Library Association）（組） …… 37, 102, 136
カナダ・メダル（Canada Medal）（賞）
………………………………… 136
ガニソン（Walter B. Gunnison）（人）
………………………………… 71
カーネギー（Andrew Carnegie, 1835-1919）（人） …………………… 24, 77
カーネギー工科大学（Carnegie Institute of Technology）（教） …………79, 118
カーネギー財団（Carnegie Foundation）
（組） …11, 25, 26, 31, 32, 75, 85, 134, 136, 151, 167
カーネギー賞（Carnegie Medal）（賞）
………………………………… 36
カーネギー図書館（Carnegie Library）
（図） …4, 72, 79, 81, 82, 83, 85, 86, 101, 118, 121, 165
カーネギー図書館学校（Carnegie Library School）（教）

……………… 72, 79, 80, 118, 121
カーノフスキー(Leon Carnovsky, 1903-1975)(人) …………………27
カムデン(Camden, New Jersey)(地) ……………………………… 155
カムデン無料図書館(Camden Free Library)(図) …………………… 155
カヤオ大学(Universidad Nacional del Callao)(教) ……………………… 32
カラマズー(Kalamazoo, Michigan)(地)……………………………… 124
カーラン(Irvin Kerlan, 1912-1963)(人)…………………… 46, 163, 164
ガリアルド(Ruth Gagliardo, 1895-1980)(人) ………………… 113, 114
カリフォルニア(California, Pennsylvania)(地) ……………………………… 143
『カリフォルニア学校図書館(*California School Libraries*)』(書) ……… 126
カリフォルニア学校図書館員協会(California Association of School Librarians)(組) …………………90
カリフォルニア学校図書館協会(California School Library Association)(組) ……………… 124
カリフォルニア大学(University of California, Berkeley)(教)
………… 33, 42, 78, 122, 126, 159
カリフォルニア大学(University of California, Los Angeles)(教)
……………………… 42, 112, 122
『カリフォルニア地方史：文献目録(*California Local History*)』(書)…33
カリフォルニア図書館協会(California Library Association)(組)
………………… 33, 126, 137, 156
『カリフォルニアのための公共図書館サービス基準(*Public Library Service Standards for California*)』(書) … 33
『カリフォルニアのミッチェル(*Mitchell of California*)』(書) … 33
カルーザースヴィル(Caruthersville, Missouri)(地) ………………… 149
カルプ(Margaret Ellen Kalp, 1915-1978)(人) ………………… 168, 169
カレッジ・研究図書館部会(Association of College and Research Libraries)(組)…………………………………29
カレン分館(Cullen Branch)(図) …161
カロライン・M・ヒューインズ講演シリーズ(Caroline M. Hewins Lectureship)(活) …………………66
カンザス学校図書館員協会(Kansas Association of School Librarians)(組)……………………………… 114
カンザス教員カレッジ(Kansas Teachers College)(教) ……… 114
カンザス公共図書館(Kansas City Public Library)(図) …………… 154
カンザス州立教員協会(Kansas State Teachers Association)(組) …… 113
カンザス市立大学(Kansas City University)(教) ……………… 154
カンザス大学(University of Kansas)(教)……………………………… 113
『カンザスの教師(*Kansas Teacher*)』(書)……………………………… 113
カンディフ(Ruby Ethel Cundiff, 1890-1972)(人) ………………… 106, 107
監督派教会(Episcopalian Church)(組)
…………………………………… 110


【キ】


『北風のうしろの国(*At the Back of the North Wind*)』(書) ………………20

北コロラド大学 ⇒ ノーザン・コロラド大学
キーツ(Ezra Jack Keats, 1916-1983)(人)……22, 145
ギトラー(Robert Laurence Gitler, 1909-2004)(人) ……35
ギネア(Guinea, Africa)(国) …… 176
キプリング(Rudyard Kipling, 1865-1936)(人) ……21, 118
キャス技術高等学校(Cass Technical High School)(教) …… 100
『キャッチャー・イン・ザ・ライ』 ⇒ 『ライ麦畑でつかまえて』
キャムデン(Camden) ⇒ カムデン
キャロル(Lewis Carroll, 1832-1898)(人)……20
キューバ(Cuba, West Indies)(国)…129
キューバ危機(Cuban Crisis)(事)…129
ギヨ(René Guillot, 1900-1969)(人)……35
教育コミュニケーション技術協会(Association for Educational Communications and Technology)(組)……16
教区図書館(Parochial Library)(図)…38
教授技術調査委員会(The Commission on Instructional Technology)(組)……16
『今日と明日の学校図書館, 機能と基準(*School Libraries for Today and Tomorrow, Functions and Standards*)』(書) ……14, 138
ギリシア(Greece, Europe)(地)… 162
ギルマントン(Gilmanton, Washington)(地)…… 133
『きれい好きなパウス氏(*Mr. Tidy Pows*)』(書) …… 122
『きれいな庭と獣の群(*The Fair Garden and the Swarm of Beasts*)』(書)…131
『銀色の鉛筆(*The Silver Pencil*)』(書)…… 110
キングストン(Kingston, Jamaica)(地)…… 151
キングスバリー(Mary Kingsbury, 1865-1958)(人) …… 70, 71, 84
キングスポート(Kingsport, Tennessee)(地)…… 146
『銀のスケートぐつ(*Hans Brinker*)』(書)……8, 20

## 【ク】

グアダラハラ(Guadalajara, Mexico)(地)…… 175
グーチャー・カレッジ(Goucher College)(教)…… 150
グーチャー女子カレッジ(Goucher College for Women)(教) …… 118
クナップ(Joseph Palmer Knapp, 1864-1951)(人) …… 69, 70
クナップ財団(Knapp Foundation)(組)… 15, 16, 30, 31, 69, 70, 135, 153
クノップフ出版(Alfred Knopf, publisher)(組) …… 127
クーパー(Susan Mary Cooper, 1935- )(人)…… 165
『くまのプーさん(*Winnie-the Pooh*)』(書)……21
クラウス(Ruth Krauss, 1911-1993)(人)…… 159
グラストンバリー(Glastonbury, Connecticut)(地) …… 70, 71
グラストンバリー・フリー学院(Glastonbury Free Academy)(教)……70
クラレンス・デイ賞(Clarence Day

Award)(賞) ……………… 102, 161
グランド・ラピッヅ(Grand Rapids, Michigan)(地) ………………… 154
クリアリー(Edmund Z. Cleary)(人) ……………………………… 115
クリアリー(Florence Damon Cleary, 1896-1982)(人) ………… 114, 115
クリーヴランド(Cleveland) ⇒ クリーブランド
グリック(Frank Glick)(人) …… 111
グリーナウェイ(Kate Greenaway, 1846-1901)(人) ……… 20, 21, 125
グリニッチ・ビレッジ(Greenwich Village, New York)(地) ……… 111
グリフィス(Mary Griffith)(人)… 159
クリーブランド(Cleveland, Ohio)(地)………………… 5, 9, 11, 17, 27, 39, 40, 41, 44, 62, 63, 64, 82, 83, 85, 107, 108, 119, 124, 128, 139, 174
クリーブランド・カレッジ(Cleveland College)(教)…………………… 107
クリーブランド公共図書館(Cleveland Public Library)(図) …5, 9, 11, 17, 44, 62, 63, 64, 82, 83, 85, 107, 108, 128, 174
グリム(Jacob Ludwig Carl Grimm, 1785-1863)(人) ……………20, 165
グリム(Wilhelm Carl Grimm, 1786-1859)(人) ……………………20, 165
グリーレイ(Greeley, Colorado)(地) ………………………………… 170
グリーン(Ellin Greene)(人) …… 161
グリーン(Samuel Swett Green, 1837-1918)(人) ………………………… 7
グリーンヴィル女子カレッジ(Greenville Woman's College)(教) ………………………………… 140
グレアム(Inez Mae Graham, 1904-1983)(人) …………… 35, 146, 147
グレアム(Kenneth Grahame, 1895-1932)(人) ……………………21, 118
グレイ・イーグル(Grey Eagle, Minnesota)(地) ……………… 175
クレイヴァー(Harrison W. Craver)(人)…………………………………… 72
グレイジアー(Margaret Hayes Grazier, 1916-1999)(人) ………… 170, 171
グレイジアー(Robert Grazier)(人) ……………………………………… 170
クレイ・センター(Clay Center, Kansas)(地) …………………… 181
グレイト・バリアー・リーフ(Great Barrier Reef, Australia)(地) … 175
クレーガー(Alice Bertha Kroeger, 1864-1909)(人) ………………… 24
クレンツマン(Isaac Benjamin Krenzman)(人) ……………… 172
クレンツマン(Juanita Krenzman)(人) …………………………………… 172
クロウェル出版(Crowell Publishing Company)(組) …………………… 69
『黒馬物語(*Black Beauty*)』(書) …… 20
グロセット・アンド・ダンラップ社(Grosset and Dunlap)(組) ……… 81
グロートン(Groton, Connecticut)(地) …………………………… 180, 181
グロートン公共図書館(Groton Public Library)(図) …………………… 181
グロリエ賞(Grolier[Foundation] Award)(賞)…104, 133, 135, 161, 181
グンターマン(Bettina Gunterman)(人) ………………………………… 105

【ケ】

ゲイヴァー(Mary Virginia Gaver,

1906-1992)（人） …… 35, 151, 152
慶応義塾大学（Keio University）（教） ………………………… 32, 53, 139
ゲイツ（Doris Gates, 1901-1987）（人） ……………………………… 108
ケイト・グリーナウェイ賞（Kate Greenaway Medal）（賞） ……36, 144
ゲイリー公共図書館（Gary Public Library）（図） …………………… 158
ケース・ウェスタン・リザーブ大学（Case Western Reserve University）（教） ⇒ ウェスタン・リザーブ大学
ケストナー（Erich Kästner, 1899-1974）（人）…………………………… 34, 35
ケネディ（John F. Kennedy, 1917-1963）（人）………………………………… 78
ケベック図書館協会（Quebec Library Association）（組） ……………… 102
ケルソ（Kelso, Washington）（地） …177
ケロッグ財団（Kellogg Foundation）（組）………………………… 125, 170
ケンタッキー大学（University of Kentucky）（教） ……… 117, 157, 173
ケンタッキー図書館協会（Kentucky Library Association）（組） …… 117
ケント（Kent, Ohio）（地） ………… 174
ケント州立大学（Kent State University）（教）……………………………… 174
ケンブリッジ（Cambridge, Massachusetts）（地） …………74, 180

## 【コ】

公共図書館部会（Public Library Association[PLA]）（組） ………… 29
『公共図書館マスター・プラン（*Master Plan for Public Libraries*）』（書）…33
『高等学校図書館：教育におけるその機能（*The High School Library：Its Function in Education*）』（書） …… 87
『高等学校図書館のために推薦する参考図書（*Recommended Reference Books for the High School Library*）』（書） …………………………………… 106
『高等学校図書館のための標準目録（*Standard Catalog for High School Libraries*）』（書） ………………… 91
高等学校図書館問題委員会（Committee on Problems of High School Libraries）（組） ………………… 100
『高等学校の基本図書コレクション（*Basic Book Collection for High Schools*）』（書） ………………… 126
『高等学校のための詩集（*Poetry for High Schools*）』（書） …………… 112
国際アンデルセン賞 ⇒ アンデルセン賞
国際関係ラウンド・テーブル（International Relations Round Table）（組）………………………… 29
国際挿絵図書展（International Children's Book Fair）（活） …… 144
国際児童図書評議会（International Board on Books for Young People[IBBY]）（組） ………… 35, 36
国際図書館連盟（International Federation of Library Associations and Institutions[IFLA]）（組） …………… 34, 129, 150, 152, 158
国際若者図書館（International Youth Library）（図） ………34, 35, 125, 129
国立台湾大学（National Taiwan University）（教） ………………… 32
国家防衛教育法（National Defense Education Act）（法） ………… 14, 15
ゴッデン（Rumer Godden, 1907-1998）

（人）…………………………… 144
コップ・アンド・アンドリュース（Cop and Andrews）（組） ……………… 64
コッロディ（Carlo Collodi, 1826-1890）（人）……………………………… 20
『子どもたちに何を読んでやるべきか（*What Shall We Read to the Children*）』（書）……………………………… 76
『子どもと図書（*Children and Books*）』（書）…………………………… 98, 99
『子どもとともに合理的な図書館活動（*Rational Library Work with Children*）』（書）…………………… 82
『子どもの読書（*Reading with Children*）』（書）……………………………… 91
子どもの本評議会（Children's Book Council[CBC]）（組）…………… 111
『子どもは前進する（*A Child Went Forth*）』（書） …………………… 118
コネティカット学校図書館協会（Connecticut School Library Association）（組） ………………… 71
コネティカット図書館協会（Connecticut Library Association）（組）…………………………… 111
コーネル大学（Cornell University）（教）…………………………… 116, 162
コマース（Commerce, Georgia）（地）……………………………… 140
『コリアーズ・ウィークリー（*Colliers Weekly*）』（書） …………………… 69
ゴールディング（William Gerald Golding, 1911-1993）（人） ……… 23
コルデコット（Randolph Caldecott, 1846-1886）（人） …………… 21, 96
コルデコット賞（Caldecott Medal）（賞）…30, 36, 89, 92, 105, 119, 121, 154, 159, 163, 164
コールフィールド（Holden Caulfield）（人）……………………………… 23
コロラド・スプリングス（Colorado Springs, Colorado）（地） ………… 45
コロラド大学（University of Colorado）（教）…………………… 87, 169, 170
コロンビア高等学校（Columbia High School）（教） …………………… 172
コロンビア大学（Columbia University）（教）………………… 10, 14, 26, 27, 42, 61, 67, 68, 69, 83, 90, 91, 93, 95, 97, 98, 100, 106, 109, 110, 112, 114, 117, 119, 124, 126, 127, 130, 131, 134, 136, 138, 147, 148, 150, 151, 152, 153, 161, 166, 167, 172, 177
コンクリン（Gladys Conklin, 1903-1983）（人） ……………………… 137
コンクリン（Irving Conklin）（人）…137
コンスタンス・リンゼイ・スキナー賞（Constance Lindsay Skinner Award）（賞）…… 78, 129, 143, 150, 152, 161

【サ】

サウス・カロライナ大学（University of South Carolina）（教） …… 161, 179
サウス・セイテュエイト（South Scituate, Massachusetts）（地）…… 61
サウス・フロリダ大学（University of South Florida）（教） …………… 115
サウス・ベンド（South Bend, Washington）（地） ……………… 159
サクラメント（Sacramento, California）（地）……………………………… 17
サザーランド（Zena Sutherland, 1915-2002）（人） ………………………… 99
サザン・カリフォルニア大学 ⇒ 南カリフォルニア大学
『サタデー文学レビュー（*Saturday*

*Review of Literature*)』(書)…… 110
サーテン(Casper Carl Certain, 1885-1940)(人) ………… 13, 84, 99, 100
サドバリー(Sudbury, Massachusetts)(地)…………………………………76
サマーヴィル(Somerville, Massachusetts)(地)……………………………… 103
サマーヴィル公共図書館(Somerville Public Library)(図)…………… 103
『様々な規模の中等学校のための図書館組織と設備の基準(*Standard Library Organization and Equipment for Secondary Schools of Different Sizes*)』(書) …………… 13, 84, 100
サラ・K・スリグレイ講演シリーズ(Sara K. Srygley Lecture Series)(活)…173
サラトガ(Saratoga, California)(地)………………………………………… 175
サラトガ・スプリングス(Saratoga Springs, New York)(地)……… 156
サリヴァン(Peggy Sullivan)(人) … 70
サリンジャー(Jerome David Salinger 1919-2010)(人) ………… 5, 18, 23
参考調査および利用者サービス部会(Reference and User Services Association)(組) …………………29
『参考図書のガイド(*Guide to Reference Books*)』(書) ………………………32
サンダース(Minerva Amanda Sanders, 1837-1912)(人) ………… 7, 62, 63
サンタフェ鉄道(Santa Fe Railroad)(組)……………………………… 121
サンディエゴ(San Diego, California)(地)……………………………… 130
サンフランシスコ(San Francisco, California)(地)……… 126, 150, 167
「三羽のフクロウ(*Three Owls*)」(書)…………………………………77

## 【シ】

シアトル(Seattle, Washington)(地)……… 86, 137, 142, 159, 160, 175
シアトル公共図書館(Seattle Public Library)(図) ………………………86
ジェッケル(Carlton Bruns Joeckel, 1886-1960)(人) …………………27
シェドロック(Marie L. Shedlock, 1854-1935)(人)……………… 9, 66, 67, 77, 93, 94
ジェニングス(Judson Jennings)(人)…………………………………86
シェネクタディ(Schenectady, New York)(地) …………………… 166
ジェネセオ(Geneseo, New York)(地)…………………………………… 114
ジェネセオ州立教員カレッジ(Geneseo State Teachers College)(教) … 114
シェフィールド(Gertrude Sheffield)(人)……………………………… 7
ジェームズ(Hannah Packard James, 1835-1903)(人) ……… 38, 61, 62
ジェームズ(Henry James, 1843-1916)(人)………………………… 41, 96
ジェームズ・スキナー記念文庫(James H. Skinner Room)(図) ………… 17
シェラ(Jesse Hauk Shera, 1903-1982)(人)……………………… 27, 64, 153
シエラ・マドレ(Sierra Madre, California)(地)……………………98
シエラ・マドレ公共図書館(Sierra Madre Public Library)(図) ……98
ジェーン・アダムス児童図書賞(Jane Addams Children's Book Award)(賞)……………………………………36
シカゴ(Chicago, Illinois)(地)…10, 18, 25, 26, 27, 28, 42, 68, 87,

92, 98, 119, 120, 121, 122, 128, 129, 134, 135, 139, 141, 145, 147, 152, 153, 157, 158, 168, 170
シカゴ公共図書館(Chicago Public Library)(図) …18, 28, 119, 120, 121
シカゴ大学(University of Chicago)(教)………………… 10, 26, 27, 42, 87, 98, 119, 121, 134, 135, 141, 145, 147, 152, 153, 157, 158, 168, 170
『司書教諭ハンドブック(*Teacher Librarian's Handbook*)』(書) … 138
『児童雑誌の主題索引(*Subject Index to Children's Magazines*)』(書) … 130
児童図書館員クラブ(Club of Children's Librarians)(組) ………………4, 77
児童図書館員養成学校(Training School for Children's Librarians)(教) …24, 72, 79, 82, 83, 86, 101, 121, 122
児童図書館協会(Children's Library Association)(組) ………… 4, 83, 94
児童図書館サービス部会(Association for Library Service to Children[ALSC])(組) …4, 29, 30, 36, 37, 77, 83, 119, 136
児童図書週間(Children's Book Week)(活)………… 31, 77, 80, 81, 88, 89
児童図書センター(Center for Children's Books)(組) …27, 121, 134, 152, 153
『児童図書センター報告(*Bulletin for of the Center for Children's Books*)』(書)…………………… 27, 121, 153
『児童図書における黒人の体験(*Black Experience in Children's Books*)』(書)………………………… 161, 177
「児童図書の本棚(*The Children's Book Shelf*)」(書) …………………… 113
『児童とともに図書館活動(*Library Work with Children*)』(書) ……… 76
『児童とともに合理的な図書館活動(*Rational Library Work with Children*)』 ⇒ 『子どもとともに合理的な図書館活動』
『児童文学：参考図書案内(*Children's Literature: A Guide to Reference Sources*)』(書) ………………… 163
『児童文学史(*History of Children's Literature*)』(書) ………………… 79
児童文学センター(Children's Literature Center)(組) …………………… 162
『児童文学の批評史(*A Critical History of Children's Literature*)』(書) ……………………… 91, 118, 142
『児童文学論(*The Unreluctant Years*)』(書)……………………………… 102
児童・若者図書館部会(Division of Libraries for Children and Young People)(組) …4, 125, 127, 138, 145
シベリア(Siberia, Russia)(地) … 175
シモンズ・カレッジ(Simmons College)(教)… 25, 74, 95, 96, 103, 105, 142, 150, 162, 171
ジャクソンヴィル(Jacksonville, Florida)(地) …………………… 140
シャトークワ(Chautauqua, New York)(地)……………………………… 124
ジャパン・ライブラリー・スクール(Japan Library School)(教) ………………………… 32, 35, 139
シャープ(Katharine Sharp, 1865-1919)(人)………………………………… 25
ジャマイカ(Jamaica, West Indies)(国) …………………………………… 151
ジャーマンタウン(Germantown, Pennsylvania)(地) ……………… 72
シャーロット・ゾロトウ出版(Charlotte Zolotow Publisher)(組) ……… 169

シャロン（Charon, France）（地）… 139
シャロン（Sharon, Connecticut）（地）……………………………… 166
『ジャングル・ブック（*Jungle Book*）』（書）……………………………… 21
シューウェル（Anna Sewell, 1820-1878）（人）……………………… 20
『週刊出版人（*Publishers Weekly*）』（書）…18, 31, 65, 77, 81, 88, 92, 94, 110
『週末のための家（*A House for Weekend*）』（書）………………… 111
ジューエット（Charles Coffin Jewett, 1816-1868）（人）………………… 28
シュトットガルト（Stuttgart, Germany）（地）……………………………… 35
ジュニアタ・カレッジ（Juniata College）（教）……………………… 72
『ジュニアの本棚（*Junior Bookshelf*）』（書）……………………………… 45
シュピリ（Johanna Spyri, 1827-1901）（人）……………………………… 20
ジュリアン・メスナー出版（Julian Messner, Inc）（組）…………… 144
ショアーズ（Louis Shores）（人）… 106
小学校・中学校教育法 ⇒ 初等・中等教育法
『小学校・中学校のための図書選択ハンドブック（*Book Selection Handbook for Elementary and Secondary Schools*）』（書）…………………… 88
『小学校図書館に向けて推薦する参考図書（*Recommended Reference Books for the Elementary School Library*）』（書）……………………………… 106
『小学校図書館の基準（*Elementary School Library Standardss*）』（書）……………………………… 100
『小学校の図書館（*The Library in the Elementary School*）』（書）…… 127
『小公子（*Little Lord Fauntleroy*）』（書）……………………………… 21
少年・少女の家（Boys and Girls House）（図）…………………… 100, 101, 136
『少年・少女のための本（*Books for Boys and Girls*）』（書）……………… 136
『ジョーク・ジョーク・ジョーク（*Jokes, Jokes, Jokes*）』（書）…………… 143
ジョージア州教育部（Georgia Board of Education）（組）…………………… 133
ジョージア図書館協会（Georgia Library Association）（組）……………… 149
ジョージ・ピーボディ・カレッジ（George Peabody College）（教）…………… 87, 90, 106, 117, 167
ジョージ・ワシントン高等学校（George Washington High School）（教）…151
女性教育産業同盟（Women's Educational and Industrial Union[WEIU]）（組）…96
女性国際平和と自由連盟協会（Women's International League for Peace and Freedom[WILPF]）………………… 36
女性全国図書協会（Women's National Book Association）（組）……78, 152
女性全国図書賞（Women's National Book Award）（賞）……………… 129
ジョーダン（Alice Mabel Jordan, 1870-1960）（人）…4, 7, 8, 9, 31, 39, 40, 41, 42, 73, 74, 78, 81, 96, 162
初等・中等教育法（Elementary and Secondary Education Act）（法）……………………………15, 166
ジョフレイ公共図書館（Joffrey Public Library）（図）…………………… 156
ジョーンズ（Sarah Lewis Jones, 1902-1986）（人）………132, 133, 139, 140
ジョンズ・ホプキンズ大学（Johns

Hopkins University)(教) …27, 180
ジョンソン(James Weldon Johnson, 1871-1938)(人) ……………… 177
ジョンソン(Mary Frances Kennon Johnson, 1928-1979)(人)…179, 180
ジョンソン(Nancy Louise Becker Johnson)(人) ………………… 180
ジョン・メイスフィールド・ストーリーテリング・フェスティバル(John Masefield Storytelling Festival)(活) ……………………………… 136
シラキューズ大学(Syracuse University)(教)……………………………89, 116
CILIP(Chartered Institute of Library and Information Professionals)(組) ………………………………… 36
シルヴァースタイン(Shel Silverstein, 1932-1999)(人) ……………… 159
シンガポール(Singapore, Asia)(国) ……………………………… 151
『シング・ソング(*Sing-Song*)』(書)…20
シンデル(Morton Schindel)(人) …161
ジンバブエ(Zimbabwe, Africa)(地) ……………………………… 175

## 【ス】

『スイスのロビンソン(*Der Schweizerische Robinson*)』(書)…20
スウェーデン(Sweden, Europe)(地) ……………………………35, 162
スキナー(Constance Lindsay Skinner, 1809-1892)(人)…78, 129, 143, 150, 152, 161
スクリブナー出版(Scrtibner's Publishing)(組) …… 105, 109, 110
『スクール・ライブラリー・ジャーナル(*School Library Journal*)』(書)…110
スコギン(Margaret Clara Scoggin, 1905-1968)(人) …5, 35, 40, 42, 53, 78, 103, 104, 125, 149, 150
スコッチ・プレインズ(Scotch Plains, New Jersey)(地) ………………… 80
スコットランド(Scotland, United Kingdom)(地) … 22, 135, 136, 162
スース(Dr. Seuss, 1904-1991)(人) 22
スタインベック(John Steinbeck, 1902-1968)(人) ……………………… 111
スターテン島(Staten Island, New York)(地) …………… 11, 142, 177
スチュアート書店(W. K. Stewart Bookstore)(組) ………………… 88
スティーヴンソン(Robert Louis Stevenson, 1850-1894)(人) ………………………… 17, 21, 107
ステプトー(John Steptoe)(人) … 159
ストークス出版(Frederick A. Stokes Company)(組) ………………… 105
ストラテマイヤー(Edward Stratemeyer, 1862-1930)(人) ……… 80, 81, 105
『ストーリーテラーの芸術(*The Art of the Storyteller*)』(書) …9, 66, 67, 93
ストーリーテリング(Storytelling)(活) …8, 9, 11, 33, 53, 66, 67, 77, 82, 83, 85, 93, 94, 101, 102, 118, 120, 121, 122, 127, 135, 136, 142, 161, 171, 172, 177
『ストーリーテリング:芸術と技術(*Storytelling: Art and Technique*)』(書)……………………………… 161
ストルツ(Mary Stolz, 1920-2006)(人) 159
ストーントン(Staunton, Virginia)(地) ……………………………… 106
『すばらしいとき(*Time of Wonder*)』(書)………………………………… 22

スプートニク・ショック(Sputnik Shock)(事) ……………………… 14
スプリングフィールド(Springfield, Illinois)(地) ……………… 152, 153
スペイン(Spain, Europe)(国) ……………………… 94, 142, 162
スペイン(Donald Spain)(人) … 140
スペイン(Frances Lander Spain, 1903-1999)(人) …………… 40, 140, 141
スポケーン(Spokane, Washington)(地) ………………………………… 90
スポールディング(Forest Spalding)(人)………………………………… 30
スミス(Elva Sophronia Smith, 1871-1965)(人) 24, 72, 79, 80, 118, 122
スミス(Lillian H. Smith, 1887-1983)(人)…4, 9, 39, 53, 78, 100, 101, 102, 128, 135, 136
スミス(Lloyd Pearsall Smith, 1822-1886) ……………………………… 28
スミス・カレッジ(Smith College)(教) ………………………… 70, 91, 134
スミソニアン研究所(Smithsonian Institution)(組) ………………… 28
スリグレイ(Sara Srygley, 1916-1991)(人)………………………… 172, 173
スリグレイ(Theodore Charles Slygley)(人)……………………………… 172
スリッパリー・ロック(Slippery Rock, Pennsylvania)(地) …………… 134
スリッパリー・ロック州立教員カレッジ(Slippery Rock State Teachers College)(教)…………………… 134
スロヴァキア(Slovakia, Europe)(国) …………………………………… 162

## 【セ】

セイヤーズ(Alfred Henry Paul Sayers)(人)……………………………… 122
セイヤーズ(Frances Clarke Sayers, 1897-1989)(人) … 4, 8, 9, 40, 42, 47, 53, 76, 78, 91, 94, 121, 122, 123, 142, 143, 163
セイラム(Salem, Ohio)(地) …26, 140
世界教職者連盟(World Confederation of Organizations of the Teaching Professions)(組) ……………… 158
『世界図書館情報サービス百科事典(*World Encyclopedia of Library and Information Service*)』(書) …… 71
『世界図書百科事典(*World Book Encyclopedia*)』(書)…………… 136
『世界の文化(*World Culture*)』(書)…88
ゼフィールヒル高等学校(Zephyrhills High School)(教) …………… 172
セレディ(Kate Seredy, 1899-1975)(人)………………………………… 92
全国英語教師協議会(National Council of Teachers of English)(組)…87, 120
全国教育協会(National Education Association[NEA])(組)…13, 15, 16, 84, 87, 97, 100, 114, 158
全国出版協会(National Association of Book Publishers)(組) …………… 88
全国図書委員会(National Book Foundation)(組) ………………… 36
全国図書賞(National Book Award)(賞) ………………………………36, 129
センダック(Maurice Sendak, 1928-2012)(人) …………… 22, 158, 159
セント・クロウド(St. Cloud, Minnesota)(地) …… 128, 163, 175
セント・ジョンズ大学(St. John's

University)（教）…124, 127, 150, 162
セント・ピータースバーグ（St. Petersburg, Florida）（地）……… 158
セント・ポール（St. Paul, Minnesota）（地）……………………………17, 133
セント・ポール公共図書館（Saint Paul Public Library）（図）……………… 17
セントラル・パーク（Central Park, New York）（地）…………………………… 93
セントルイス（St. Louis, Missouri）（地）………………………… 68, 83, 107
セントルイス公共図書館（St. Louis Public Library）（図）…… 68, 83, 107
専門・企業図書館部会（Association of Specialized and Cooperative Library Agencies）（組）…………………… 29

## 【ソ】

ソウアー（Julia Lina Sauer, 1891-1983）（人）………………………… 108, 109
ソールズベリー（Salisbury, Connecticut）（地）…………………………………… 6
ソールズベリー（Salisbury, North Carolina）（地）………………… 138
ソ連（Soviet Union）（国）…14, 136, 141
ソロー（Henry David Thoreau, 1817-1862）（人）………………………… 44
ゾロトウ（Charlotte Zolotow, 1915-2013）（人）………………… 159, 169
ゾロトウ（Maurice Zolotow）（人）…169

## 【タ】

タイ（Thailand, Asia）（国）……… 141
第一次世界大戦（World War Ⅰ）（事）………………… 32, 67, 69, 77, 81
大英博物館（British Museum）（組）…46
第二次世界大戦（World War II）（事）…4, 14, 17, 21, 23, 32, 33, 34, 38, 40, 46, 48, 89, 123, 125, 129, 139, 173
太平洋北東部図書館協会（Pacific Northwest Library Association）（組）…………………………………… 160
『タイムズ（*The Times*）』（書）……… 47
ダウンズ（Robert Downs, 1903-1991）（人）…………………………………… 25
『宝島（*Treasure Island*）』（書）……… 21
ダグラス（Clarence Douglas）（人）…138
ダグラス（Mary Teresa Peacock Douglas, 1903-1970）（人）…138, 153
ダグラス女子カレッジ（Douglass College for Women）（教）…… 168
タコマ（Tacoma, Washington）（地）……………………………… 133, 134
タコマ公共図書館（Tacoma Public Library）（図）……………… 133, 134
『たのしい川べ（*The Wind in the Willows*）』（書）…………………… 21
『旅への招待（*Invitation to Travel*）』（書）…………………………………… 105
ダフ（Annis Duff, 1904?-1986）（人）……………………………… 144, 145
ダフ（Ramsey Duff）（人）………… 144
ダブルディ出版（Doubleday Publisher）（組）…………… 44, 45, 92, 105, 111
タラハシー（Tallahassee, Florida）（地）…………………………………… 172
タリータウン（Tarrytown, New York）（地）…………………………………… 71
ダルグリーシュ（Alice Dalgliesh, 1893-1979）（人）…………… 105, 109, 110
タルサ（Tulsa, Oklahoma）（地）……………………………… 167, 168

『ティーン・エイジのための図書(*Books for the Teen Age*)』(書) ……… 104
テキサス大学(University of Texas)(教)……………… 94, 121, 134, 135
デトロイト(Detroit, Michigan)(地)……… 97, 98, 100, 114, 115, 171
デトロイト教員カレッジ(Detroit Teachers College)(教) …97, 98, 115
デトロイト公立学校システム(Detroit Public Schools)(教) ………… 100
テニル(Tennile, Georgia)(地) … 176
テネシー渓谷開発事業団(Tennessee Valley Authority[TVA])(組)……………………………… 132, 140
テネシー図書館協会(Tennessee Library Association)(組) ……………… 106
デポール大学(DePaul University)(教)……………………………………… 87
デ・モイン(Des Moines, Iowa)(地)…………………………………… 130
デ・ヤング(Meindert De Jong, 1906-1991)(人) ……………………35, 159
デューイ(Melvil Dewey, 1851-1931)(人) …4, 24, 25, 26, 28, 33, 39, 61, 68, 75, 82
デューク大学(Duke University)(教)……………………………… 150, 171
デリー大学(University of Delhi)(教)……………………………………… 32
展示会ラウンド・テーブル(Exhibitions Round Table)(組) ……………… 29
デント(Allie Beth Dent, 1914-1976)(人)……………………………… 167
デンバー(Denver, Colorado)(地)……………………7, 133, 159, 170
デンバー大学(University of Denver)(教)…………………… 133, 159, 170
デンマーク(Denmark, Europe)(国)………………………………… 162
『天路歴程(*The Pilgrim's Progress*)』(書)…………………………………… 19

【ト】

ドイツ(Germany, Europe)(国)…34, 35, 68, 71, 111, 125, 162, 177
トウェイン(Mark Twain, 1835-1910)(人)……………………… 20, 21, 111
東京(Tokyo, Japan)(地)…34, 139, 146
東南部図書館協会(Southeastern Library Association)(組) …106, 117
『童話集　マザー・グースの話(*Mother Goose's Tales*)』(書) …………… 20
『読書の地理学(*The Geography of Reading*)』(書) ………………27, 179
『図書館学序説(*An Introduction of Library Science*)』(書)…………… 27
図書館管理・経営部会(Library Administration and Management Association)(組) ………………… 29
『図書館業務への訓練(*Training for library work*)』(書) ……………… 26
図書館研究ラウンド・テーブル(Library Research Round Table)(組) …… 29
図書館コレクションならびにテクニカル・サービス部会(Association for Library Collection & Technical Services)(組) …………………… 29
図書館サービス建設法(Library Services Construction Act)(法)…140
『図書館サービスへの訓練(*Training for library service*)』(書) …………… 26
図書館サービス法(Library Services Act)(法) ……………………… 156
図書館資源評議会(Council on Library

Resources[CLR])(組)
……………………15, 48, 153, 180
『図書館ジャーナル(*Library Journal*)』
⇒ 『ライブラリー・ジャーナル』
図書館情報技術部会(Library and Information Technology Association)(組)…………………………………29
図書館史ラウンド・テーブル(Library History Round Table)(組) ………29
『図書館世界(*Library World*)』 ……61
図書館大会(Library Conference)(活)
…3, 7, 28, 30, 31, 38, 62, 66, 128, 129, 153, 154
「図書館の権利宣言」(Library Bill of Rights)(法) ………………………30
図書館理事会・支援者部会(Association for Library Trustees and Advocates)(組)…………………………………29
図書キャラバン隊(Book Caravan)(活)
………………………………………83
ドス・パソス(John Dos Passos, 1896-1970)(人) ……………………… 111
ドーソン(Dawson, Georgia)(地)…132
ドーチェスター(Dorchester, Massachusetts)(地) ………………96
ドッジ(Mary Mapes Dodge, 1831-1905)(人) …………………………20
『トップ・オブ・ザ・ニュース(*Top of the News*)』(書)………………30, 135
ドネル短期カレッジ(Donnell Junior College)(教)…………………… 174
ドネル図書館(Donnell Branch)(図)
………………………………………11
トペカ(Topeka, Kansas)(地)
……………………… 113, 121, 181
トペカ・ウェスト高等学校(Topeka West High School)(教) ……… 181
トーマストン(Thomaston, Maine)(地)
………………………………………73
トーム学院(Tome Institute)(教) …85
『トム・ソーヤーの冒険(*The Adventures of Tom Sawyer*)』(書)
………………………………………20
トムソン(Jean Thomson, 1902-1975)(人)………………………… 135, 136
トラヴァース(Pamela Lyndon Travers, 1899-1996)(人) …………………21
『ドリトル先生(*Doctor Dolittle*)』(書)
…………………………………21, 105
トリニダード(Trinidad, West Indies)(国)……………………………… 109
トリニティ大学(Trinity University)(教)……………………………… 131
トールキン(John Ronald Reuel Tolkien, 1892-1973)(人) ………22
ドーレア(Edgar d'Aulaire, 1898-1986)(人)…………………………………92
ドレクセル芸術科学産業学院(Drexel Institute of Art, Science and Industry)(教)…………………………… 24, 72
ドレクセル工科大学(Drexel Institute of Technology)(教)…24, 134, 153, 155
ドレクセル大学(Drexel University)(教)……………………………24, 155
トロント(Toronto, Canada)(地)
…39, 100, 101, 102, 135, 136, 144
トロント公共図書館(Toronto Public Library)(図)…39, 100, 101, 135, 136
トロント少年・少女の家(Toronto Boys and Girls House)(図) ⇒ 少年・少女の家
トロント大学(University of Toronto)(教)…………………… 101, 102, 135
トンプソン(James Westfall Thompson)(人)……………………………………27

## 【ナ】


『長くつ下のピッピ（*Pippi Long Stockings*）』（書） …………………… 22
ナッシュヴィル（Nashville, Tennessee）（地）………………………… 146, 168
『ナルニア国ものがたり（*The Chronicles of Narnia*）』（書） …… 22
南極（Antarctica）（地） …………… 175
南北戦争（Civil War）（事）…………………3, 7, 28, 38, 61, 63


## 【ニ】


『ニコラス（*Nicholas*）』（書）………… 78
『ニコラスと金のガチョウ（*Nicholas and the Golden Goose*）』（書）…… 78
ニコルセン（Margaret E. Nicholsen, 1904-1999）（人） ………… 147, 148
日曜学校（Sunday School）（教） …… 6
ニックス（Lucile Nix, 1903-1968）（人）……………………… 133, 139, 140
日本（Japan）（国） …… 5, 8, 14, 24, 32, 34, 54, 63, 64, 66, 94, 138, 139, 146, 162, 172
ニューアーク（Newark, New Jersey）（地）…………………………… 17, 75
ニューアーク公共図書館（Newark Public Library）（図）………… 17, 75
ニューイングランド（New England）（地）…3, 6, 7, 25, 38, 44, 66, 73, 74, 75, 76, 80, 91, 98, 129, 172
ニュージャージー女子カレッジ（New Jersey College for Women）（教）…………………………… 152, 168
ニュージャージー図書館協会（New Jersey Library Association）（組）………………………………… 152
ニュージーランド（New Zealand, Oceania）（国） ……… 18, 158, 165
ニュートン（Newton, Massachusetts）（地）………………………………… 61
ニュートン・センター（Newton Center, Massachusetts）（地）…………88, 103
ニューハンプシャー州立図書館（New Hampshire State Library）（図）…156
ニューベリー（John Newbery, 1713-1767）（人）………………………… 19
ニューベリー／コルデコット賞選考委員会（Newberry-Coldecott Award Committee）（組）…119, 121, 154, 163
ニューベリー賞（Newbery Medal）（賞）…………………30, 37, 89, 92, 164
ニューポート（Newport, Rhode Island）（地）………………………………… 97
ニューポート公共図書館（Newport Public Library）（図）……………… 97
ニューメキシコ大学（University of New Mexico）（教） …………… 175
ニューヨーク公共図書館（New York Public Library）（図）………… 5, 7, 8, 9, 11, 17, 25, 26, 31, 39, 40, 42, 44, 45, 66, 67, 68, 73, 74, 76, 77, 78, 93, 96, 97, 100, 101, 103, 104, 107, 112, 113, 121, 122, 124, 137, 140, 141, 142, 149, 153, 160, 161, 163, 165, 171, 176, 177
ニューヨーク市（New York City）（地）…80, 90, 93, 98, 103, 104, 112, 158
ニューヨーク州立教員カレッジ（New York State College for Teachers）（教）…………… 97, 98, 153, 160, 166
ニューヨーク州立大学（University of the State of New York[USNY]）（教）……………………………………… 33
ニューヨーク州立大学オルバニー校

(State University of New York at Albany)(教) ……………………… 98
ニューヨーク州立図書館学校(New York State Library School)(教) …24, 25, 75, 82, 89, 91, 98, 106, 108, 116, 128
ニューヨーク大学(New York University)(教) ………… 124, 127
『ニューヨーク・タイムズ(*New York Times*)』(書) …………… 47, 91, 172
ニューヨーク図書館協会(New York Library Association)(組) ………… 33, 84, 88, 109, 127, 172
『ニューヨーク・ヘラルド・トリビューン(*New York Herald Tribune*)』(書) ………………………………… 77

【ネ】

ネイサン・ストラウス分館(Nathan Straus Branch)(図) ……………… 5, 17, 103, 149, 150
ネズビット(Elizabeth Nesbitt, 1897-1977)(人) ……… 39, 118, 119, 142
ネバダ大学(University of Nevada)(教) …………………………………… 161

【ノ】

ノーザン・コロラド大学(University of Northern Colorado)(教) ……… 170
ノーサンバーランド(Northumberland, Pennsylvania)(地) …………… 118
ノースヴィル(Northville, Minnesota)(地) ……………………………… 147
ノースウェスト高等学校(Northwest High School)(教) …………… 100
『ノース・カロライナ学校図書館ハンドブック(*North Carolina School Library Handbook*)』(書) …… 138
ノース・カロライナ大学(University of North Carolina)(教)…25, 27, 70, 138, 146, 168, 169, 179, 180
ノース・カロライナ図書館協会(North Carolina Library Association)(組) …………………………………… 138
ノース・セントラル高等学校(North Central High School)(教) ……… 90
ノースフィールド女子校(Northfield School for Girls)(教) ………… 158
ノックスヴィル(Knoxville, Georgia)(地) ……………………………… 132
ノードストローム(Ursula Nordstrom, 1910-1988)(人)…158, 159, 165, 169
ノートン(Charles Benjamin Norton, 1825-1891)(人) ………………… 28
ノバ・スコシア(Nova Scotia, Canada)(地) ……………………………… 109
ノーフォーク(Norfolk, Virginia)(地) …………………………………… 169
ノルウェー(Norway, Europe)(国) … …………………………… 145, 162

【ハ】

バイキング出版 ⇒ ヴァイキング出版
ハイツタウン(Hightstown, New Jersey)(地) …………………… 104
ハイド・パーク(Hyde Park, London)(地) ……………………………… 46
パイパー(Betsy Piper)(人) …… 167
『バイブルの動物たち(*Animals of the Bible*)』(書) …………………… 105
ハイ・ポイント(High Point, North Carolina)(地) ………………… 146
ハイランド・パーク高等学校(Highland

Park High School)(教) ……… 181
パイル(Howard Pyle, 1853-1911)(人) ……………………………………21, 118
パイン・マウンテン(Pine Mountain, Kentucky)(地) ……………………… 94
ハヴィランド(Virginia Haviland, 1911-1988)(人) ……………… 8, 162, 163
パウエル(Lawrence Clark Powell, 1906-2001)(人) ……………… 122
ハウエルズ(William Dean Howells, 1837-1920)(人) ………………… 44
バウカー(Richard Rogers Bowker, 1848-1933)(人) …………… 88, 89
バウカー出版(R. R. Bowker Company)(組) ……………………… 66, 89, 162
『蠅の王(*Lord of the Flies*)』(書) … 23
バーカー(Tomy Dora Barker)(人) ………………………………… 133
バーク・ホロー(Burke Hollow, Vermont)(地) …………………… 79
バーグマン(Margaret Bergman, 1921-1999)(人) ……………………… 175
ハーコート(Alfred Harcourt)(人)…44
ハーコート・ブレイス出版(Harcourt, Brace & Company)(組) ……… 165
パサイック(Passaic, New Jersey)(地) ………………………………… 154
バージニア大学 ⇒ ヴァージニア大学
バック・ベイ(Back Bay, Boston)(地) …………………………………… 73
『ハックルベリー・フィンの冒険(*The Adventures of Huckleberry Finn*)』(書) ………………………………… 21
バッチェラー(Howard Batchelor)(人) ………………………………… 155
バッチェラー(Lillian Lewis Batchelor, 1907-1977)(人) ……………… 155
バッチェルダー(Mildred Leona Batchelder, 1901-1998)(人) …30, 35, 37, 125, 127, 128, 129, 148
ハットフィールド(Frances Stokes Hatfield, 1922-1987)(人) …… 176
バッファロー(Buffalo, New York)(地) ………………………… 86, 92, 107
バッファロー公共図書館(Buffalo Public Library)(図) …… 86, 92, 107
バッファロー大学(University of Buffalo)(教) …………………… 107
ハーディン・スクエア分館(Hardin Square Branch)(図) …………… 119
パーデュー大学(Purdue University)(教) ………………………… 157, 173
ハートフォード(Hartford County, Maryland)(地) ………………… 132
ハートフォード(Hartford, Massachusetts)(地) ………… 65, 66
『ハートフォード図書館協会報(*Bulletin of the Hartford Library Association*)』(書) ………………………………… 65
バトラー(Pierce Butler, 1886-1953)(人) ………………………………… 27
バトラー大学(Butler University)(教) ………………………………… 157
バトル・クリーク(Battle Creek, Michigan)(地) ………………… 170
バトン・ルージュ(Baton Rouge, Louisiana)(地) ………………… 124
バーナイト(Caroline Burnite)(人)…85
バニヤン(John Bunyan, 1628-1688)(人) ………………………………… 19
バーネット(Frances Hodgson Burnett, 1849-1924)(人) ………………… 21
ハーパー・アンド・ブラザーズ出版(Harper & Brothers)(組) …105, 110, 111, 158, 159, 165, 169

## 【ヒ】

Hampshire)(地) …………………… 6
『ピーター・ラビットのおはなし(*The Tale of Peter Rabbit*)』(書) ……… 21
ピッツバーグ(Pittsburgh, Pennsylvania)(地) …4, 12, 24, 39, 71, 72, 79, 82, 83, 85, 86, 101, 118, 119, 121, 160
ピッツバーグ大学(University of Pittsburgh)(教)……39, 118, 119, 160
ピッツバーグ図書館(Pittsburgh Library)(図) …………………… 24, 71
『人々は何を読みたがっているか(*What People Want to Read About*)』(書) ……………………………………… 27
『ピノキオ(*Pinocchio*)』(書) ……… 20
ビバリー・ファームズ(Beverly Farms, Massachusetts)(地) ………………… 90
『ひゃくまんびきのネコ(*Millions of Cats*)』(書) ……………………… 21
ヒューインズ(Caroline Maria Hewins, 1846-1926)(人)…7, 8, 61, 65, 66, 88
ヒューズ(Langston Hughes, 1902-1967)(人) ……………………… 120
ビリングス(John Shaw Billings, 1838-1913)(人) ………………………… 77
ヒル(Frank P. Hill, 1855-1941)(人) ……………………………………… 75
ビンガム(Caleb Bingham)(人) …… 6
ビンガム図書館(Bingham Library)(図)………………………………… 6

## 【フ】

ファイエットヴィル(Fayetteville, North Carolina)(地) ………… 146
ファーゴ(Lucile Foster Fargo, 1880-1962)(人) …………………… 89, 90
ファージョン(Eleanor Farjeon, 1881-1965)(人) ……………………35, 105
ファスト(Elizabeth Astrid Trygstad Fast, 1931-1977)(人) …… 180, 181
ファスト(Nicholas Fast)(人) … 180
フィスク大学(Fisk University)(教) ……………………………… 120, 146
フィッシュ(Helen Dean Fish, 1889-1953)(人) ………………… 104, 105
フィッツヒュー(Louise Fitzhugh, 1928-1974) …………………… 159
フィプソン(Joan Phipson, 1912-2003)(人)……………………………… 165
フィラデルフィア(Philadelphia, Pennsylvania)(地) …12, 28, 38, 72, 75, 118, 134, 155
フィラデルフィア学校区(Philadelphia School District)(組) ………… 155
フィラデルフィア図書館会社(Library Company of Philadelphia)(組) … 28
フィリピン大学(University of the Philippines)(教) ………………… 32
フィンドレイ(Findlay, Ohio)(地)…174
フィンランド(Finland, Europe)(国) ……………………………………… 35
フェニックス(Phoenix, Arizona)(地) ………………………………… 177
フェニックス・カレッジ(Phoenix College)(教) …………………… 177
フェロウズ(Marguerite Fellows)(人) ……………………………………… 88
フェンウィック(Sara Innis Fenwick, 1908-1993)(人) …… 17, 157, 158
フェンナー(Phyllis Reid Fenner, 1899-1982)(人) ………………… 126, 127
フォード財団(Ford Foundation)(組) ……………………………………… 31
フォルジャー(Henry Clay Folger, 1857-1930) ……………………… 43

『ふしぎなえ』（書）……………………… 22
『不思議の国のアリス（*Alice's Adventure in Wonderland*）』（書）…………… 20
武昌（Wuchang, China）（地）…… 142
『二人の町（*Two and the Town*）』（書）…………………………………… 110
ブラウン（Marcia Brown, 1918- ）（人）…………………………………98, 110
ブラウン（Margret Wise Brown, 1910-1952）（人）……………………… 159
ブラジリア大学（University of Brasíilia）（教）………………………………… 32
フラック（Marjorie Flack, 1897-1958）（人）………………………………… 92
プラット（Charles Pratt, 1830-1891）（人）………………………………… 24
プラットヴィル（Platteville, Wisconsin）（地）……………………………… 178
プラット学院（Pratt Institute）（教）…4, 7, 9, 24, 26, 39, 40, 67, 68, 71, 77, 78, 84, 85, 109, 154
プラット学院（無料）図書館（Pratt Institute Free Library）（図）…………… 4, 7, 39, 67, 68, 77, 84
ブラッドフォード（Bradford, Massachusetts）（地）……………… 76
ブラッドフォード学院（Bradford Academy）（教）…………………… 76
ブラティスラヴァ（Bratislava, Slovakia）（地）………………… 143
プラマー（Mary Wright Plummer, 1856-1916）（人）… 4, 7, 35, 39, 67, 68, 69, 71, 84
フランクフルト（Frankfurt, Germany）（地）………………………………… 34
フランクリン（Benjamin Franklin, 1706-1790）（人）………………… 12
フランクリン・ワッツ出版（Franklin Watts Publishers）（組）………… 143
フランス（France, Europe）（国）…9, 32, 35, 66, 67, 68, 78, 81, 139, 162, 178
ブランスウィック（Brunswick, New York）（地）……………………… 116
プランドーム学校（Plandome School）（教）……………………………… 127
『ブリタニカ百科事典（*Encyclopædia Britannica*）』（書）……………… 126
ブリタニカ百科事典賞（Encyclopædia Britannica Award）（賞）……… 174
プリチャード（Martha Caroline Pritchard, 1882-1959）（人）…97, 98
ブリッジウォーター（Bridgewater, Massachusetts）（地）…………… 114
ブリッジウォーター州立教員カレッジ（Bridgewater State Teachers College）（教）…………………… 114
プリンツ（Michael L. Printz, 1937-1996）（人）………………… 181, 182
プール（William Poole, 1821-1894）（人）…………………………… 28, 65
ブルー・アース（Blue Earth, Minnesota）（地）………………………………… 147
プルーイン図書館（Pruyn Library）（図）……………………………………… 91
ブルッキングス（Brookings, South Dakota）（地）…………………… 145
ブルックリン（Brooklyn, New York）（地）…4, 7, 24, 68, 69, 70, 71, 75, 76, 82, 84, 85, 93, 107, 109, 124, 127
ブルックリン公共図書館（Brooklyn Public Library）（図）…75, 82, 93, 107
ブルックリン女子高等学校（Brooklyn Girl's High School）（教）………… 84
ブルックリン・ポリテクニク（Brooklyn Polytechnic Institute）（教）……… 69

フルトン・カウンティ(Fulton County, Georgia)(地) …………………… 148
ブルーナ(Dick Bruna, 1927- )(人)…22
フルブライト奨学金(Fulbright Grants) ……………………… 48, 140, 141
プレザント・ヒル(Pleasant Hill, California)(地)………………… 156
ブレット(Jane Brett)(人) …………63
ブレット(William Howard Brett, 1846-1918)(人)…5, 9, 38, 39, 63, 64, 83, 85
フレデリック・メルチャー奨学金(Federic Melcher Scholarship)(賞) ………………………………………89
フレミング(Frances O. Fleming, 1924-1981)(人) …………… 30, 177, 178
プレモン(Gladys Plemon, 1903-1983)(人)……………………………… 137
プロスペクト・パーク(Prospect Park, Pennsylvania)(地) …………… 155
フロリダ州立女子カレッジ(Florida State College for Women)(教) ……………………… 172, 173, 176
フロリダ州立大学(Florida State University)(教) ………… 172, 173
ブロンクス(Bronx, New York)(地) …………………………… 142, 177
『文学との初めての出合い(*First Experience with Literature*)』(書) ……………………………… 109

【へ】

『ペアレンツ・マガジン(*Parents Magazine*)』(書) ……………… 109
ペアレンツ・マガジン賞(Parents Magazine Medal Award)(賞) …161
ヘイヴン中学校(Haven Middle School)(教)……………………………… 128
ベイカー(Augusta Braxton Baker, 1911-1998)(人) …9, 40, 47, 78, 98, 160, 161, 162, 177
ベイカー(James Baker)(人) …… 160
ベイカー・シティ(Baker City, Oregon)(地)……………………………………89
ベイカー大学(Baker University)(教) ……………………………… 106
ヘイスティングス(Hastings, Nebraska)(地)……………………………… 113
ベイツヴィル(Batesville, Arkansas)(地)……………………………… 167
ヘイナー(Charlotte Irene Hayner, 1896-1989)(人) ……………… 116
ヘイワード(Hayward, California)(地) ……………………………… 137
ヘイワード公共図書館(Hayward Public Library)(図) …………………… 137
ペインスヴィル(Painesville, Ohio)(地)……………………………… 112
ベインブリッジ(Bainbridge, Georgia)(地)……………………………… 132
『ペギーの遊び場(*Peggy's Playhouses*)』(書)…………………………………76
ベクテル(Louise Seaman Bechtel)(人) …………………………… 105, 165
ベトナム戦争(Vietnam War)(事) … 47
ヘネ(Frances Elizabeth Henne, 1906-1985)(人) … 14, 145, 152, 153, 154, 166, 170
ベミジ(Bemidji, Minnesota)(地)…147
ヘムステッド(Hempstead, New York)(地)………………………… 104, 105
『ヘムロック山の熊(*The Bears on Hemlock Mountain*)』(書) …… 110
ベーメルマンス(Ludwig Bemelmans, 1898-1962)(人) …………………92
ペルー(Peru, South America)(国)

……………………………32, 137
ベルリン(Berlin, Germany)(地) … 34
ベレルソン(Bernard Berelson)(人)
…………………………… 153
ペロー(Charles Perrault, 1628-1702)
(人)……………………………20
ペンシルヴェニア学校図書館協会
(Pennsylvania School Library
Association)(組) ……………… 155
ペンシルヴェニア大学(University of
Pennsylvania)(教) …………71, 155
ペンシルヴェニア図書館協会
(Pennsylvania Library Association)
(組)…………………… 61, 119, 155
ヘンダーソン(Henderson, North
Carolina)(地) ………………… 171
ペン・チャーター学校(Penn Charter
School)(教) ……………………12
ヘンリー・ホルト出版(Henry Holt
Publishers)(組) ……………… 144

## 【ホ】

『ボーイ・スカウト年鑑(*Boy Scout
Yearbook*)』(書) …………………81
『ボーイズ・ライフ(*Boy's Life*)』(書)
……………………………………80
ホイットニー(Eleanor Whitney)(人)
…………………………… 96, 97
ホイットマン・カレッジ(Whitman
College)(教)……………………89
ボイド(Jessie Edna Boyd, 1899-1978)
(人)………………………… 125, 126
ボイド・カウンティ健康局(Boyd County
Health Department)(組)……… 163
ホイートン・セミナリー(Wheaton
Seminary)(教) …………………97
ホィーラー(Joseph Wheeler)(人)…131
ホウク(John Hoke)(人) ………… 143
『ぼうしをかぶったへんなネコ(*The Cat
in the Hat*)』(書) …………………22
『豊富な分野(*An Ample Field*)』(書)
…………………………………… 112
ボーグル(Sarah Comly Norris Bogle,
1870-1932)(人)
…………… 35, 71, 72, 73, 82, 122
ボストン(Boston, Massachusetts)(地)
…3, 7, 8, 9, 11, 25, 28, 31, 39, 40,
41, 42, 44, 45, 61, 65, 66, 73, 74, 78,
81, 88, 95, 96, 103, 128, 142, 162,
163, 171
ボストン・アシーニアム(Boston
Atheneum)(組) …………… 61, 65
ボストン公共図書館(Boston Public
Library)(図)…7, 8, 9, 28, 31, 39, 40,
42, 44, 73, 78, 96, 162, 163
『ボストンの人々(*The Bostonians*)』
(書)…………………………… 41, 96
ホーソーン(Nathaniel Hawthorne,
1804-1864)(人) …………………44
ポター(Beatrix Potter, 1866-1943)(人)
………………………… 21, 78, 118
ポータケット(Pawtucket, Rhode
Island)(地) ……………… 7, 62, 63
ポータケット無料図書館(Pawtucket
Free Public Library)(図) …7, 62, 63
ボック工業高等学校(Bok Technical
High School)(教) …………… 155
ポート・ジャーヴィス(Port Jervis,
New York)(地)………………… 112
ポート・デポジット(Port Deposit,
Maryland)(地) ……………………85
ホーバン(Lillian Hoban, 1925-1998)
(人)……………………………… 159
ポーランド(Poland, Europe)(国)
………………………… 162, 163

ポリティ(Leo Politi, 1908-1996)(人) …………………………………… 110
ホリディ・ハウス出版(Holiday House)(組)……………………………… 137
ホール(Mary Evelyn Hall, 1874-1956)(人)………………… 84, 91, 97, 128
ボルティモア(Baltimore, Maryland)(地) …17, 118, 131, 150, 157, 160, 178, 179
ポルテウス(Elnora Marie Portteus, 1917-1983)(人) ………… 174, 175
ポルテウス(Paul Portteus)(人)… 174
ボローニャ(Bologna, Italy)(地) …………………………………46, 144
ホワイト(E. B. White, 1899-1985)(人) …………………………………… 159
ホワイト(John White)(人) ……… 64
ホワイト(William Allen White, 1868-1944)(人) ……………………93, 114
ホワイト・ディア・ミルズ(White Deer Mills, Pennsylvania)(地) ……… 72
ホワイトナック(Carolyn Irene Whitenack, 1916-1984)(人) ……………………………… 173, 174
ホワイト・プレインズ(White Plains, New York)(地)……………………… 97
ホワイト・プレインズ高等学校(White Plains High School)(教)………… 97
ボンタン(Arna Wendell Bontemps, 1902-1973)(人) ……………… 120
『本にとりつかれて(*Summoned by Books*)』(書) …………………… 122
「本年度の児童図書(Book of the Year for Children)」(賞)……………… 37
「ホーン・ブック」 ⇒ 「角本」
『ホーン・ブック(*The Horn Book*)(*Horn Book Magazine*)』(書) ………… 18, 35, 45, 47, 73, 74, 77, 78, 92, 94, 95, 96, 97, 105, 110, 122, 142, 143, 145, 150, 162

## 【マ】

『マイクの家(*Mike's House*)』(書)…109
マイラム(Carl Milam, 1884-1963)(人) ………………………… 32, 72, 89
マウント・エアリー(Mt. Airy, Pennsylvania)(地) …………… 118
マウント・バーノン(Mount Vernon, Washington)(地) ……………… 159
マウント・ホリョーク・カレッジ(Mount Holyoke College)(教) …………………127, 128, 152, 165
マウント・ワシントン分館(Mt. Washington Branch)(図) …… 118
マオニー(Bertha Mahony, 1882-1969)(人)……………… 74, 78, 95, 96, 97
マーガレット・A・エドワーズ賞(Margaret A. Edwards Award)(賞) …………………………………… 132
マクエルダリー(Margaret K. McElderry, 1912-2011)(人) … 165
マクジェンキン(Virginia McJenkin, 1905-1981)(人) ………… 148, 149
マーク・トウェイン図書館(Mark Twain Library)(図) …………… 111
マクドナルド(George MacDonald, 1824-1905)(人) ………………… 20
マクミラン出版(Macmillan Publishers)(組)……………… 45, 105, 142, 165
『マザー・グース(*Mother Goose*)』 ⇒ 『童話集　マザー・グースの話』
マザー・グース・コレクション(Mother Goose Collection)(活) ……… 130
マサチューセッツ工科大学(Massachusetts Institute of

Technology[MIT])(教) ………… 88
マサチューセッツ図書館協会(Massachusetts Library Association)(組)……………………………… 103
マシー(May Massee, 1881-1966)(人)…9, 39, 45, 46, 92, 93, 96, 105, 109, 144, 145, 165
マシューズ(Franklin K. Mathiews, 1872-1950)(人)…31, 77, 80, 81, 88
マーチン・カウンティ(Martin County, Florida)(地) …………………… 108
マーチン・カウンティ公共図書館(Martin County Public Library)(図)……………………………… 108
マックレランヴィル(McClellanville, South Carolina)(地) ………… 179
マックロスキー(John Robert McCloskey, 1914-2003)(人)…… 22, 92, 119, 145
マッグワィア(Alice Rebecca Brooks McGuire, 1902-1975)(人)……………………… 134, 135, 153
マッグワィア(John McGuire)(人)……………………………… 134
『マッコール(*McCall's*)』(書)…… 111
マディソン(Madison, Wisconsin)(地)……………………… 106, 130, 178
マディソン・カレッジ(Madison College)(教)…………………… 106
マディソン無料図書館(Madison Free Library)(図)…………………… 130
マーティン(Allie Beth Dent Martin, 1914-1976)(人) …… 166, 167, 168
マーティン(Frank Martin)(人)… 167
マーティン(Lowell Martin)(人)…152
『窓の下で(*Under the Window*)』(書)……………………………………20
マドリード(Madrid, Spain)(地) …142
マハー(Mary Helen Mahar, 1913-1998)(人)……………………98, 166
マーブルヘッド(Marblehead, Massachusetts)(地)………………62
『マリアン・マーサ(*Marian Martha*)』(書)…………………………………90
マリエッタ(Marietta, Georgia)(地)……………………………… 133
マリオン・カウンティ(Marion County, Florida)(地) …………………… 141
マリン(Judith Young Mallin)(人)…172
マレーシア(Malaysia, Asia)(国) …151
マレーシア教育局(Malaysian Ministry of Education)(組) …………… 151
マン(Ralph Munn)(人) ………… 118
マンソン(Amelia Howard Munson, 1893-1972)(人) …40, 103, 112, 113
マンチェスター(Manchester, Vermont)(地)……………………………… 127
マンハセット(Manhasset, New York)(地)……………………………… 127
マンハッタン(Manhattan, New York)(地)……………………… 11, 78, 177

## 【ミ】

ミシガン大学(University of Michigan)(教)………… 63, 116, 157, 168, 170
ミシガン・メディア教育協会(Michigan Association for Media in Education [MAME])(組) ………………… 171
ミシシッピー大学(University of Mississippi)(教) ……………… 120
ミス・スティヴンス校(Miss M. E. Stevens School)(教) ……………72
『三つの金色のオレンジ(*Three Golden Oranges and other Spain Folk Tales*)』(書) ………………………94

ミードヴィル(Meadville, Pennsylvania)(地)……………………………… 110
『緑の谷の小さな家(*The Little House in the Green Valley*)』(書) ………… 76
ミドルスバロ(Middlesboro, Kentucky)(地)………………………………… 93
ミドルタウン(Middletown, New York)(地)………………………………80, 168
南カリフォルニア大学(University of Southern California)(教) …… 123, 124, 141, 149, 158, 177
ミネアポリス(Minneapolis, Minnesota)(地)………………………………… 7
ミネソタ州立教員カレッジ(Minnesota State Teacher's College)(教)… 128
ミネソタ大学(University of Minnesota)(教)………… 46, 116, 145, 163, 164
ミュンヘン(München, Germany)(地) ………………… 34, 111, 125, 129
ミラー(Bertha Mahony Miller, 1882-1969) ⇒ マオニー
ミルウォーキー(Milwaukee, Wisconsin)(地)………………………………… 92
ミルドレッド・L・バッチェルダー賞(Mildred L. Batchelder Award)(賞) ………………………… 30, 37, 129
ミルトン(Milton, Florida)(地)… 172
ミルン(Alan Alexander Milne, 1882-1956)(人)………………………… 21
ミンデン・シティ(Minden City, Michigan)(地)………………… 130

## 【ム】

ムーア(Anne Carroll Moore, 1871-1961)(人)…………… 4, 7, 8, 9, 17, 31, 39, 40, 41, 42, 53, 67, 74, 76, 77, 78, 81, 84, 93, 94, 96, 100, 101, 103, 122, 128, 141, 142, 161, 165, 171
『ムーミン(*Moomin*)』シリーズ(書) ………………………………………… 22

## 【メ】

メアリー・A・キングスバリー図書館(Mary A. Kingsbury Library)(図) ………………………………………… 71
メアリー・ボールドウィン・カレッジ(Mary Baldwin College)(教) …106
メイグス(Cornelia Lynde Meigs, 1884-1973)(人)…………… 91, 118, 142
メイコン(Macon, Georgia)(地) ……………………… 132, 148, 179
メイソン・シティ(Mason City, Iowa)(地)………………………………… 98
メイ・マシー委員会(May Massee Committee)(組) ……………… 145
メイ・マシー・コレクション(May Massee Collection)(活)…… 46, 93
メイン大学(University of Maine)(教) ………………………………………… 78
メキシコ(México)(国) ………… 137
メキシコ(Mexico, New York)(地) ……………………………………… 112
メドレン大学(Medellin University)(教)………………………………… 32
メトロポリタン生命保険会社(Metropolitan Life Insurance Company)(組)……………………… 69
メノミネ(Menominee, Michigan)(地) ……………………………………… 123
メリーランド学校図書館員協会(Maryland Association of School Librarians)(組) ……………… 151
メリーランド教育メディア協会(Maryland Educational Media

Association)(組) ………………… 147
メリーランド州教育部(Maryland State Department of Education)(組)…147
メリーランド大学(University of Maryland)(教) ……… 149, 175, 176
メリーランド図書館協会(Maryland Library Association)(組) …… 132
メリル(Jean A. Merrill, 1906-1985)(人)……………………………… 154
メルチャー(Frederic Gershom Melcher, 1879-1963)(人)
……… 31, 66, 77, 81, 88, 89, 162

【モ】

モーガン州立大学(Morgan State University)(教) ………………… 120
モスクワ(Moscow, Russia)(地) …158
モリスタウン(Morristown, New Jersey)(地) …………………… 155
『森のなかの小さな家(*The Little House in the Wood*)』(書) ………………76
モールデン(Malden, Massachusetts)(地)……………………………………88
『モンスター・モンスター・モンスター(*Monsters, Monsters, Monsters*)』(書)……………………………… 144
モントリオール(Montreal, Canada)(地)……………………………………77

【ヤ】

ヤズー・シティ(Yazoo City, Mississippi)(地) ……………… 119
ヤング・アダルト・サービス(Young Adults Service)(活) …5, 17, 18, 103, 107, 131, 139, 149, 150, 156, 178
ヤング・アダルト・サービス部会(Young Adult Services Division[YASD])(組)……………………………………29
ヤング・アダルト図書館サービス部会(Young Adult Library Services Association[YALSA])(組)
…………… 29, 30, 104, 178, 179
ヤンゴン大学(University of Yangon)(教)……………………………………32
ヤンソン(Tove Marika Jansson, 1914-2001)(人) …………………… 22, 35

【ユ】

『*USA*』(書) ……………………… 111
『ゆきのひ(*The Snow Day*)』(書)
…………………………………22, 145
ユナイテッド新聞雑誌社(United Newspaper Magazine Company)(組)……………………………………69
ユニオン神学セミナリー(Union Theological Seminary)(教) ……80
『指輪物語(*The Lord of the Rings*)』(書)
…………………………………………22

【ヨ】

『より良き学習のための青写真(*Blueprints for Better Learning*)』(書)……………………………… 115
『より良き読書指導のための青写真(*Blueprints for Better Reading*)』(書)
…………………………………… 115

【ラ】

ライト(Richard Wright, 1908-1960)(人)……………………………… 120
ライトソン(Alice Patricia Wrightson, 1921-2010)(人) ……………… 165
『ライブラリー・クォータリー(*Library*

【リ】



【ル】

…… 173

ルイジアナ州立大学(Louisiana State University)(教) …… 124

ルイス(Albert Kirk Lewis)(人) …155

ルイス(Clive Staples Lewis, 1898-1963)(人) …… 22

『ルシンダのブルー・ボネット(*Bluebonnets for Lucinda*)』(書) …… 122

ルーズヴェルト(Eleanor Roosevelt, 1884-1962)(人) …… 160

ルーズヴェルト(Franklin D. Roosevelt, 1882-1945)(人) …… 160

ルーズヴェルト大学(Roosevelt University)(教) …… 120

ルフェーヴル(Alice Louise LeFevre, 1898-1963)(人) …… 124, 125


## 【レ】


レイクウッド(Lakewood, Ohio)(地) …… 139

レイク・エリー・カレッジ(Lake Erie College)(教) …… 112

レイク・シティ(Lake City, Florida)(地) …… 172

レイク・ビュー(Lake View, Ohio)(地) …… 64

レイク・ミルズ(Lake Mills, Wisconsin)(地) …… 89

レイナル・アンド・ヒッチコック出版(Reynal & Hitchcock)(組) … 144

レイポルト(Frederick Leypoldt, 1835-1884)(人) …… 65

レイン(John Lane)(人) …… 175

レイン(Nancy Lane)(人) …… 175

レキシントン(Lexington, Kentucky)(地) …… 117

レキシントン(Lexington, Massachusetts)(地) …… 6

レーザー・デパート(Loeser's Department Store)(組) …… 127

レジナ賞(Regina Medal)(賞) …… 37, 78, 89, 161

レスター(Leicester, New York)(地) …… 114

レップマン(Jella Lepman, 1891-1970)(人) …… 35, 125, 129

レディング(Redding, Connecticut)(地) …… 111

レーン・ブライアント賞(Lane Bryant Award)(賞) …… 150


## 【ロ】


ロー(Marie H. Low)(人) …… 72

ローウェル(John Rowell)(人) … 178

ロウリアト書店(Lauriat Books)(組) …… 88

ロガサ(Hannah Logasa, 1879-1967)(人) …… 87, 88

ロサンゼルス(Los Angeles, California)(地) …79, 122, 123, 124, 137, 141, 177

ロサンゼルス公共図書館(Los Angeles Public Library)(図) …… 79, 122, 123, 137

『ロサンゼルス・タイムズ(*Los Angeles Times*)』(書) …… 47

ロシア(Russia)(国) …… 87, 129, 162

ロース(Jean Carolyn Roos, 1891-1982)(人) …… 17, 107, 108

ローズ(Ernestine Rose)(人) …… 72

ロセッティ(Christina Georgina Rossetti, 1830-1894)(人) …… 20

ローゼンデール(Rosendale, Wisconsin)

（地）………………………………… 174
ロダリ（Gianni Rodari, 1920-1980）（人）……………………………………35
ロチェスター（Rochester, New York）（地）…………………… 108, 109, 162
ロチェスター公共図書館（Rochester Public Library）（図）……… 108, 109
ロチェスター大学（University of Rochester）（教）………………… 108
ロック（George H. Locke）（人）… 101
ロック・アイランド（Rock Island, Illinois）（地）………………………87
ロックスバリー（Roxbury, Massachusetts）（地）………………65
ロックハート（Elizabeth Humphrey Lockhart, 1907-1978）（人）…… 156
ロック・ヒル（Rock Hill, South Carolina）（地）………………… 140
ロックフェラー（John Davison Rockefeller, 1839-1937）（人）……43
ロックフェラー財団（Rockefeller Foundation）（組）…24, 31, 32, 35, 43, 48, 73, 129, 138
ロックフォード（Rock Ford, Georgia）（地）……………………………… 148
ロックポート（Rockport, Massachusetts）（地）……………………………………95
ロードアイランド大学（University of Rhode Island）（教）…………… 181
ロバート・シンプソン出版（Robert Simpson）（組）………………… 144
ロバート・ルイス・スティーヴンソン室（Robert Louis Stevenson Room）（活）…………………… 5, 17, 107
ロビンズ（Mary Robbins）（人）……25
『ロビンソン・クルーソー（*Robinson Crusoe*）』（書）……………………80
『ロビン・フッドのゆかいな冒険（*The Merry Adventures of Robin Hood*）』（書）…………………………………21
ロフティング（Hugh Lofting, 1886-1947）（人）……………………21, 105
ローラ・インガルス・ワイルダー賞（Laura Ingalls Wilder Award）（賞）……………………………………37
ローリング（J. K. Rowling, 1965- ）（人）……………………………………23
ローリングス（Marjorie Kinnan Rawlings, 1896-1953）（人）…… 110
ロリンズ（Charlemae Hill Rollins, 1897-1979）（人）…119, 120, 121, 128
ロリンズ（Joseph Rollins）（人）… 119
ローレンス（Laurens, South Carolina）（地）…………………………… 117
ロロック（Barbara Therese Rollock, 1922-1992）（人）…… 40, 176, 177
ロング・アイランド（Long Island, New York）（地）…………… 104, 152, 180
ロングマン出版（Longmans, Green & Co.）（組）……………………… 105
ロンドン（London, United Kingdom）（地）……… 61, 66, 67, 109, 144, 149
ロンドン大学（University of London）（教）……………………………… 149

【ワ】

ワイルダー（Laura Ingalls Wilder, 1867-1957）（人）……………… 21, 37, 111
ワイルドスミス（Brian Wildsmith, 1930- ）（人）…………………… 144
ワォルレーヴェン（Margaret Walraven）（人）……………………………… 153
『若草物語（*Little Women*）』（書）…8, 20
『わが図書館（*Our Library*）』（書）…127
『若者の声の擁護者（*Voice of Youth*

*Advocates*)』(書) ………………5, 18
『若者のための科学(*Science for Youth*)』(書)…………………………………88
『若者の図書：親と子のためのガイド(*Books for the Young*)』(書) …8, 65
ワクサハチー(Waxahachie, Texas)(地)………………………………… 131
ワシントン教育コミュニケーション・技術協会(Washington Association of Educational Communication and Technology)(組) ……………… 160
ワシントン州学校図書館協会(Washington State Association of School Librarianship)(組) …… 160
ワシントン州図書館協会(Washington State Library Association)(組) … 86
ワシントン大学(University of Washington)(教) …………… 87, 137, 142, 160, 175
ワシントン・ハイツ分館(Washington Heights Branch Library)(図)… 101
『わたしは毛虫が好き(*I Like Caterpillars*)』(書) …………… 137
ワッツ(Franklin Watts)(人) …… 143
ワッツ(Helen Hoke Watts, 1903-1990)(人)………………………… 143, 144
ワフォード(Azile May Wofford, 1896-1977)(人) ……………………… 117
ワラ・ワラ(Walla Walla, Washington)(地)…………………………………89
ワールド出版(World Publishing Company)(組) ………………… 153

## 地図索引（アメリカ合衆国州名一覧）

アイオワ (Iowa)〔1〕… 87, 98, 130
アイダホ (Idaho)〔2〕
アーカンソー (Arkansas)〔3〕…147, 166, 167
アラスカ (Alaska)〔51〕
アラバマ (Alabama)〔4〕…23, 99, 100, 173
アリゾナ (Arizona)〔5〕…34, 135, 177, 178
イリノイ (Illinois)〔6〕…25, 27, 42, 69, 87, 95, 116, 128, 144, 146, 152, 153, 157, 170
インディアナ (Indiana)〔7〕…68, 88, 106, 157, 158, 173
ヴァージニア (Virginia)〔8〕…106, 146, 151, 169, 175
ヴァーモント (Vermont)〔9〕…79, 80, 127
ウィスコンシン (Wisconsin)〔10〕…25, 89, 92, 130, 133, 169, 174, 178, 179
ウェスト・ヴァージニア (West Virginia)〔11〕
オクラホマ (Oklahoma)〔12〕…119, 166, 167
オハイオ (Ohio)〔13〕…9, 26, 39, 63, 107, 112, 139, 157, 174
オレゴン (Oregon)〔14〕…89, 137, 142, 160, 175
カリフォルニア (California)〔15〕…17, 33, 42, 78, 90, 98, 112, 122, 123, 124, 125, 126, 130, 137, 141, 142, 146, 149, 156, 158, 159, 175, 177
カンザス (Kansas)〔16〕…46, 93, 106, 113, 114, 121, 154, 181
ケンタッキー (Kentucky)〔17〕…93, 94, 117, 157, 163, 173
コネティカット (Connecticut)〔18〕…6, 12, 65, 70, 71, 110, 111, 159, 166, 180
コロラド (Colorado)〔19〕…7, 45, 87, 169, 170
コロンビア特別区 (Washington, D.C.)〔20〕43, 46, 73, 117, 119, 151, 163
サウス・カロライナ (South Carolina)〔21〕………… 117, 140, 161, 179
サウス・ダコタ (South Dakota)〔22〕……………………………………145
ジョージア (Georgia)〔23〕…25, 120, 132, 133, 139, 140, 148, 149, 150, 176, 179
テキサス (Texas)〔24〕…94, 95, 121, 131, 134, 135, 153
テネシー (Tennessee)〔25〕…80, 91, 106, 132, 140, 146, 149, 168
デラウェア (Delaware)〔26〕…… 111
ニュージャージー (New Jersey)〔27〕…80, 89, 104, 152, 154, 155, 168
ニューハンプシャー (New Hampshire)〔28〕…………………………6, 156
ニューメキシコ (New Mexico)〔29〕……………………………………175
ニューヨーク (New York)〔30〕…4, 7, 12, 24, 26, 33, 71, 75, 80, 82, 84, 86, 89, 91, 97, 98, 104, 106, 107, 108, 112, 114, 116, 124, 126, 127, 128, 152, 153, 156, 160, 162, 166, 168, 171, 180
ネバダ (Nevada)〔31〕…………… 161
ネブラスカ (Nebraska)〔32〕…113, 128
ノース・カロライナ (North Carolina)〔33〕…………………………… 25, 27, 69, 70, 104, 117, 138, 140, 146, 153, 168, 169, 171, 179, 180
ノース・ダコタ (North Dakota)〔34〕
バージニア ⇒ ヴァージニア
バーモント ⇒ ヴァーモント
ハワイ (Hawaii)〔35〕……… 90, 139
フロリダ (Florida)〔36〕…108, 115, 140, 141, 158, 172, 173, 176
ペンシルヴェニア (Pennsylvania)〔37〕…61, 71, 72, 82, 101, 110, 118, 119, 134, 143, 155, 157

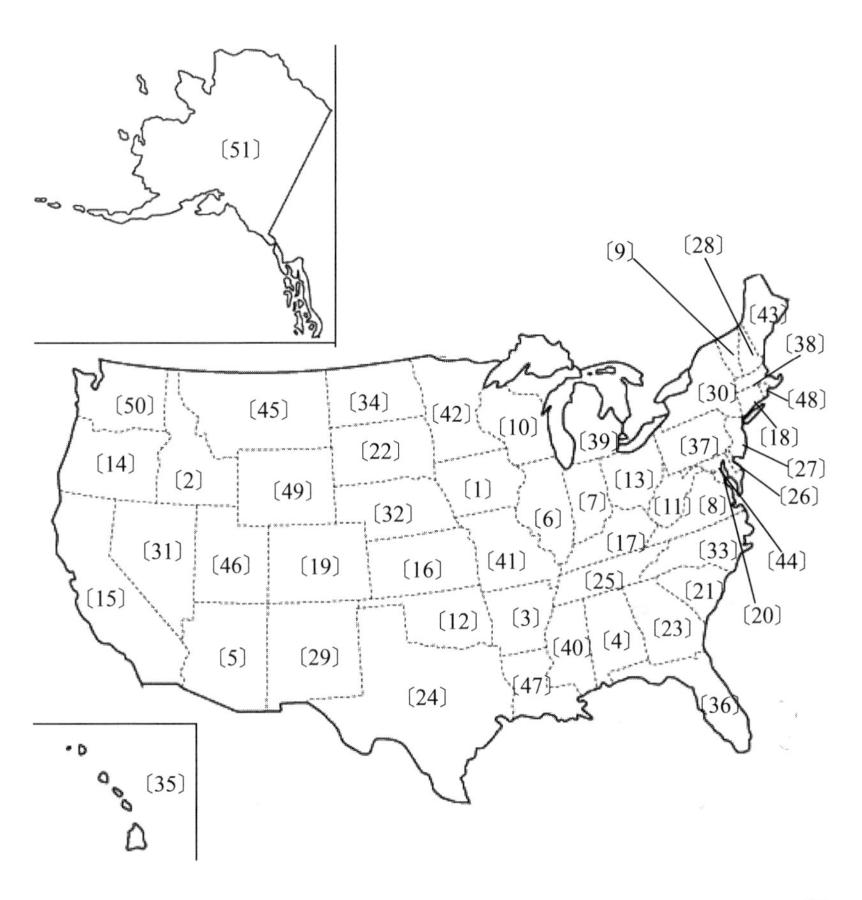
〔51〕
〔9〕
〔28〕
〔43〕
〔38〕
〔30〕
〔48〕
〔50〕
〔45〕
〔34〕
〔42〕
〔10〕
〔18〕
〔39〕
〔37〕
〔22〕
〔27〕
〔14〕
〔2〕
〔49〕
〔1〕
〔13〕
〔26〕
〔7〕
〔11〕
〔8〕
〔32〕
〔6〕
〔17〕
〔33〕
〔44〕
〔31〕
〔46〕
〔19〕
〔16〕
〔41〕
〔25〕
〔21〕
〔15〕
〔20〕
〔12〕
〔3〕
〔23〕
〔40〕
〔4〕
〔5〕
〔29〕
〔47〕
〔24〕
〔36〕
〔35〕

## 関連文献案内

アメリカの児童図書館および学校図書館に関する文献には，第一に「アメリカ図書館協会」をはじめとする各種関連機関・団体の刊行物やWebサイトで提供される情報があり，そこには大会記録および委員会の決定，基準，その他があって，各種報告書から研究者による学術書までが含まれている。以下はそれに追加した，児童の読書と児童図書館に関する研究文献である。すべてを網羅しているわけではないが，本書全体の参考文献の一覧をも意図している。ここには，本書の第一部・第二部の参考文献と併せて，できるだけ多くの「人物」とその「業績」に関する資料を採録した。


Adrienne, Sister M., "The Sixth Regina Medal Award" *Catholic Library World,* 36, September 1964, p.17.

American Library Association, *Elementary School Library Standards*, Chicago, ALA, 1925, 36p.

American Library Association, *School Libraries for Today and Tomorrow: Functions and Standards*, Chicago, ALA, 1945, 43p.

American Library Association, *Standard Library Organization and Equipment for Secondary Schools of Different Sizes*, Chicago, ALA, 1920. (Certain Standard)

Andrews, Siri, *Caroline Burnite Walker, A Pioneer in Library work with Children*, Sturgis Printing Company, 1950, 24p.

Andrews, Siri, ed., *The Hewins Lectures, 1947-1962*, Boston, *Horn Book*, 1963, 375p.

Arbuthnot, May Hill, *Children and Books*, Chicago, Scott, Freeman, 1957.（8th ed. 1991.）

Arbuthnot, May Hill, *Children's Reading in the Home*, Chicago, Scott, Freeman, 1969, 374p.

Atkinson, Joan L., "Pioneers in Public Library Service to Young Adults" *Top of the News*, 43, 1986, p.27-44.

Avery, Gillian, *Behold the Child：American Children and Their Books 1621-1922,* Baltimore, Johns Hopkins Press, 1994, 226p.

Bader, Barbara, "Only the Best: The Hits and Misses of Anne Carroll Moore" *Horn Book*, v.73, 1997, p.520-528.

Baker, Augusta, ed., *Best Loved Stories and Poems for Little Children*, New York, Parents Magazine Press, 1963, 256p.

Baker, Augusta and Greene, Ellin, *Storytelling: Art and Technique*, 2nd ed., New York, Bowker, 1987, 182p.

Beatty, Jerome Jr., "Trade Winds" *Saturday Review*, 50, November 11, 1967, p.12.

Bechtel, Louise Seaman, *Books in Search of Children*, New York, Macmillan, 1970, 268p.

Bechtel, Louise Seaman, "Alice Dalgliesh and Her Books" *Horn Book*, 23, 1947, p.26-34.

Bechtel, Louise Seaman, “May Massee, Publisher" *Horn Book*, 12, 1936, p.208-216.

Becker, May, *First Adventures in Reading: Introducing Children to Books*, New York, Stokes, 1936, 286p.

Bell, Arthur, “A Young man Remembers May Massee” *Publishers Weekly*, 191, 1967, p.84-85.

Bishop, Claire Hutchet, “Homage to May Massee” *Commonweal*, 87, 1967, p.183-174.

Bowker, Richard R., “Some Children's Librarians” *Library Journal*, 46, 1921, p.789-790.

Bowker, Richard R., “Women in the Library Profession" *Library Journal*, 45, 1920, p.545-549.

Boyd, Cynthia, “State Library Adviser Rattled the Shelves" *ST. Paul Pioneer Press*, May 17, 1974.

Boyd, Jessie Edna, *Books, Libraries and You*, New York, Scribner's Sons, 3rd ed., 1965, 205p.

Branyan, Brenda M., *Outstanding Women Who Promoted the Concept of the Unified School Library and Audiovisual Programs 1950 Through 1975*, Fayetteville, Hi Willow and Publishing, 1981, 742p.

Braverman, Miriam, *Youth, Society, and the Public Library*, Chicago, American Library Association, 1979, 289p.

Bridgers, Sue Ellen, “Young Adult Books" *Horn Book*, v.64, 1988, p.660-662.

Broderick, Dorothy, “Frances Elizabeth Henne" *Voice of Youth Advocates*, 8, 1986, p.358-360.

Broderick, Dorothy, “Give 'Em Hel Mary" *Voice of Youth Advocates*, 13, 1990, p.207-208.

Brooks, Bruce, “Holden at Sixteen" *Horn Book*, v.80, 2004, p.353-357.

Brotherton, Nina C., “Anne Carroll Moore" *Library Journal*, 66, 1941, p.710.

Burch, Rpnert and Duff, Annis, “Editors and Children's Book Writers" *Horn Book*, June 1954, p.249-255.

Bush, Margaret, “New England Women: Their Increasing Influence” *Library Trends*, v.44, 1996, p.719-735.

Butler, Catherine J., “Frances Clarke Sayers: Regina Medal Winner, 1973” *Catholic Library World*, 44, 1973, p.465-469.

Campbell, Patricia J., “Reconsidering Margaret Edwards: The Relevance of the Fair Garden for the Nineties" *Wilson Library Bulletin,* 68, 1994, p.35-38.

Cart, Michael, “Remembering Myra and Mike" *Booklist*, November 15, 1996, p.180.

Carter, Betty, “Who is Margaret Edwards and What is this Award being Given in her Honor?" *The ALA Review*, 19, 1992, p.45-48.

Chelton, Mary K., "Margaret Edwards: A Interview" *Voice of Youth Advocates*, 10, 1987, p.112-113.

Chepesiuk, Ronald. "Special Report: Master Storyteller" *Wilson Library Bulletin*, 60, 1986, p.28-29.

Chisholm, Margaret and Ely, Donald, *Media Personnel in Education: A Competency Based Approach*, Chicago, American Association of School Librarians, 1976, 378p.

Clark, Maud, "Mary A. Kingsbury, Pioneer" *Wilson Library Bulletin*, 26, 1951, p.50-51.

Clark, Rheta A. and Owen, Elsie M., "The Mary A. Kingsbury Library" *Library Journal*, 79, 1954, p.101-103.

Cleary, Florence Damon, *Blueprints for Better Reading, School Programs for Promoting Skill and Interest in Reading*, New York, H. W. Wilson, 1957, 216p.

Collier, Laurie and Nakamura, Joyce, ed., *Major Authors and Illustrators for Children and Young Adults*, Detroit, Gale Research, 1993, 6 vols.

Cooke, Eileen D., "Eileen Beth's Spirit Carries in Work for White House Conference" *American Libraries*, 7, 1976, p.441.

Corrigan, Marrie and Adeline, "May Hill Arbuthnot" *Catholic Library World*, 35, February 1964, p.337-339.

Coughlan, Margaret N., "Virginia Haviland " *Horn Book*, 64, 1988, p.407-408.

Cramer, C. H., *Open Shelves and Open Minds, Cleveland*, Case Western Reserve University, 1972, 279p.

Craver, Harrison W., "Sarah C. N. Bogle" *Bulletin of the American Library Association*, 26-8, 1932, p.489.

Crockett, Lucy Herndon,'For parents about children's literature' *Library Trends*, Spring 1996, p.790-812.

Cummins, Julie, "Let Her Sound Her Trumpet: NYPL Children's Librarians and Their Impact on the World of Publishing" *Biblion*, 4-1, 1995, p.104-112.

Cundiff, Rubby Ethel, *Manual of Techniques in Library Organization*, 1958, 64p.

Cundiff, Rubby Ethel, *Recommended Reference Books for the Elementary School Library*. 2nd ed., Chicago, American Library Association, 1951, 35p.

Cundiff, Rubby Ethel, *Recommended Reference Books for the High School Library*, 5th ed., Chicago, American Library Association, 1955, 28p.

Dahlin, Thelma C., "Jessie Boyd" *California School Libraries*, 35, 1963, p.23-25.

Dalgliesh, Alice, "In Mr. Newberys Bookshop" *Horn Book*, v.16, 1940, p.274-279.

Danton, Emily M., ed., *Pioneering Leaders in Librarianship*, Chicago, ALA, 1953, 202p.

Darling, Richard L., *The Rise of Children's Book Reviewing in America, 1865-1881*, New York, Bowker, 1968, 452p.

Davis, Mary Gould, "American Folk Tales" *Horn Book*, 28, 1952, p.55-62.

Deutsch, Sarah, *Women and the City: Gender, Space, and Power in Boston, 1870-*

*1940*, New York, Oxford University Press, 2000, 387p.

Donelsen and Nilsen, *Literature for Today's Young Adults*, New York, Scott, Foresman, 1980, 484p. [5th ed., New York, Longman, 1997, 486p.]

Douglas, Mary Peacock, *Teacher Librarian's Handbook*, Chicago, American Library Association, 1941, 136p. [rev. ed. 1949, 166p.]（『司書教諭ハンドブック』牧書店，1955，202p.）

Douglas, Mary Peacock, *The Primary School Library and Its Services,* Paris, Unesco, 1961, 103p.

Douglas, Mary Peacock, *The Pupil Assistant in the School Library*, Chicago, American Library Association, 1957, 56p.

Duff, Annis, *Bequest of Wings: A Family's Pleasures with Books*, New York, Viking Press, 1944, 207p. (『つばさの贈り物：本を通して家族と共に分かち合ったよろこびのかずかず』京都修学社，2009，297p.）

Duff, Annis, "Faith Is Substance" *Horn Book*, September 1949, p.439-444.

Duff, Annis, "Ezra Jack Keats" *Library Journal*, 88-6, 1963, p.100-102.

Duff, Annis, *Longer Flight : A Family Grows Up with Books*, New York, Viking Press, 1955, 269p.

Eaglen, Audrey B., "The Warning Bookmark: Selection Aid or Censorships" *Library Acquisitions*, 3, 1979, p.65-71.

Eastman. Linda A., *Portrait of a Librarian*, ALA, 1940, 102p.

Eaton, Anne T., *Instruction in the Use of Books and Libraries*, 3rd ed., New York, Faxon, 1928, 456p.

Eaton, Anne T., *Reading with Children*, New York, Viking Press, 1940, 354p.

Eaton, Anne T., *School Library Service*, Chicago, ALA, 1923, 44p.

Eaton, Anne T., *Standard Catalog for High School Libraries*, 5th ed. H. W. Wilson, 1947, 1341p.

Eddy, Jacalyn, *Bookwomen：Creating an Empire in Children's Book Publishing 1919-1939*, Madison, University of Wisconsin Press, 2006, 211p.

Edwards, Margaret, *The Fair Garden and the Swarm of Beasts*, Chicago, American Library Association, 1969, 162p. [revised 1974, 194p.]

Egoff, Sheila A., "Open Letter to Miss Jean Thomson, Recently Retired and Formerly Head, Boys and Girls Division, Toronto Public Libraries" *Canadian Library*, 23, 1967, p.358-359.

Ellis, Alec, *A History of Children's Reading and Literature*, New York, Pergamon Press, 1968, 233p.

Epstein, Connie, "Young Adult Books" *Horn Book*, v.63, 1987, p.100-103.

Ersted, Ruth, "Frances Henne: An Application" *Frontiers of Library Service to Youth*, New York, Columbia University, 1979, p.3-8.

Ersted, Ruth, "The Library Division and Services to Schools" *Library Notes and News*, v.12, 1939, p.257-260.

Ersted, Ruth, *Youth, Communication, and Libraries*, Chicago, American Library

Association, 1949, 233p.

Ersted, Ruth and Brooks, Alice, ed., *A Planning Guide for the High School Library Program*, Chicago, American Library Association, 1951, 140p.

Everett, Rich, “School Children Judge" *ALA Bulletin*, 48, 1954, p.73-74.

Fasick, Adele M. et al., *Lands of Pleasure：Essays on Lillian H. Smith and the Development of Children's Libraries*, Metuchen, Scarecrow Press, 1990, 176p. (『本・子ども・図書館：リリアン・スミスが求めた世界』高鷲志子，高橋久子訳，全国学校図書館協議会，1993, 239p. )

Fenner, Phyllis, *The Proof of the Pudding: What Children Read*, New York, John Day, 1957, 246p.

Fenwick, Sara, ed., *A Critical Approach to Children's Literature*, Chicago, University of Chicago Press, 1967, 129p.

Field, Elinor Whitney, ed., *Horn Book Reflections on Children's Books and Reading*, Boston, Horn Book, 1969, 367p.

Fontaine, Sue, “Alice Beth Martin- A Tribute" *Library Journal*, 101, 1976, p.1161.

Freedman, Russell, *Holiday House : The First Fifty Years*, New York, Holiday House, 1985, p.41-44.

Fryatt, Norma R., *A Horn Book Sampler: On Children's Books and Reading：Selected from Twenty-Five Years of the Horn Book Magazine 1924-1948*, Boston, Horn Book, 1959, 261p.

Fuller, M., “Margaret K. McElderry of Harcourt, Brace and Company" *Publishers Weekly*, 154-18, 1948, p.1887-1890.

Gagliardo, Ruth, “Charlemae Rollins Collection Established” *Top of the News*, 20, 1964, p.275-278.

Galas, Judith, “A Life of Books" *Kansas History*, 11, 1982, p.12-13.

Galvin, Thomas J. et al. ed., *Excellence in School Media Programs*, Chicago, American Library Association, 1980, 228p.

Gambee, Budd L., “Standards for School Media Programs, 1920: A Lesson from History" *American Libraries,* 1, 1970, p.483-485.

Gaver, Mary Virginia, *Effectiveness of Centralized Libraries in Elementary Schools*, Rutgers University Press, 1963, 268p.

Gaver, Mary Virginia, *Every Child Needs a School Library*, Chicago, American Library Association, 1962, 16p.

Gerhardt, Lillian N., “A Happy Worrier" *School Library Journal*, 35, 1989, p136.

Gerhardt, Lillian N., “Virginia Kirkus, 1893-1980” *School Library Journal*, 27, p.77, 1981.

Grannis, Chandler B., “Frederic G. Melcher" *The Calendar*, 31-2, 1972.

Grazier, Margaret, “Critically Reading and Applying Research in School Library Media Centers" *School Library Media Quarterly*, v.10, 1982, p.135-146.

Hall, Mary Evelyn, *Reorganization of English in the Secondary Schools*, Washington, D.C., U. S. Bureau of Education, 1917, 181p.

Hamilton, Ruth Hewitt, *Notable American Women 1607-1950*, 3vols, 1971.

Hannigan, Jane Anne, "A feminist analysis of the voices for advocacy in young adult services" *Library Trends*, v.44, 1986, p.851-874.

Hansen, Joyce, "Young Adult Books" *Horn Book*, v.63, 1987, p.644-646.

Hastings, Henry C., "Review of People in Books by Margaret Nicholsen" *Drexel Library Quarterly*, 6, 1970, p.349-350.

Hatch, Bertha, "Caroline Burnite Walker" *Library Journal*, 51, 1936, p.958-959.

Haviland, Virginia, ed., *Books in Search of Children: Essays and Speeches*, by Louise Seaman Bechtel, New York, Macmillan, 1970, 268p.

Haviland, Virginia, ed., *Children's Literature: A Guide to Reference Sources*, Washington, D.C., Library of Congress, 1966, 341p.

Hawes, Joseph M., *Children between the Wars：American Childhood, 1920-1940,* New York, Twayne, 1997, 177p.

Hazard, Paul, *Books, Children and Men*, 5th ed., Boston, *Horn Book*, 1983, 196p.

Hearne, Betsy, "Margaret K. McElderry and the Professional Matriarchy of Children's Books" *Library Trends*, 1996, p.754-775.

Heins, Ethel L., "Frances Clarke Sayers: A Legacy" *Horn Book*, v.66, 1990, p.31-35.

Heins, Paul, "Bertha Mahony Miller 1882-1969" *Horn Book*, v.45, 1969, p.371.

Helbig, Althea and Perkins, Agnes R., *Dictionary of American Children's Fiction, 1858-1959*, New York, Greenwood Press, 1985, p.166.

Henne, Frances Elizabeth, *Standards for School Library Programs*, Chicago, American Library Association, 1960, 132p.（『アメリカの学校図書館基準』全国学校図書館協議会, 1966, 171p.)

Henning, M. E. and Molasky, Jessie, "Tribute to Miss Batchelder" *ALA Bulletin*, 46, 1968, p.29.

Hewins, Caroline, *Mid-Century Child and Her Books*, New York, Macmillan, 1926, 136p.

Hightower, Grace, "Profile of a President" *School Libraries*, v.14, 1964, p.17-18.

Hill, Ruth A., "Story Telling around the World" *Library Journal*, 65, 1940, p.285-289.

Hodges, Margaret, "A Laying on of Hands" *Catholic Library World*, 47, 1975, p.4-11.

Hogarth, Grace Allen, "A Publisher's Perspective" *Horn Book*, 63, 1987, p.372-377.

Holbrook, Barbara, "Alice Mabel Jordan" *Wilson Bulletin*, 13, May 1939, p.606.

Holbrook, Barbara, "Clara Whitehill Hunt" *Wilson Bulletin for Libraries*, April 1929, p.539, 553.

Holbrook, B. E., "Mary Wright Plummer" *Wilson Library Bulletin*, 13, Feb. 1939, p.409.

Huck, Charlotte S. & Kuhn, Doris, *Children's Literature in the Elementary School,* 2nd ed., New York, Rinehart and Winston, 1968, 792p.

Hunt, Clara, *Library Work with Children*, American Library Association, 1924,

29p.

Izard, Anne Rebecca, "Introducing Individual Books to Individual Readers" *New York Library Association Bulletin,* v.9, 1961, p.57-63.

Izard, Anne Rebecca, "The Pleasure Is Mutual: A Report to the Profession" *Top of the News*, v.23, 1967, p.371-375.

Johnson, Nancy Louise, *Sarah C. N. Bogle：Librarian at Large*, University of Michigan, 1991, 392p.

Johnston, Margaret E., "Lillian H. Smith" *Horn Book*, 58-3, 1982, p.325-332.

Jordan, Alice M., *From Rollo to Tom Sawyer*, Boston, *Horn Book*s, 1948, 160p.

Kent, Allen and others, *Encyclopedia of Library and Information Science*, New York, Marcel Dekker, 1968-1974, 73vols.

Kingman, Lee, ed., *Newbery and Caldecott Books, 1956-1965*, Boston, *Horn Book*,1965, 300p.

Kirkpatrick, D. L., *Twentieth Century Children's Writers*, 2nd ed., St. Martin's Press, 1983, p.673.

Lanes, Selma G., *Down the Rabbit Hole：Adventures and Misadventures in the Realm of Children's Literature*, New York, Atheneum, 1976, 241p.

Lanes, Selma G., *The Art of Maurice Sendak*, New York, Abrams, 1980, 278p.（『センダックの世界』渡辺茂男訳，岩波書店，2010，277p.）

Larrick, Nancy, *A Parent's Guide to Children's Reading*, 4th ed., New York, Doubleday, 1975, p.432p.

Leigh, Robert D., "The Education of Librarianship" *The Public Librarian*, ed. by Alice A. Bryan, New York, Columbia University Press, 1952, p.299-425.

Levstik, Linda, "From the outside in: American children's literature from 1920-1940" *Theory and Research in Social Education*, Fall, 1990, p.327-343.

Lindquist, Jennie D., "A Tribute to Margaret Scoggin" *Horn Book*, 28, 1952, p.85.

Lindquist, Jennie D., "Caroline M. Hewins and Books for Children" *Horn Book*, 1954, p.79-107.

Lundin, A., "The Pedagogical Context of Women in Children's Service and Literature　Scholarship" *Library Trends*, 44-4, 1996, p.755-775.

Lockhart, Elizabetrh H., "A Good Book List" *Top of the News*, 19, 1963, p.43-45.

Lockhart, Elizabetrh H., "Cooperative Projects Serve Children and Young Adults" *Wilson Library Bulletin*, 33-9, 1959, p.671-673.

Logasa, Hannah, *Book Selection in Handbook for Elementary and Secondary School*, 1953, 200p.

Logasa, Hannah, *The High School Library: Its Function in Education*, 1928, 283p.

Long, Harriet G., *Public Library Services to Children: Foundation and Development*, Metuchen, Scarecrow Press, 1969, 162p.

Macleod, David I., *Building Characters in the American Boy : The Boy Scouts, YMCA and Their Forerunners 1870-1920*, Madison, University of Wisconsin Press, 1983, 404p.

Massey, Lydia Nix, *This is My Story, This is My Song*, Atlanta, David Dyar Massey, 1978, 171p.

Mathiews, Franklin K., "The Influence on Boys of Books They Enjoy" *Scouting,* 2, 1914, p.3.

Mahony, Bertha, "Alice M. Jordan: Her Life and Work" *Horn Book*, v.37, 1961, p.4-13.

Mahony, Bertha, "Anne Carroll Moore: Doctor of Human Letters" *Horn Book*, v.18, 1942, p.7-18.

Mahony, Bertha, Latimer, Louise and Folmsbee, Beulah, *Illustrators of Children's Books 1744-1945*, Boston, *Horn Book*, 1947, 527p.

Mahony, Bertha, Latimer, Louise and Folmsbee, Beulah, *Illustrators of Children's Books 1946-1956*, Boston, *Horn Book*, 1958, 299p. [*1957-1966*, 1968, 295p.] [*1967-1976*, 1978, 290p.]

Mahoney, Ellen Wilcox, *A Content Analysis of Children's Book Reviews from Horn Book Magazine*, *1975*, Urbana, Ill., University of Illinois, 1979, 91p.

Massee, May, "For merit in the realm of books" *Horn Book Magazine*, v.31, 1955, p.86-87.

Masten, Helen Adams, ed., "Frederic G. Melcher Memorial Issue" *Top of the News*, 20-3, 1964, p.177-207.

Meigs, Cornelia, ed., *A Critical History of Children's Literature*, New York, Macmillan, 1953, 624p.

Melcher, Daniel, "Frederic G. Melcher as I Knew Him" *ALA Bulletin*, 61-1, p.56-62.

Melcher, Frederic, "The Story of Book Week" *Elementary English Review*, 7, 1930, p.91-95.

Miller, Bertha Mahoney, "Alice M. Jordan: Her Quiet Fame and Influence on the Future" *Horn Book*, 37, November 1961, p.14-17.

Miller, Bertha Mahoney, "Anne Carroll Moore: Doctor of Human Letters" *Horn Book*, 37, 1961, p.183-192.

Miller, Betha Mahony, ed., "Caroline M. Hewins" *Horn Book*, 24-1, 1953.

Miller, Bertha Mahoney, "To Alice M. Jordan: A Tribute" *Horn Book*, 17, January 1941, p.7-15.

Miller, Bertha Mahony and Field, Eleanor Whitney, ed., *Newbery Medal Books 1922-1955*, Boston, *Horn Book*, 1955, 458p.

Miller, Marilyn L., ed., Pioneers and Leaders in *Library Service to Youth: A Biographical Dictionary*, Westport, Libraries Unlimited, 2003, 267p.

Moore, Anne Carroll, "Mary Wright Plummer, 1856-1916" *Bulletin of Bibliography*, 14, 1930, p.1-3.

Moore, Anne Carroll, "Our Fairy Godmother Marie L. Shedlock" *Horn Book*, 10, 1934, p.137-167.

Moore, Anne Carroll, *My Roads to Childhood*, Boston, Horn Book, 1961, 399p.

Munson, Amelia Howard, *An Ample Field*, Chicago, American Library Association,

1950, 122p.

Munson, Amelia H., "My Twenty-Five Years in the New York Public Library" *Canadian Library Association Bulletin*, 5, 1949, p.199-200.

Murphy, Anna Mary, "A New Chapter Begins for the Book Lady" *The Kansas Teacher,* 53, 1966, p.31-40.

Nesbit, Elizabeth, *A Critical History of Children's Literature*, London, Macmillan, 1953, 624p.

Nicholsen, Margaret, *People in Books: A Selective Guide to Biographical Literature Arranged by Vocations and Other Fields of Reader Interest*, H. W. Wilson, 1969, 498p.

Olcott, Frances, Library Work with Children, Chicago, American Library Association, 1914, 34p.

Olson, Joan Blodgett, *An Interpretive History of the "Horn Book Magazine", 1924-1973*, Stanford, Stanford University, 1976, 292p.

Opstein, Juanita Pacifico, "Man Behind the Irvin Kerlan Collection" *Gopher Grad*, 58, 1959, p.4-7.

Patee, Doris S., "Keynote speech given at the Constance Lindsay Skinner Award dinner to Honor Ruth Viguers" *Horn Book*, 47, June 1971, p.331-332.

Peacock, Joseph L., "Nawtucket of Pawtucket" *Library Journal*, 40, 1915, p.792-794.

Pitz, Henry C., *Illustrating Children's Books*, New York, Watson-Guptill, 1963, 207p.

Poland, Myra "Hannah Packard James" *Bulletin of Bibliography*, 8, 1914, p.91-92.

Porteus, Elnora Marie, "Supervisory Interface: Reality and Action" *Drexel Library Quarterly*, v.13, 1978, p.65-77.

Porteus, Elnora Marie, "A Practical Look at Media Supervision and Curriculum" *School Library Media Quarterly*, v.7, 1979, p.204-211.

Pritchard, Martha, "What has Modern Education Done to Books" *Publishers Weekly*, v.104, 1923, p.151-152.

Pritchard, Martha, "Instruction Problems in Libraries of Teacher-Training Institutions" *Wilson Library Bulletin*, v.5, 1931, p.563-571.

Pulling, Hazel A., "Hannah Logasa" *Bulletin of Bibliography*, 22, 1956, p.1-3.

Rancilio, James, "MAME's New President" *Media Spectrum*, 8, 1981, p.6.

Rider, Sidney S., "What I Saw in the Free Library in Pawtucket" *Library Journal*, 14, 1889, p.40-41.

Riley, Louise, "Amelia H. Munson" *Canadian Library Association Bulletin*, 5, 1949, p.198-199.

Riols, Eileen, "Amelia H. Munson: A Memoir" *Voice of Youth Advocates*, 7, 1984, p.179-181.

Robinson, Evelyn Rose, ed., *Readings About Children's Literature,* New York, McKay, 1966, 431p.

Rollins, Charlemae Hill, *Famous Negro Entertainers of Stage, Screenand TV*, New York, Dodd, 1967, 122p.

Rollock. Barbara, *Black Authors and Illustrators of Children's Books*, 3rd ed., New York, Garland, 1999, 513p.

Rollock, Barbara, *Public Library Services for Children*, New York, Garland, 1988, 228p.

Roos, Jean Carolyn, *Patterns of Reading*, Chicago, American Library Association, 2nd ed., 1961, 172p.

Root, Mary E. S., "An American Past in Children's Work" *Library Journal*, 71, 1976, p.547-551.

Ross, Eulalie, *The Spirited Life : Bertha Mahony Miller and Children's Books*, Boston, Horn Book, 1973, 274p.

Sanders, Minerva, "Children and Dogs Not Allowed" *Library Journal*, v.12, 1887, p.398-399.

Sauer, Julia Lina, "So Close to the Gulls" *Horn Book*, 25, 1949, p.368.

Sauer, Julia Lina, *Radio Roads to Reading: Library Book Talks Broadcast to Girls and Boys*, New York, H. W. Wilson, 1939, 236p.

Saunders, Doris, "Charlemae Rollins" *ALA Bulletin*, 49, 1955, p.68-70.

Sawyer, Ruth, "Anne Carroll Moore; An Award and Appreciation" *Horn Book*, 36, 1960, p.191-199.

Sawyer, Ruth, "To May Massee" *Horn Book*, 43, 1967, p.229-232.

Sayers, Frances Clarke, *Anne Carroll Moore: A Biography*, New York, Atheneum, 1972, 303p.

Sayers, Frances Clarke, "Remembrance and Re-Creation: Some Talk About the Writing of a Biography" *Horn Book*, v.48, 1972, p.446.

Sayers, Frances Clarke, "Your Elegant Fowl" *Horn Book*, v.65, 1989, p.748.

Sayers, Frances Clarke, "Well done, old squirrel!" *Horn Book*, 47, April 1971, p.238-239.

Sayers, Frances Clarke, *Summoned by Books*, New York, Viking Press, 1965, 173p.

Scoggin, Margaret, "Nathan Straus Branch for Children and Young People" *Library Journal*, v.66, 1941, p.547-549.

Scogin, Mildred L., "Catalyst of Magical Proportions" *Top of the News*, 22, 1966, p.380-382.

Scribner, Charles, Jr., *In the Company of Writers: A Life in Publishing*, 1990, 193p.

Shaw, Spencer, "Charlemae Hill Rollins 1897-1979" *Public Libraries*, 21, 1982, p.102-104.

Shedlock, Marie L., *The Art of the Story Teller*, New York, Dover Publications, 1951, 290p.

Showers, Victor C., "Forty Years of Library School Education" *Carnegie Magazine*, 4(4), 1941, p.99-102.

Smith, Dora V., *Fifty Years of Children's Books 1910-1960*, Champaign, Ill.,

National Council of Teachers of English, 1963, 149p.

Smith, Elva S., *History of Children's Literature: a Syllabus with Selected Bibliographies*, Chicago, American Library Association, 1937, 244p.

Smith, Elva S., "As It Was in the Beginning: Frances Jenkins Olcott" *Public Libraries*, 30, 1925, p.417-420.

Smith, James Steel, *A Critical Approach to Children's Literature*, New York, McGraw-Hill, 1967, 442p.

Smith, Henrietta, "An Interview with August Baker" *Horn Book*, May-June 1995, p.292-296.

Smith, Lillian, *The Unreluctant Years: A Critical Approach to Children's Literature*, Chicago, American Library Association, 1953，193p.（『児童文学論』石井桃子，瀬田貞二，渡辺茂男訳，岩波書店，1964，399p.）

Smith, Rita J., "Just Who are These Women? Louise Seaman Bechtel and Ruth Mary Baldwin" *Journal of Youth Services in Libraries*, v.11, 1998, p.161-170.

Smith, Roger A., "Frederic G. Melcher" *Publishers Weekly*, 183, 1963, p.17-19.

Soderbergh, Peter A., "The Great Book War: Edward Stratemeyer and the Boy Scout of America" *New Jersey History*, 91, 1973, p.235-248.

*Something about the Author : Autobiography Series*, Detroit, Gale Research, 1986-1998.

*Something about the Author : Fact and Pictures about Contemporary Authors and Illustrators of Books for Young People*, Detroit, Gale Research, 1971-.

Spain, Frances Lander, "Upon the Shining Mountains" *ALA Bulletin*, July-August 1960, p.599-602.

Srygley, Sara Krenzman, "President's Profile" *School Libraries*, 21, 1971, p.6-7.

Srygley, Sara and Brown, James, *Administering Educational Media, Instructional Technology and Library Services*, 2nd ed., Chicago, American Library Association, 1973, 449p.

Sullivan, Peggy, "A Tale of Washington Irvin" *Horn Book*, 1961, p.288-289.

Thomas, Fannette H., *The Genesis of Children's Services in the American Public Library, 1875-1906*, Madison, University of Wisconsin Press, 1982, 357p.

Thompson, Era Bell, "Crusader in Children's Books" *Negro Digest*, 1, 1950, p.29-33.

Viguers, Richard T., "Ruth Hill Viguers: A Husband's Tribute" *Horn Book*, 47, April 1971, p.238-239.

Viguers, Ruth Hill, *Margin for Surprise about Books: Children and Libraries*, Boston, Little, Brown, 1964, 175p.

Vining, Elizabeth Gray, "Nothing Too Much, Not Even Moderation" *Library School Review,* May 1973, p.6-10,

Walker, Caroline Burnite, "Values in Library Work with Children" *ALA Bulletin*, v.7, 1913, p.282-287.

Walker, Caroline Burnite, "The Beginning of a Literature for Children" *Library Journal*, v.31, 1906, p.197-212.

Walker, Caroline Burnite, "Sequences in Children's Reading" *Public Libraries*, v.20, 1915, p.160-165.

Watson, Victor, *The Cambridge Guide to Children's Books in English*, Cambridge, Cambridge University Press, 2001, 814p.

Wedgeworth, Robert, ed., *ALA World Encyclopedia of Library and Information Services*, 2nd ed., Chicago, American Library Association, 1986, 895p. [3rd ed., Chicago, American Library Association, 1993, 905p.]

Weeks, Brigette, "Virginia Haviland: The Lady at the Library" *Washington Post*, November 7, 1976.

Whitehorn, Catherine Lois, "Central System in Operation: The Results of a Survey Conducted by the Baltimore School Department as a Basis for Setting Up Its Own System" *Junior Libraries*, v.3, 1957, p.2-5.

Whitenack, Carolyne, "The Changing Role of the Librarian" *Wilson Library Bulletin*, v.38, 1964, p.400.

*Who's Who of American Women*, Marquis, 1958-.

Wiegand, Wayne A. and Davis, Donald G., ed., *Encyclopedia of Library History,* Garland Publishing, 1994, 707p.

Wilson, Martha, *Selected Articles on School Library Experience*, New York, H. W. Wilson, 1925, 351p.

Wofford, Azile May, *Book Selections for School Libraries*, New York, H. W. Wilson, 1962, 318p.

Wofford, Azile May, "Students Don't Have Time to Use School Libraries" *School Library Journal*, v.8, 1961, p.21-22.

Wofford, Azile May, *The School Library at Work*, New York, H. W. Wilson, 1959, 256p.

Woodworth, Mary Lorraine, "An Atmosphere of Censorship" *Voice of Youth Advocates*, August 1982, p.6-13.

Wynar, Bohdan S. ed., *Dictionary of American Library Biography*, Libraries Unlimited, 1978, 596p.

Zolotow, Charlotte, "Writing for the Very Young" *Horn Book*, September-October, 1985, p.536-540.

Zolotow, Charlotte, "Interview with Jean Mercier" *Publishers Weekly*, June 10, 1974.

赤星隆子「米国 19 世紀の日曜学校図書室：児童図書館サービスの先駆としての意義」『日本図書館情報学会誌』v.46, no.3, 2001, p.95-110.

アメリカ公教育ネットワーク , アメリカ・スクール・ライブラリアン協会『インフォメーション・パワーが教育を変える !: 学校図書館の再生から始まる学校改革』足立正治 , 中村百合子監訳, 2003, 211p.

アメリカ・スクール・ライブラリアン協会編『学校図書館メディアプログラムの

ためのガイドライン』全国学校図書館協議会海外資料委員会訳, 全国学校図書館協議会, 2010, 67p.

アメリカ・スクール・ライブラリアン協会編『メディア・プログラム：アメリカの学校図書館基準』全国学校図書館協議会海外資料委員会訳, 全国学校図書館協議会, 1977, 153p.

アメリカ・スクール・ライブラリアン協会編『21世紀を生きる学習者のための活動基準』全国学校図書館協議会海外資料委員会訳, 全国学校図書館協議会, 2010, 126p.

アメリカ・スクール・ライブラリアン協会, 教育コミュニケーション工学協会編『インフォメーション・パワー：学習のためのパートナーシップの構築』同志社大学学校図書館学研究会訳, 日本図書館協会, 2000, 234p.

アメリカ・スクール・ライブラリアン協会, 教育コミュニケーション工学協会編『インフォメーション・パワー 2：学習のためのパートナーシップの構築：計画立案ガイド』同志社大学学校図書館学研究会訳, 日本図書館協会, 2003, 116p.

アメリカ・スクール・ライブラリアン協会, 教育コミュニケーション工学協会編『インフォメーション・パワー：学校図書館メディア・プログラムのガイドライン』全国学校図書館協議会海外資料委員会訳, 全国学校図書館協議会, 1989, 217p.

イーゴフ, ステブス, アシュレイ編『オンリー・コネクト: 児童文学評論選』猪熊葉子, 清水真砂子, 渡辺茂男訳, 岩波書店, 1978-1980, 3冊.

エクルスシェア, ジュリア編『世界の絵本・児童文学図鑑』井辻朱美監訳, 柊風舎, 2011, 958p.

桂宥子, 高田賢一, 成瀬俊一『英米児童文学の黄金時代』ミネルヴァ書房, 2005, 288p.

護得久えみ子「子どもの本に生きる: バーサ・M・ミラーの活力に満ちた生涯」『こども としょかん』no.129, 2011, p.2-19.

国際図書館連盟児童・ヤングアダルト図書館分科会編『IFLA 乳幼児への図書館サービスガイドライン』日本図書館協会児童青少年委員会訳, 日本図書館協会, 2009, 42p.

国際図書館連盟児童・ヤングアダルト図書館分科会編『IFLA ヤングアダルトへの図書館サービスガイドライン 2008年』日本図書館協会児童青少年委員会訳, 日本図書館協会, 2013, 34p.

国立国会図書館編『米国の図書館事情 2007 - 図書館研究シリーズ No.40-』日本図書館協会, 2008, 365p.

定松正, 本多英明『英米児童文学辞典』研究社, 2001, 562p.

ジョンソン, マーガレット「リリアン・H・スミスの生涯」『本・子ども・図書館』全国学校図書館協議会, 1993, p.12-23.

諏訪敏幸「サミュエル・グリーンの「民衆図書館」:1876年論文の28事例から見えるもの」『情報化社会・メディア研究』v.3, 2006, p.85-96.

セイヤーズ, フランセス『ウォルト・デイズニーの功罪』八島みつ子訳, 子ども文庫の会 1967, 24p.

セイヤーズ, フランセス・クラーク「子どもたちをとりこにする本」護得久えみ子, 吉井めぐみ, 松岡享子訳『こども としょかん』no.110, 2006, p.2-9.

世界女性人名事典編集委員会編『世界女性人名事典』日外アソシエーツ，2004, 991p.

ソーヤー, ルース『ストーリーテラーへの道：よいおはなしの語り手となるために』池田綾子ほか訳，日本図書館協会 , 1973，287p.

高橋幸三郎「アメリカにおける産業化の過程と慈善・博愛事業の発展過程に関する考察：セツルメント活動の脱慈善化志向を中心に」『子ども教育研究』v.4, 2012, p.29-38.

ダルビー，リチャード『子どもの本：黄金時代の挿絵画家たち』吉田新一，宮坂希美江訳，西村書店，2006，166p.

中山愛理『図書館を届ける：アメリカ公共図書館における館外サービスの発展』学芸図書，2011，320p.

日本イギリス児童文学会編『英語圏諸国の児童文学』ミネルヴァ書房, 2011, 2 冊 .

日本図書館文化史研究会編『図書館人物伝：図書館を育てた 20 人の功績と生涯』日外アソシエーツ，2007，457p.

ノードストローム，アーシュラ『伝説の編集者ノードストロームの手紙：アメリカ児童書の舞台裏』児島なおみ訳，偕成社，2010，498p.

ハント，ピーター編『子どもの本の歴史』さくまゆみこ，福本友美子，こだまともこ訳，柏書房，2001，479p.

ヒルデンブランド，スザンヌ『アメリカ図書館史に女性を書きこむ』田口瑛子訳，京都大学図書館情報学研究会，2002，367p.

藤野寛之『児童書批評誌「ホーン・ブック」の研究:歴代編長と協力者 1924-2000 年』金沢文圃閣，2013，229p.

藤野幸雄編訳『世界児童・青少年文学情報大事典』勉誠出版 , 2000-2004, 15 冊 .

藤野幸雄編『世界の図書館百科』日外アソシエーツ，2006, 845p.

ヤングアダルト図書館サービス協会『ヤングアダルトに対する図書館サービス方針』ヤングアダルト・サービス研究会訳，半田雄二監訳・解説，日本図書館協会, 1999, 67p.

レップマン，イエラ『子どもの本は世界の架け橋』森本真実訳，こぐま社，2002, 271p.

ロング，ハリエット『アメリカを生きた子どもたち：図書館の果した役割』古賀節子監訳，日本図書館協会，1983，187p.

“AASL History: 1914-1951” http://www.ala.org/aasl/about/history-1914( 最終確認日：2014 年 12 月 21 日 )

“About the library － History of the library(Enoch Pratt Free Library ) ” http://www.prattlibrary.org/history/（最終確認日：2014 年 12 月 18 日）

“Alice Rebecca Brooks McGuire” http://www.tshaonline.org/handbook/online/articles/fmcap（最終確認日：2014 年 12 月 11 日）

“Betty Fast Memorial Endowment” http://harrington.uri.edu/awards/betty-fast-memorial-endowment/（最終確認日：2014 年 12 月 18 日）

“Book & Media Awards” http://www.ala.org/alsc/awardsgrants/bookmedia/（最終

確認日：2014 年 3 月 31 日）

"Celebrating the Contributions of Women in Youth Library Services" http://www.unc.edu/~bflorenc/libraryladies/liblady.html（最終確認日：2014 年 5 月 15 日）

"Charlemae Hill Rollins：A Biography" http://www.angelfire.com/stars3/hall/charlemae.html( 最終確認日 2014 年 10 月 5 日 )

"CILIP Carnegie & Kate Greenaway Children's Book Awards" http://www.carnegiegreenaway.org.uk/home/（最終確認日：2014 年 3 月 31 日）

"Guide to the Mary Peacock Douglas Papers,1963-1973 Special Collection at Belk Library" http://www.collections.library.appstate.edu/findingaids/ua5185（最終確認日：2014 年 12 月 18 日）

"Horn Book History " http://archive.hbook.com/history/archives.asp（最終確認日：2014 年 5 月 15 日）

"Margaret K. McElderry, Children's Book Publisher, Dies at 98" http://www.nytimes.com/2011/02/16/arts/16mcelderry.html（最終確認日：2014 年 12 月 21 日）

"Margaret K. McElderry Dies at 98" http://www.publishersweekly.com/pw/by-topic/authors/obituaries/article/46150-margaret-k-mcelderry-dies-at-98.html（最終確認日：2014 年 12 月 21 日）

"Official Charlotte Zolotow Web Site" http://www.charlottezolotow.com/（最終確認日：2014 年 5 月 27 日）

"Our History" https://www.kirkusreviews.com/about/history/( 最終確認日：2014 年 5 月 30 日 )

"University at Albany Foundation Endowed Scholarships, Awards &Prizes" http://www.albany.edu/uafoundation/attachments/scholarship_docs/SAP%20-%20University%20Libraries.pdf( 最終確認日：2014 年 10 月 5 日 )

## あとがき

最近，アメリカの児童図書批評誌『ホーン・ブック（*Horn Book*）』の1924年創刊時から2000年にかけての歴史的な研究に取り組んだ。この雑誌には児童図書の評論記事のほかに，作者・挿絵画家のインタビューから児童の読書論，ストーリーテリング，その他についての文章が掲載されている。その研究のなかで，1924年から2010年にかけての「人名索引」を編纂したのであるが，その際に，この雑誌の編集に協力し，記事を寄稿した児童図書館員・学校図書館員がきわめて多かった点に気付き，その何人かについて調べてみようと思ったところ，その人物情報について，わが国に紹介されたものがほとんどなかった。アメリカでも，図書館長や図書館学の研究者といった人物は「伝記事典」にその項目が存在する場合もあるが，児童図書館員や学校図書館員の担当者はその対象にほとんど含まれておらず，近年（2003年）に至るまでそれらの人物を対象とした事典はほとんど出版されていなかった。これが本書を編纂した「きっかけ」であった。児童図書館員および学校図書館員は，アメリカではどのような「考え方」の持ち主であり，どのような「活動」をしてきたのか，百年以上にわたる彼らの活動の軌跡がどのようなものであったか，それは，わが国の同種の図書館活動にも何らかしら役立つものと思われた。わが国においても児童図書館ならびに学校図書館を「育てた」図書館員たちの記録もいずれ改めて出版されることを望みたい。

本書を編纂・執筆して感じたことは，アメリカでは個人の「人物情報」をきわめて重視し，新聞・雑誌の死亡記事などのデータを大切に保存・提供している点にあった。現在では，複写によりそれらをかなり利用できるし，図書館での相互貸借に依存することもできる。一部はデータベースやWebサイトで入手できるものもある。この点では，編著者の本務校である阪南大学図書館が欠かせない存在であった。雑誌や新聞記事などはかなり特殊なものまでが利用できた。

幸いなことに，特に児童図書館活動に詳しい静岡文化芸術大学の伊香左和子教授が，本書全体の監修に協力してくださった。本書の刊行にあたっては，日外アソシエーツの山下浩編集局長，木村月子氏にお世話になった。そして，2014 年 11 月 15 日に亡くなった図書館情報大学名誉教授の藤野幸雄氏には，特にアメリカの図書館発達経緯についてアドバイスをいただいた。記して感謝しておきたい。

2015 年 3 月
藤野 寛之

## 監修者・編著者紹介

**伊香　左和子**（いか・さわこ）

静岡文化芸術大学文化政策学部教授
研究分野は児童図書館サービス、図書館史（ハンガリー）
著書に「セーチェーニ・フェレンツの生涯」（『図書館人物伝』日外アソシエーツ 2007 所収）、『児童サービス論』（勉誠出版 2002）など

**藤野　寛之**（ふじの・ひろゆき）

阪南大学国際コミュニケーション学部准教授
博士（児童学・聖徳大学）
研究分野は欧米図書館史など
著書に『児童書批評誌『ホーン・ブック』の研究：歴代編集長と協力者 1924-2000年』（金沢文圃閣 2013）など

# アメリカの児童図書館・学校図書館
## ―サービス活動の先駆者たち

2015年5月25日　第1刷発行

監修者／伊香左和子
編著者／藤野寛之
発行者／大高利夫
発行所／日外アソシエーツ株式会社
〒143-8550 東京都大田区大森北 1-23-8 第3下川ビル
電話 (03)3763-5241(代表)　FAX(03)3764-0845
URL　http://www.nichigai.co.jp/
発売元／株式会社紀伊國屋書店
〒163-8636 東京都新宿区新宿 3-17-7
電話 (03)3354-0131(代表)
ホールセール部(営業)　電話 (03)6910-0519

組版処理／日外アソシエーツ株式会社
印刷・製本／光写真印刷株式会社


《中性紙三菱クリームエレガ使用》

ISBN978-4-8169-2529-0　　Printed in Japan,2015